阅读教学设计的要诀

（第二版）

王荣生◎著

中国轻工业出版社

图书在版编目(CIP)数据

阅读教学设计的要诀/王荣生著. —2版. —北京：中国轻工业出版社，2021.3（2025.12重印）
ISBN 978-7-5184-3227-1

Ⅰ.①阅… Ⅱ.①王… Ⅲ.①阅读课-教学设计-中小学 Ⅳ.①G633.332

中国版本图书馆CIP数据核字（2020）第196868号

保留所有权利。未经中国轻工业出版社书面授权，任何人不得以任何方式（包括但不限于电子、机械、手工或其他尚未被发明或应用的技术手段）复印、拍照、扫描、录音、朗读、存储、发表本书中任何部分或本书全部内容。中国轻工业出版社未授权任何机构提供源自本书内容的电子文件阅览、收听或下载服务。如有此类非法行为，查实必究。

责任编辑：吴 红　　责任终审：腾炎福
策划编辑：吴 红　　责任校对：吴维斌　　责任监印：刘志颖

出版发行：中国轻工业出版社（北京鲁谷东街5号，邮编：100040）
印　　刷：三河市鑫金马印装有限公司
经　　销：各地新华书店
版　　次：2025年12月第2版第6次印刷
开　　本：787×1092　1/16　印张：18.5
字　　数：195千字
印　　数：21001—24000
书　　号：ISBN 978-7-5184-3227-1　定价：58.00元
读者热线：010-65181109
发行电话：010-85119832　010-85119912
网　　址：http://www.chlip.com.cn　http://www.wqedu.com
电子信箱：1012305542@qq.com
版权所有　侵权必究
如发现图书残缺请拨打读者热线联系调换
252057Y1C206ZBW

前　言

语文课程有五个学习领域：识字与写字、阅读、写作、口语交际及综合性学习。真实的情况是，中小学语文教学绝大多数的课时都花在阅读教学上，也就是一篇篇课文的教学上。经常听到有语文教师担忧完不成教学任务，这里的"教学任务"指的就是语文教科书里的一篇篇课文。

语文课程与教学的改善，阅读是必须要攻克的堡垒。事实上，如果阅读教学没有较大的改善，写作、口语交际和综合性学习等领域就很少有机会在语文课堂登场，识字与写字教学也会受到拖累。

阅读教学的效率低下有许多原因。其中最主要的原因是缺乏甚至不顾学理。"阅读"是怎么一回事？"阅读教学"是怎么一回事？正是由于长期以来缺乏基于学理研究的共识，导致教学实践中的诸多冲突，甚至南辕北辙。

阅读教学的主要目的是培养学生的阅读能力，教会学生如何阅读，使学生掌握并运用阅读方法和阅读策略。那么，什么是阅读能力？什么是阅读方法？什么是阅读策略？我问了很多语文教师，他们给我的反馈是"好像知道，但其实并不知道"。

一个不会阅读的人，能教会学生阅读吗？一个没有阅读能力的人，能培养好学生的阅读能力吗？一个不懂阅读方法和阅读策略的人，能寄希望于他通过课堂教学使学生掌握阅读方法和阅读策略吗？对此，我抱持严重怀疑的态度。

这里并没有责怪语文教师的意思。相反，我坚信，语文教师是努力想做好教学工作的。研究语文教学，我秉持这样的想法：

第一，坚信语文教师都非常想做好教学工作。

第二，应当承认，从整体而言，语文教师努力工作的成效不佳，甚至很糟糕。

第三，语文教师努力工作却成效不佳甚至糟糕，一定是语文课程、语文教材出现了一些问题。

第四，无论是语文课程、语文教材，还是语文教学，之所以出现问题，一定是因为我们在专业知识上有了纰漏。换言之，一定是"语文教育研究者"没有尽到职责。

我把自己定位为"语文教育研究者"的，因为我拿着大学的工资。这样，自然就把责任揽到自己身上了；尽管我十分清楚，自己所能担负的责任很有限，只是尽力而已。

本书所呈现的，就是我近些年工作的一些成果。

本书共有四章。

第一章　"阅读"学习领域知识：尽可能清晰地解说"阅读""阅读活动""阅读能力""阅读方法""阅读策略""实用文章阅读""文学鉴赏"等概念。

第二章　阅读教学的任务及其路径：尽可能清晰地解说"阅读教学"及其路径。

第三章　教学内容的选择与教学环节的展开：解说"阅读教学设计"的要领。

第四章　阅读教学设计实务：提供阅读教学设计的备课模板，分散文、小说、诗歌、实用文章和文言文等几个部分，展示前述学理的应用。

本书第一版于2014年出版，据一线语文教师反映，这本书还管点儿用。今年年初，吴红编辑提议修订再版。

本次修订，改动比预想的要多。第一章的前五节全是新写稿，希望能把"阅读"这件事情说得更明白、更充分、更系统。第二章和第三章原是一个系列讲座，自成一体，仍维持原貌，但第一版的第三章最后一节"阅读教学设计模板"，移到了第四章第一节。"阅读教学设计模板"也是新写稿，对备课模板的阐述更为详尽；模板应用的示范样例也更换了，示范样例所选的课文《生命，生命》曾同时出现在小学语文教科书和中学语文教科书，便于中小学语文教师都能较容易地接受。第四章的主要变动是教学设计样例的增删。散文阅读教学设计更换了样例，小说阅读教学设计删除了一个样例，诗歌阅读教学设计增加了一个国外诗歌教学的课例，实用文阅读教学设计和文言文阅读教学设计各删除了一个样例。每章后面的

"拓展阅读"书目也做了必要的增删和调整。

吴红编辑建议修订版增加一些小学的设计样例，我思量之后还是放弃了。理由是两个：第一，领会阅读教学设计的要诀，关键在于对概念和原理的理解。就阅读教学的原理而言，小学尤其是小学中高段，与中学是相同的。设计样例的作用，是为了促进对概念和原理的理解，从这个意义上说，中学的设计样例对小学语文教师同样适用。第二，小学尤其是小学低段的特点，是阅读教学与识字写字教学相互交织。这就要求在前面的理论部分必须先把"相互交织"这件事情理清楚、讲明白。而这并非三言两语所能做到。最近我主编了澳门地区使用的小学《中国语文》教材，对"相互交织"有一些认识，准备专门写一本关于小学尤其是小学低段的书。在我看来，小学语文教学在三个方面要改换思路：一是回归我国传统语文教育，识字与写字要分流。在信息技术背景下，写字教学还要与计算机输入法贯通。二是"学文识字"，以"学文"带"识字"，以"识字"促"学文"。也就是说，识字教学要从念准、写对，转向在课文语境中对字义、词义的理解和感受。三是以汉语知识"大概念"来组织课文学习和识字教学。汉语知识"大概念"，即概括性的汉语知识，如汉字的笔画和结构是有意义的，汉语的读音是传达词义和情味的，等等。在修订本书的同时，我也同时在修订《听王荣生教授评课》一书，并将该书也移交给中国轻工业出版社，与本书一并发行。在修订的《听王荣生教授评课》一书中，我新增了对小学低段两堂课的课例评议，大致讲述了上面提到的三个改换思路，有兴趣钻研的教师或许可以两本书一起看。

在修订本书的过程中，我也曾一时兴起，想连缀最近发表的系列论文，增加一章"以大概念组织单元教学初探"，但稍一思量也搁置了。毕竟一本书只能应对有限的问题。本书所应对的问题是单篇课文的阅读教学问题。

单篇课文教学，在时下有些人眼里似乎成了"落后""守旧"，语文教学界当前流行着一些新潮热词，好多一线语文教师在做"大单元教学设计""群文阅读""项目化学习"等，然而他们却时常问我："什么是大单元？""为什么要群文？""如何项目化？""是什么""为什么""如何"一概不知，或自身就充满疑惑，却大刀阔斧蜂拥前行，我以为这种做法很危险。

在最近发表的《事实性知识、概括性知识与"大概念"——以语文学科为背景》(《课程·教材·教法》2020年第4期)一文中，我写道：

  语文学科向来是我国基础教育课程与教学教改的急先锋；但以往的历史事实告诉我们，从来就没有结出一个好果子过。以"大概念"组织单元（阅读教学单元），目前在语文教学界有一股风云乍起之势。笔者经认真学习并初步尝试，对以"大概念"组织单元持高度认同态度。但无论是埃里克森和兰宁提倡的"以概念为本的课程与教学"，还是威金斯和麦克泰提倡的"追求理解的教学设计"，包括刚才提及的朱迪思·朗格和琳达·达林－哈蒙德等人的各自倡导，笔者皆建议"缓行"。

  总宜先在小范围消化、试验。毕竟那是别人的国土里长出来的别人的产品，若没有充分理解、没有在中国本土教育教学条件下先行试验，就急吼吼地充当热情的推销员，我看办坏事的危险性很大。据笔者所知，国内语文教育界包括介入语文教育领域的教育理论传播者（包括笔者在内），对上述教学模式和教学方法，对"大概念"组织单元（阅读教学单元），以及对语文学科"基于问题的学习""基于项目的学习"等，目前尚无较深刻的理解及较可靠的实践经验。笔者以为，先要把"理"弄个明白、说得清爽，然后再善始善行，行正方能走远。

  另一方面，课文教学是我国语文教学长期实施的教学模式和教学方法。对课文教学的利弊得失，需要认真总结经验教训。是否要一概改为单元教学（日本的语文教学就是以单篇课文为主，一篇课文一般12~16课时）？如何在单元教学格局下处理单篇课文教学？小学低段与中高段、小学与初中、初中与高中是否该有分别？如何分别？这些问题，都需要谨慎研究。无论如何，以单篇课文为基本单位进行课文教学，在可预见的将来依然是我国语文教学的主要模式和教学方法。语文课程与教学改革只能是在本土经验的基础上前进。

  急切地赶新潮，导致"哪壶不开偏提哪壶""不懂什么偏做什么"，这是一种很危险的习性。语文教师和语文教育研究者是两种不同的职业，有不同的本分职责。概言之，语文教师的工作是基于已知，遵循已知的语文学科教学原理进行教学工作；语文教育研究者的工作是面对未知，进行严肃认真的科研攻关，弄明白事物的机制、原理，从而把未知变成已知，形成新的语文学科教学的原理。语文教师一定要基于已知的原理进行教学工作，做自己已经知道或者理应知道"是什么""为什么""如何做"的事情。

而目前我们能够较有把握地宣称已经知道"是什么""为什么""如何做"的事情，就是单篇课文的阅读教学。

王荣生
2020年8月25日

目 录

前言 ··· I

第一章 "阅读"学习领域知识 ································· 1
    第一节 影响阅读活动的主要因素 ························· 2
        一、阅读主体的制约因素 ································· 2
        二、阅读主体的阅读态度 ································· 3
        三、阅读对象的语篇类型 ································· 5
        四、阅读对象的文本难度 ································· 7
    第二节 阅读活动与阅读能力 ······························· 10
        一、广义的阅读活动与阅读能力 ························· 11
        二、狭义的阅读活动与阅读能力 ························· 14
        三、特指的阅读活动与阅读能力 ························· 18
    第三节 阅读取向、阅读方式与阅读类型 ················· 20
        一、阅读取向 ··· 20
        二、阅读方式 ··· 23
        三、与语篇类型的对应关系 ····························· 24
        四、阅读类型 ··· 28
    第四节 阅读方法与阅读策略 ······························· 30
        一、阅读方法 ··· 30
        二、阅读方法的教学 ······································ 36
        三、阅读策略 ··· 42

　　　　四、阅读策略的教学…………………………………………46
　　　　五、阅读方法和阅读策略各得其所……………………………47
　　第五节　过程维度与结果维度……………………………………54
　　　　一、阅读活动中的行为及表现…………………………………55
　　　　二、阅读理解时的"推论"……………………………………57
　　　　三、阅读理解测评的侧重维度选择……………………………60
　　　　四、关于阅读理解水平…………………………………………63
　　第六节　实用文章阅读……………………………………………64
　　　　一、实用文章……………………………………………………64
　　　　二、章法与脉络…………………………………………………68
　　　　三、关于"表达方式"…………………………………………73
　　　　四、实用文章阅读类型举隅……………………………………80
　　第七节　文学鉴赏…………………………………………………84
　　　　一、含义随"文学作品"的指向而不同………………………84
　　　　二、"文学鉴赏"的不同指向…………………………………85
　　　　三、关于"品味语言"和"有感情朗读"……………………90

第二章　阅读教学的任务及其路径…………………………………93
　　第一节　对阅读教学的认识………………………………………94
　　　　一、课文不仅是学习材料,而且是学习对象…………………94
　　　　二、课文中包含可能高于学生现有语文经验的因素…………95
　　　　三、建立学生与"这一篇"课文的链接………………………96
　　　　四、阅读教学的重要原则………………………………………98
　　第二节　阅读教学的基本路径……………………………………100
　　　　一、唤起、补充学生的生活经验………………………………100
　　　　二、指导学生形成新的阅读方法………………………………103
　　　　三、组织学生交流和分享语文经验……………………………104
　　第三节　阅读教学的其他路径……………………………………107

　　　　　一、文学鉴赏教学的路径……………………………………107
　　　　　二、选文功能及相应的路径…………………………………111
　　　　　三、"读写结合"的路径………………………………………123

第三章　教学内容的选择与教学环节的展开…………………………127
　　第一节　依据文本体式确定教学内容……………………………128
　　　　　一、概念：阅读、阅读能力与阅读教学……………………128
　　　　　二、文本的教学解读：依据体式……………………………132
　　　　　三、名课研习：支玉恒《只有一个地球》…………………135
　　　　　四、课例讨论：《蝶恋花（柳永）》《七根火柴》
　　　　　　　《清塘荷韵》…………………………………………138
　　第二节　根据学生学情选择教学内容……………………………140
　　　　　一、教学内容与学生的学习经验……………………………140
　　　　　二、课例讨论：《百合花开》…………………………………142
　　　　　三、文本的教学解读：根据学情……………………………145
　　　　　四、名课研习：钱梦龙《死海不死》………………………148
　　第三节　教学环节就是组织"学的活动"…………………………151
　　　　　一、概念："教的活动"与"学的活动"……………………152
　　　　　二、问题症结：以"教的活动"为基点……………………156
　　　　　三、解决途径：转向以"学的活动"为基点………………158
　　　　　四、名课研习：宁鸿彬《皇帝的新装》、
　　　　　　　郑桂华《安塞腰鼓》…………………………………160
　　第四节　教学流程就是"学的活动"充分展开……………………164
　　　　　一、概念：教学内容与教学方法……………………………164
　　　　　二、课例学习：认识"教学流程"……………………………165
　　　　　三、名课经验："学的活动"的充分展开……………………169
　　　　　四、名课经验：教学内容确定性与生成性的统一…………171
　　　　　五、名课经验：形成班集体共同的学习经验………………174

第五节　营造以"学的活动"为基点的课堂教学……………………176
　　　　一、语文教学立足于"学的活动"……………………………176
　　　　二、关于以"学的活动"为基点的课堂教学之若干建议……178

第四章　阅读教学设计实务……………………………………………187
　　第一节　阅读教学设计模板……………………………………188
　　　　一、阅读教学的台阶状教案样式……………………………188
　　　　二、综合模板的应用样例：《生命，生命》…………………193
　　　　三、区分"教的活动"与"学的活动"的教案样式…………200
　　第二节　散文阅读教学设计……………………………………202
　　　　一、不安分的"散文"文类…………………………………202
　　　　二、现代散文的文类特征……………………………………205
　　　　三、"文学性的散文"的着眼点……………………………207
　　　　四、散文阅读的要领…………………………………………211
　　　　五、散文阅读教学的若干原则………………………………214
　　　　六、教学设计样例：《昆明的雨》……………………………217
　　第三节　小说阅读教学设计……………………………………221
　　　　一、小说与小说阅读…………………………………………222
　　　　二、小说阅读教学设计要点…………………………………224
　　　　三、教学设计样例：《变色龙》………………………………228
　　　　四、教学设计样例：《清兵卫与葫芦》………………………233
　　第四节　诗歌阅读教学设计……………………………………239
　　　　一、诗歌与诗歌阅读…………………………………………239
　　　　二、教学设计样例：《乡愁》…………………………………241
　　　　三、教学设计样例：《锦瑟》…………………………………245
　　　　四、国外教学课例一则………………………………………249
　　第五节　实用文章阅读教学设计………………………………251
　　　　一、实用文章及类别…………………………………………251

二、教学内容的确定……………………………………253
　　三、教学环节的设计……………………………………256
　　四、教学设计样例：《中国石拱桥》……………………260
第六节　文言文阅读教学设计…………………………………264
　　一、文言文的一体四面…………………………………265
　　二、文言文阅读教学的要领……………………………268
　　三、教学设计样例：《桃花源记》………………………274

第一章

"阅读"学习领域知识

　　阅读,是中小学语文课程中最重要的学习领域。中小学语文课的绝大部分课时都用于阅读教学。

　　但是,长期以来,我们对什么是"阅读"、阅读活动中的"理解"究竟是怎么一回事、"阅读能力"究竟指什么、阅读能力与阅读方法有何关系等问题一直认识不清。由于缺乏前提性的知识,阅读教学出现了种种不尽如人意的地方。

　　因此,改善阅读教学,需要建立在合理的知识基础上。

第一节 影响阅读活动的主要因素

阅读取决于两个方面：一是阅读主体（读者），二是阅读对象（语篇）。只有在阅读主体（谁阅读）和阅读对象（阅读什么）的关联中，才能谈论阅读活动和阅读能力（如图1-1所示）。

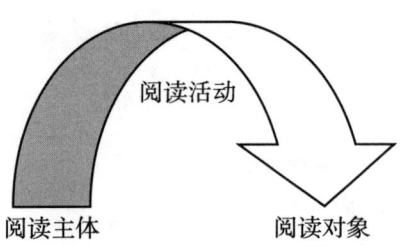

图1-1 阅读取决于两个方面

影响阅读活动和阅读能力的主要因素，是阅读主体的制约因素、阅读态度和阅读对象的语篇类型、文本难度。

一、阅读主体的制约因素

阅读主体有两个制约因素（如图1-2所示）。

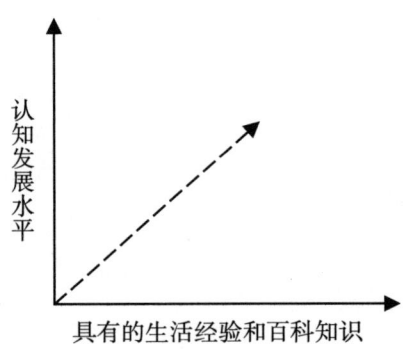

图1-2 阅读主体的制约因素

（一）阅读者的认知发展水平

阅读者的认知有不同的发展阶段。认知发展阶段可采用皮亚杰认知水平发展阶段的理论（感觉运动阶段、前运算阶段、具体运算阶段、形式运算阶段）和维果茨基的"最近发展区"理论。

（二）阅读者具有的生活经验和百科知识

认知心理学研究表明："仅有良好的阅读技巧并不是决定我们从阅读里学到什么的主要因素""阅读者在阅读时所具有的先前知识深深地影响其对课文内容的理解，先前知识对帮助阅读者做有用的推论具有强有力的效果"。[1]

阅读者已经具有的生活经验和百科知识，与文本的内容难度密切关联。一般而言，熟悉的话题、与特定读者所具有的生活经验和百科知识相符相近的文本内容，其难度较低；反之，则文本的内容难度较高，甚或超出特定读者可阅读理解的阈限。

在阅读活动中，阅读者的认知发展水平，表现为阅读者能够进行的阅读类型、能够适应的文本的形式难度和内容难度、能够运用的阅读方法和阅读策略等。

二、阅读主体的阅读态度

可以从两个角度来界定阅读态度（如图1-3所示）。

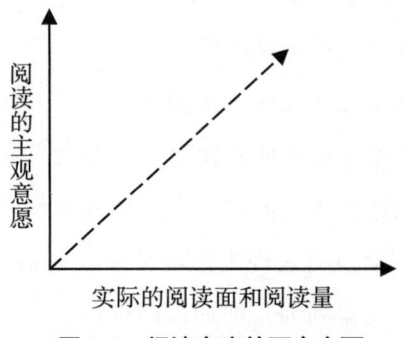

图1-3　阅读态度的两个方面

---

[1] 梅耶．教育心理学——认知取向[M]．林清山，译．台北：远流出版公司，1996：325-327．

（一）阅读的主观意愿

阅读的主观意愿包括阅读的动机、对阅读活动的价值和情感体认、阅读的兴趣和趣味等。

有效的阅读是高度自主、自愿的活动。越是高能力的阅读者，阅读的主观愿望越强烈；一旦丧失了阅读的主观愿望，阅读活动就难以维系，因而阅读者也无从养成较高的阅读能力。

（二）实际的阅读面和阅读量

实际的阅读面和阅读量是阅读态度的外化表现。

实际的阅读面，指特定读者所能进行的阅读类型。阅读类型，是阅读取向与语篇类型的交集。[1]

实际的阅读量，指一个时间段内（年／月／周）所阅读的整本书、杂志、报纸等的数量，有声读物、电子书等各种媒介的文本，通常以每天用于阅读的时间为计量单位。

国际学生评估项目（Programme for International Student Assessment，PISA）把阅读态度称为"个人阅读参与度"。而国际阅读素养进步研究（Progress in International Reading Literacy Study，PIRLS）将阅读态度分为"对阅读的自我概念及态度""课余的阅读习惯""使用计算机的习惯"三个方面，均采用结构性问卷的方式进行调查。调查隐含以下三个通行的假设。

- 阅读的主观意愿与阅读能力正相关。
- 阅读面和阅读量与阅读能力正相关。
- 阅读的主观意愿与实际的阅读面和阅读量正相关。

因此，阅读的主观意愿在很大程度上可以通过阅读面和阅读量来测量。但如果有人因为非主观原因而没有表现出他本来可以达到的阅读面和阅读量，那么阅读的主观意愿可能有必要单列为一项加以调查。

对阅读的主观意愿的考察通常采用结构性问卷，由个人根据自己的情况勾画

---

[1] 阅读类型，具体界定见本章第三节。

相应的选项,相当于个人的主观报告。在调查中由个人报告的阅读的主观意愿,如"喜欢阅读""比较喜欢阅读"等,并不一定能确切反映其真实情况,因此需要实际的阅读面和阅读量予以佐证。

三、阅读对象的语篇类型

语篇(或文本、篇章)是实际使用的语言单位,是交流过程中的一系列连续的语段或句子所构成的语言整体,包括纸质或媒体一段或以上相对完整的文字材料,以及经某种转写的口头语言材料,例如独白、仪式讲话等。[1]

语篇类型和篇章类型,大致相当于"体裁"[2]。语言学研究中所使用的同义或近义的称谓,还有"语类""文类""风格""文体"等。文学研究中,通常使用的同义或近义的术语,较常见的如"文学文类""文体""体式""风格""流派"等。

语篇类型可以看成一个"连续体"[3]:"各种语篇依据自身的特征在其中占据各自位置的连续体。一个连续体就是一个有众多确定点的刻度尺。每一个点都能辨别出来,但点与点之间的起止却是模糊的。连续体上每一种类中的项目并非都符合一个标准,而是因为它们彼此间的相似点超过了不同处。"

参考国际学生评估项目(PISA)阅读测试框架,语篇类型可从文本形式和文本体式两个维度进行描述(如图1-4所示)。

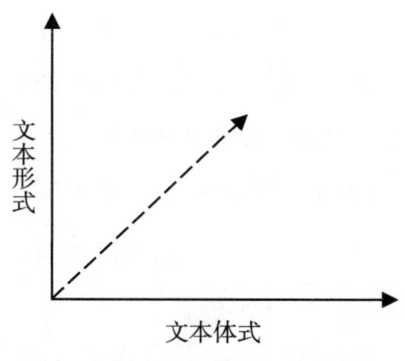

图1-4 描述语篇类型的两个维度

---

[1] 克里斯特尔. 现代语言学词典[M]. 沈家煊,译. 北京:商务印书馆,2007:358.
[2] Unger C. 体裁、关联与整体连贯——语类语用学[M]. 冉永平,导读. 北京:世界图书出版公司,2008:28.
[3] 尼特. 阅读:阅读技巧指南[M]. 贺微,等译. 重庆:重庆出版社,2004:1.

（一）文本形式

文本形式，指文本外在的表现形式。如单个纸质文本与电子文本，单个文本与多重文本，连续性文本，非连续性文本，混合文本等形式（见表1-1）。

表1-1　多样的文本形式

文本形式	单个纸质文本						电子文本	多重文本
	整本书			篇章				
文学作品	中、长篇小说，剧本，作品集，绘本等			散文、诗歌、短篇小说或节选小说、单幕或节选剧本等				
实用性文本	连续性文本	非连续性文本	混合文本	连续性文本	非连续性文本	混合文本		

（二）文本体式

国际学生评估项目（PISA）将文本体式称为"文体类型"，主要依据文本的表达方式。如描写型、叙述型、说明型、议论型、指示型和交流、互动等。其中交流和互动主要适用于电子文本。

在本研究中称为文本体式。文本体式是综合性的实用的概念，合取语言学和文学理论等相近概念的含义，如文类、体裁、语体、文体、风格、流派、特色等。

文本体式大致可分三个层级，必要时可在第三层级之后再划分下位层级。其中第一层级、第二层级，可按通行的划分法（见表1-2）。

表1-2　文本体式的分类及层级

第一层级	（虚构）文学作品			（非虚构）文学作品			实用性文本			
第二层级	诗歌	小说	剧本	散文	传记	报告文学	叙事类	议论类	说明性	应用文
第三层级	……	……	……	……	……	……	……	……	……	……

复杂性体现在第三层级及之后。本研究中采用"实用的"的办法，认可现实中实际应用的类别划分法。

采用"实用的"的办法，意味着认可各种实际使用的多个维度的切分。由于维度不同，第三层级及之后的具体小类，相互之间难免重叠交叉。例如：小小说、短篇小说、中篇小说、长篇小说是一个维度的切分；侦探小说、科幻小说、言情小说、儿童文学作品等，是另一个维度的切分；中国古代小说、中国现当代小说、外国小说，也是一个维度；现实主义小说、浪漫主义小说、现代派小说，则又是一个维度。

阅读和写作是文体思维。对文本体式（文体类型）的把握是最重要的阅读能力之一，也是达到较高理解水平的先决条件之一。

对"文本体式"的特征描述可以合取种种维度，采用多角度叠加合成的描述法。例如鲁迅的《风筝》，可从以下角度分别描述其文体特征：①这是一篇散文——重心是作者主观情感的表达；②这是一篇回忆性散文——作品中有两个"我"，一个是当时的"我"，一个是写文章时的"我"，阅读时要注意把握文中两个"我"的关系；③这是鲁迅的一篇散文——体现了鲁迅独特的思想和行文风格；④这是选自《野草》的一篇散文——带有散文诗的特点，题目"风筝"有象征意义。

四、阅读对象的文本难度

规范的"术语"的英文是"readability"，指文本的"易读性"或"可读性"。也有人译作"文本复杂性水平""文章的难度"等。

国外对"readability"的研究已有上百年历史。对于英语文本的难度，历代研究者给出了多种判断的指标，形成了各具特色的中小学生读物分级系统。

在小学阶段，最简要的办法是根据生词量。学生能不费力地自主阅读，每100个单词中有少于5个错误（95%以上的正确率），是"独立型文本"；每100个单词中有少于10个学生经常犯的错误（90%以上的正确率），是"教学型文本"；每100个单词中有多于10个错误（90%以下的正确率），是"挫折型文本"。[1]

---

[1] 沃恩，汤普森. 教会学生阅读：方法篇[M]. 顿祖纯，译. 北京：教育科学出版社，2008：62.

美国的"蓝思阅读框架"从图书的语义难度（词汇的词频）和句法的复杂程度（句子长度）这两个维度，来衡量出版物的难易程度，并开发了在英语国家广为使用的读物分级系统。

例如：威廉·S. 格雷（William S. Gray）与伯尼斯·拉里（Bernice Lary）将影响可读性的变量分为"内容、风格、格式、组织"四种类型，并析出五个评估"风格"的标准因素：①平均句子长度，②难词的数量，③人称代词的数量，④特殊用语的比例，⑤介词短语的数量。

美国路易斯安那州《选文评鉴指南》从文本复杂度的量化维度、文本复杂度的质性维度、读者与阅读任务三个维度综合判断语文教材选文的难度[1]。

- 文本复杂度的量化维度，是通过计算机软件测量出的文本复杂级数，如词频或词汇长度、句子长度、文本连贯性等。通过专门数字软件，计算出不同文本的难度级数码。
- 文本复杂度的质性维度，是通过分析框架来判断文本复杂度，比如文旨、文意、文本结构、语言特点、背景知识等。
- 读者与阅读任务，是跳出文本内容，从读者角度，如读者的阅读动机、兴趣、期望、背景知识或生活经验等，以及阅读任务的特点（如任务复杂度及问题难度等），依据专业经验对文本进行判定。

中文的情况要复杂得多。单凭词频和句法的复杂程度（句子长度），或者再增加另一些"语言点"，还不足以作为判断文本难度的可靠指标。判断中文读物的文本难度，目前尚无被广泛认可的量化维度的指标。中文读物的文本难度鉴别，主要还是采用专家经验法，尽管有随意性过大的弊端。

从便于理解和应用的角度，可将文本难度分为形式难度和内容难度两个方面（如图1-5所示）。

---

[1] 张欣亮. 美国母语教材文本复杂度的评鉴标准研究——以路易斯安那州选文评鉴指南为例[J]. 上海教育科研, 2014（11）：52.

第一章 "阅读"学习领域知识

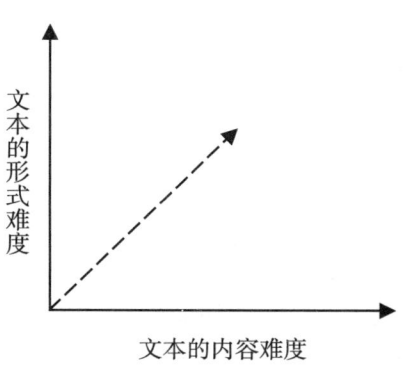

图1-5 文本难度的两个方面

（一）文本的形式难度

文本的形式难度主要靠专家经验判断，或可开发量化评判参考系统。文本的形式难度的指标见表1-3。

表1-3 文本的形式难度的指标

难度 项目	较低难度	中等难度	较高难度	很高难度
生字量				
词汇难度				
语句复杂度				
段落组织 （衔接、连贯）				
篇章结构 （标记等）				
文本长度				
排版形式				
……				

（二）文本的内容难度

文本的内容难度靠专家经验判断，或由特定人群的调查数据举证。常见的参考指标见表1-4。

表1-4　文本的内容难度的指标

项目＼难度	较低难度	中等难度	较高难度	很高难度
所需的背景知识				
主旨的显隐				
行文线索或行文逻辑的复杂程度				
文意表达的直曲				
……				

第二节　阅读活动与阅读能力

"对某一个体而言，能力就是为了解决某一类问题情境，以内化的方式调动已被整合的一整套资源的可能性。"[1]阅读能力，体现在阅读活动中。

阅读活动由广义、狭义、特指之分（如图1-6所示）。广义的阅读活动，指做阅读这件事。狭义的阅读活动，指具体语篇的阅读过程。特指的阅读活动，指在所设

---

[1] 罗日叶．学校与评估——为了评估学生能力的情境［M］．汪凌，周振平，译．上海：华东师范大学出版社，2011：92.

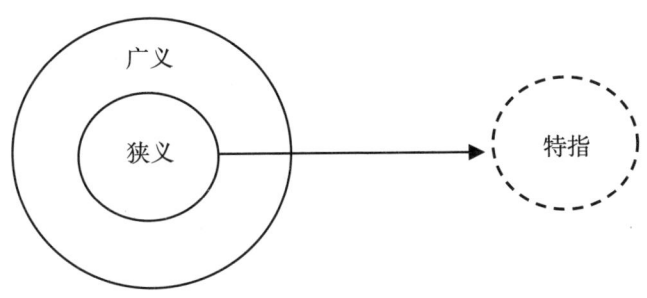

图1-6 广义、狭义和特指的关系

置阅读测试情境中的阅读活动和阅读理解过程。

与广义、狭义、特指的阅读活动相应，阅读能力也有广义、狭义、特指之分。广义的阅读能力，或曰"阅读素养"；狭义的阅读能力，指阅读理解能力，核心是阅读方法和阅读策略的运用；特指的阅读能力，通俗的解释就是阅读测试所得的分数。

一、广义的阅读活动与阅读能力

（一）广义的阅读活动

广义的阅读活动，指做阅读这件事。表现为各式各样的阅读行为，包含众多差异悬殊的阅读类型，从随意翻阅报刊，到正襟危坐复习背诵，从学童的琅琅读书声，到学者的细读琢磨。

做阅读这件事，较正式的过程一般要经历阅读前、阅读中、阅读后三个阶段。

阅读前，萌发阅读的意愿，做各种必要的准备工作，或预览、预视，或暂时中断后接续。

阅读中，即狭义的阅读活动，指具体语篇的阅读过程，从眼睛接触所读语篇的第一个字，到对它的最后一瞥。

阅读伴随着思考和评价。思考和评价，在阅读中进行，有时也表现为连续性阅读活动的暂时中断，往往要延续到阅读活动之后。掩卷而深思，当眼睛离开所读的最后一个字时，与文本的对话并未终止。

古今中外的"读书法""读书方法",有许多讲的是广义阅读活动的读书法、读书方法,涵盖阅读前、阅读中、阅读后,往往侧重在阅读前和阅读后。

比如,《阅读的战略》[1]《阅读:阅读技巧指南》[2]《如何高效阅读》[3]《实用性阅读指南》[4]《秋叶:如何高效读懂一本书》[5]和《如何有效阅读一本书——超实用笔记读书法》[6]等。

尤其是以理解为目的的学科阅读,往往要经历阅读前、阅读中、阅读后的多重循环。对专业知识的深度理解和牢固记忆,功夫主要在对教材内容的阅读后精加工阶段。

(二)广义的阅读能力

广义的阅读能力,或曰"阅读素养(reading literacy)",指从阅读中学习的能力——获取信息、学习知识、解决问题、参与文学生活、获得思想和精神的启迪。

国际阅读素养进步研究(PIRLS)和国际学生评估项目(PISA)这两项权威性的国际阅读测试,均以"从阅读中学习"来界定"阅读"并制定测试框架。

国际阅读素养进步研究(PIRLS)对"阅读"的描述是:"一项既属于个人认知也涉及社会成规的活动,参与者(即读者)被要求能够流畅、有效率地把语言符号为载体的篇章,转化为其他读者也会获得相似结果的意义,俾能在社会上成为无论个人性情发展,抑或社会功利上均有成就的成员。"[7]

国际学生评估项目(PISA)对"阅读素养"的界定是:"为了实现个人发展目标,增长知识、发挥潜力并参与社会活动,而理解、使用、评价、反思文本并参与

---

[1] 顾晓鸣. 阅读的战略[M]. 上海:上海人民出版社,1987.
[2] 尼特. 阅读:阅读技巧指南[M]. 贺微,等译. 重庆:重庆出版社,2004.
[3] 孔普. 如何高效阅读[M]. 张中良,译. 北京:机械工业出版社,2015.
[4] 大岩俊之. 实用性阅读指南——把读到的知识转化成能力[M]. 陈怡萍,译. 南昌:江西人民出版社,2017.
[5] 秋叶. 秋叶:如何高效读懂一本书[M]. 北京:北京联合出版公司,2015.
[6] 奥野宣之. 如何有效阅读一本书——超实用笔记读书法[M]. 张晶晶,译. 南昌:江西人民出版社,2016.
[7] 谢锡金,等. 儿童阅读能力进展——香港与国际比较[M]. 香港:香港大学出版社,2005:11.

阅读活动的能力。""阅读素养的发展不局限于知识和技能的发展,也涉及动机、态度和行为。"[1]

"广义的阅读能力"可操作性定义为:在真实的情境中,个人愿意、能够进行的阅读活动及其所能达到的理解程度。广义的阅读能力,主要涉及以下四个方面(如图1-7所示)。

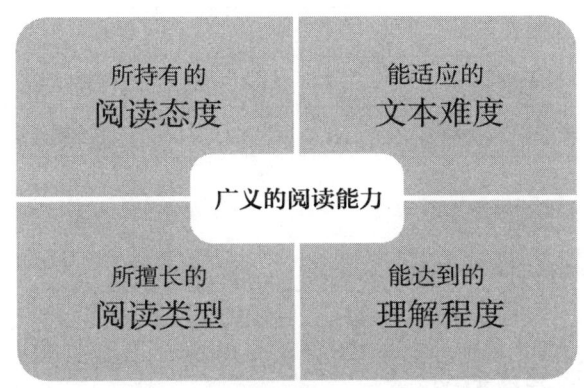

图1-7 广义的阅读能力包含的四个方面

(1) 所持有的阅读态度。

按上文中的界定,阅读态度指阅读的主观意愿、实际的阅读面与阅读量。

(2) 能适应的文本难度。

包括上文中所界定的文本的形式难度和文本的内容难度。

(3) 所擅长的阅读类型。

阅读类型,是阅读取向与语篇类型的交集。[2]如小说阅读、诗歌阅读、论说性文章的理解性阅读、操作性阅读、批判性阅读等;所擅长的阅读类型越多样,"从阅读中学习"的能力越强。

(4) 能达到的理解程度。

进行特定阅读类型的阅读,形成对具体语篇的阅读理解,并达到一定的理解水平,即狭义的阅读能力,也就是阅读测试所要评估的阅读理解能力。

---

[1] 国际学生评估项目中国上海项目组. 质量与公平:上海2009年国际学生评估项目(PISA)结果概要[M]. 上海:上海教育出版社,2013:6.
[2] 关于"阅读类型",详见本章第三节。

假设，合适的阅读测试能够较准确地评估个人的阅读理解能力，那么，针对广义的阅读能力，需要专门考察的项目有：实际的阅读面，实际的阅读量，能够独立阅读的文本难度（见表1-5）。

表1-5　广义的阅读能力测评的考察项目

考察项目	考察的方法
实际的阅读量	结构性问卷调查
实际的阅读面	结构性问卷调查
能够独立阅读的文本难度	结构性问卷调查或专项测试

二、狭义的阅读活动与阅读能力

（一）狭义的阅读活动

狭义的阅读活动，指具体语篇的阅读理解过程（如图1-8所示）。

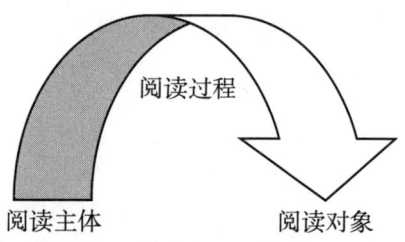

图1-8　阅读过程与阅读主体及阅读对象

阅读，是眼睛"看"连贯的文字。[1]眼睛怎么看，涉及两个方面。

1. 涉及无意识的眼动技能

阅读过程中的眼动有四种模式：注视、眼跳、回视和回扫。回扫是从上行之尾到下行之首。回视是眼睛退回刚才注视过的地方。眼跳是从一些字跳到另外一些

---

[1] "阅读：看（文章）。"见：中国社会科学院语言研究所词典编辑室. 现代汉语词典[M]. 5版. 北京：商务印书馆，2007：336.

字,跳的跨度即眼跳距离;在眼跳时不能获得视觉信息,因而也不发生理解。阅读时主要在注视期间获得信息,注视即较长时间(单位是毫秒)的看,被注视的字词语句叫"注视点"。[1]

阅读中的眼动是无意识的,很容易形成每行注视固定次数的"运动习惯",而不受阅读内容的影响。研究者认为,是否容易形成这种"运动习惯"是阅读较快的读者与阅读较慢的读者的一个区别特征[2];阅读较慢的读者可通过专门的训练加以调节,形成新的眼动习惯。调节的总方向是减少眼动中的"浪费"。具体的方法有加大视觉幅度、尽可能增大眼跳距离、努力减少回视次数、坚持默读(避免发音干扰)等;其目的是快速阅读(速读)。

2. 涉及大脑的阅读理解活动

阅读中的"看",与其说是眼睛在看,不如说是大脑在"看",进而获得语篇的意义(如图1-9所示)。

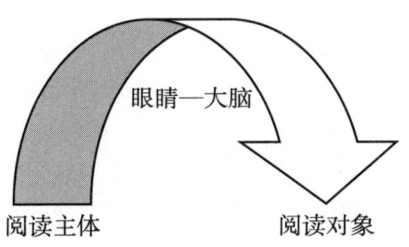

图1-9 "眼睛—大脑"的阅读理解活动

"在阅读过程中始终存在两条视线,一条是(眼睛)生理性的外部视线,一条是(大脑)心理性的内部视线。"[3]外部视线的"注视点"其实就是内部视线的"意识点"。"人们阅读时注视的内容正是他所加工的内容。"[4]

因此,阅读中的"理解"问题可以看成"注视点"和"意识点"的关系问题。也就是说,眼睛的"注视点",应该看到语句和语篇的关键点,"注视点"要与"意识

---

[1] 沈德立. 学生汉语阅读过程的眼动研究[M]. 北京:教育科学出版社,2001:44-47.
[2] 白学军,闫国利. 阅读心理学[M]. 上海:华东师范大学出版社,2017:8.
[3] 顾晓鸣. 阅读的战略[M]. 上海:上海人民出版社,1987:32.
[4] 闫国利. 阅读发展心理学[M]. 合肥:安徽教育出版社,2004:268.

点"同步。[1]

"通过视线扫描，筛选关键性语言信息，结合读者头脑中储存的思想材料，引起连锁性思考，这就是阅读过程。"[2]

从"眼—脑"的角度来看，具体语篇的阅读过程大致可以归结为相互联系的两个要点。

● 眼睛"看到"（注视）语篇的关键点。
● 大脑"看出"（理解）关键点的意义。

"语篇的关键点"或称"文本关键点"，包括语义方面和非语义方面，前者如语篇中的关键词语、关键语句、关键语段、篇章结构等，后者如诗歌的断行、分段等语篇形式的特征、特点等。"关键点的意义"，指语义方面和非语义方面的意思和意味。

（二）狭义的阅读能力

狭义的阅读能力指在具体语篇的阅读过程中所体现的阅读理解能力，通称"阅读理解能力"。

心理学研究把阅读分为"解码"和"解释"这两个相互关联的领域。[3]解码即认字识词，建立符号和语义的链接。[4]解释即理解语句和语篇的意义，需借助上下文加以推论。

比如在下例中，必须认识"冰箱""葡萄"这些字，必须知道"冰箱""葡萄"所指称的东西。

---

[1] 白学军，闫国利．阅读心理学［M］．上海：华东师范大学出版社，2017：12；闫国利．阅读发展心理学［M］．合肥：安徽教育出版社，2004：268．
[2] 章熊．思索·探索：章熊语文教育论集［M］．北京：人民教育出版社，2002：191．
[3] "从稍微狭窄的意义上来说，阅读意味着对某一特定文本进行解码和解释的具体而自愿的行为。"见：迪克．作为话语的新闻［M］．曾庆香，译．北京：华夏出版社，2003：145．
[4] 阅读教学中流行的"贴标签"做法，其实是建立语料与术语（标签符号）的链接，这也应该看成一种"解码"的行为。比如："阅读议论文"，就是让学生指认事实论据、道理论据、对比论证、举例论证、比喻论证的语料；"阅读说明文"，就是让学生在文章中找到列数字、下定义、打比方、举实例、做比较等说明方法的相应部位。

【例1】亲爱的,你放在冰箱里的两颗葡萄,我把它吃了。

如果不认识或不知道这些字词,就要借助上下文加以推论:"葡萄"是食物,"冰箱"是放食品的地方。这就进入了解释,即理解语句和语篇的意义。

阅读活动的核心是理解,"这几乎是所有教育家、心理学家的共识"[1](如图1-10所示)。正如阅读研究专家詹森指出的:"阅读和理解之间的区别仅仅是语义上的区别,因为没有理解,阅读就只是在追随书页上的记号。"[2]

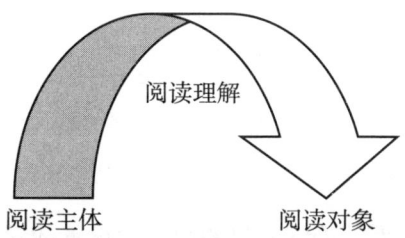

图1-10　阅读活动的核心:阅读理解

从阅读主体的角度看,对一个特定语篇的理解主要源于以下三个方面。

- 解码能力,也就是认字识词断句的基础能力。
- 读者关于语篇所涉主题(话题、内容)的生活经验和百科知识。
- 理解过程的心智活动,可以表述为阅读方法和阅读策略的运用。

在基本具备解码能力、对语篇所涉主题内容不陌生的前提下,可以认为,对语篇的理解主要源于理解过程的心智活动,即阅读方法和阅读策略的运用(如图1-11所示)。

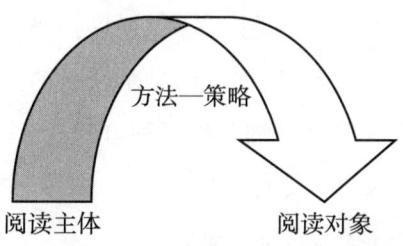

图1-11　阅读能力:阅读方法与阅读策略的运用

---

[1] 李维,等. 心理学大辞典:第1卷[M]. 杭州:浙江教育出版社,1995:518.
[2] 转引自:尼特. 阅读:阅读技巧指南[M]. 贺微,等译. 重庆:重庆出版社,2004:8.

从这个意义上讲，语文教学中经常说的"学会如何阅读""掌握阅读方法""提高阅读能力"，表达得差不多是同样的意思——学会如何阅读，也就是要掌握阅读方法；而掌握了阅读方法，也就意味着提高了阅读理解的能力。

阅读教学，主要是使学生学习运用阅读方法和阅读策略；阅读能力测试，实质是要测试在语篇阅读的过程中运用阅读方法和阅读策略的能力。从阅读教学和阅读测试的角度来说，语篇阅读理解能力大致可以看成阅读方法和阅读策略的运用。

三、特指的阅读活动与阅读能力

（一）特指的阅读活动

特指的阅读活动，是为了测试的目的而人为设置的一种阅读活动。

从原理上讲，阅读测试是用可靠的方式测量个人的真实阅读理解能力，测试情境中的阅读活动和阅读理解过程，其应该与狭义的阅读活动一致。

但是，阅读测试尤其是大规模的阅读测试采用的是反应性测试——根据要求在规定的时间内阅读指定的语篇，完成文后的一系列测试题，如选择题、简答题和短小的论述题等。这种测试情境与常态阅读有实质性的差别，导致阅读测试中具有特定的、与常态阅读很不相同的课文（试卷）扫描模式，或曰"应试答题模式"。

据白学军和闫国利的研究[1]，阅读测试中的阅读活动有顺序扫描和逆序扫描两种模式。顺序扫描，即先读文，再读题、做题；逆序扫描，就是先读题，再读文、做题。随着学生年级的提高，使用逆序模式的学生逐渐增加。根据读题、读文、答题的不同往复行为，两种模式又可各细分出三种方式。比如逆序扫描：①读题—读文—重读文—做题，②读题—读文（到某一处）—做题—接着读文（到某一处）—做题，③读题—读文—有选择地重读—做题。

无论是哪一种模式，都与常态的阅读活动和阅读理解过程很不一样；尤其

---

[1] 白学军，闫国利. 阅读心理学［M］. 上海：华东师范大学出版社，2017：264-265.

是逆序扫描，似乎是受测试方式的限制而被造出来的阅读测试中所特有的阅读活动。

如何善用反应性测试，如何在阅读测试中实施表现性评价，尚有许多问题要进一步研究。

（二）特指的阅读能力

特指的阅读能力可定义为：一次特定的阅读作业或阅读测试所获得的分数。它涉及以下几个方面。

- 有一些特定的文本。
- 有一些特定的指标，表现为一系列测试题。
- 试题设定标准答案（或评分标准）和赋分值。
- 以与标准答案（或评分标准）的符合程度来赋分。
- 以得分（总分）多少来判定能力水平的高低。

阅读能力的评价具体包括两种情况：

一是形成性评价，主要用于中小学语文学科的教学过程中。从原理上讲，形成性评价应该是基于本阶段的教学目标，聚焦本阶段教学所培养的某项或某些特定的阅读能力。

二是终结性评价，即在一次具有代表性的（随机抽样意义上的）阅读测试中所表现的阅读能力。大规模阅读测试，所测试的就是（或应该是）这个意义上的阅读能力，由此推断考生的阅读理解的潜能，根据考分高低判定。

阅读是具体的，总是一个特定文本的阅读；阅读能力，当然要通过特定的阅读测试加以评判。关键是：这一特定的文本要具有代表性；这一特定的阅读活动，应该具有随机抽样的意义；这一测试所测的是应该测试的阅读能力；所赋的成绩，对学生个体的阅读能力要有足够的解释力。

无论是形成性评价还是终结性评价，目前在我国主要局限于中小学语文学科的、依赖命题者经验的阅读测试，其信度和效度都与应该达到的状态有很大距离。

以广义的阅读能力为指引，扎扎实实做好狭义的阅读理解能力的研究，形成适合特指的阅读能力的测试框架和测试工具，在我国尚有一段很长的路程要走。

第三节 阅读取向、阅读方式与阅读类型

取向问题是研究语文能力和语文能力测试的首要问题。能力与所听、所说、所读、所写联系在一起，体现在达到特殊目的的听、说、读、写的具体活动中。不同的目的，不同的所听、所说、所读、所写，合成听、说、读、写的不同方式。而不同的方式，运用有所区别的能力，也需要有所区别的方法（知识、技能、策略、态度）。在讨论培养和测试语文能力之前，我们有必要事先明确，期望学生现在或将来所从事的是哪种取向的听、说、读、写活动。这样，我们才能明了究竟要培养学生什么样的语文能力，才能接下去研究怎样培养这些能力、如何测试等一系列课题。

一、阅读取向

与"阅读取向"类似的学术词汇，有"阅读目的""阅读任务""阅读观念""阅读态度""阅读姿态""阅读习惯""阅读兴趣""阅读趣味"等。从学术词汇的辨析度和可操作化角度来考虑，我们用"阅读取向"一词统括上述词汇的所指。

阅读，意味着有一个特定的阅读者。读者的阅读目的、阅读任务等决定其阅读取向。比如：为了检索和获取信息而阅读，为了学习知识而阅读，为了参与社会公共事务而阅读，为了丰富个人的文学生活而阅读。不同的阅读目的、阅读任务形成不同的阅读取向。

但阅读取向并不等同于阅读目的、阅读任务。它可以作为一种阅读态度、阅读姿态、阅读习惯而相对独立地存在，甚至成为一种阅读的观念。英国诗人和评论家柯勒律治睿智地区分出四种读者[1]：①海绵型，读什么吸收什么，随后又几乎原封不动地吐出来，只不过有点脏了。②磨砂玻璃型，什么都留不下，只满足于把书翻完，为的是消磨时间。③过滤袋型，只把阅读过程中的渣滓留下了。④钻石型，不光自己读书受益，还使别人受益。"钻石型"读者，就是会主动阅读的读者，

---

[1] 转引自：尼特. 阅读：阅读技巧指南[M]. 贺微，等译. 重庆：重庆出版社，2004：8.

他们善于与文本对话。四种读者表现出迥然相异的阅读取向。

阅读取向有常态、异态和变态之分。

（一）常态的阅读取向

常态的阅读取向指在通常的情况下具有较高阅读能力的读者一致采取的阅读取向。

在常态的阅读取向下，读者的阅读目的一般与作者所采用的语篇类型的功能相一致。比如把小说当小说读，把诗歌当诗歌读，把散文当散文读。阅读是一种社会性的交往活动，"作者写作是希望读者分享他们所表达的意义，从而成为互相理解的群体中的一分子"[1]，"学习阅读就是加入这个群体"[2]。

（二）异态的阅读取向

异态的阅读取向就是基于合理的目的、任务而采取的与通常不一样的阅读取向。

比如前面的例1，如果阅读任务是默写，那么就会采用与任务相应的记背取向，并运用与此相匹配的方法：记住每一个词，看清每一个字。如果阅读任务是划分出单词，那么就会如例2这样阅读。

【例2】亲爱／的，你／放／在／冰箱／里／的／两颗／葡萄，我／把／它／吃／了。

异态的阅读取向往往是高度职业化的。比如小说，编辑校对样稿，是一种读法；语言学家统计某种句法的使用情况，是一种读法；社会学家想知道当时人的饮食习俗，是一种读法；依据小说中的描写，研究那时的服饰样貌，则是另一种读法。企业家"水煮《三国》"或从《水浒传》看出企业管理的门道，是异态阅读取向的独特读法。

---

[1] 若德曼，雷默．儿童文学的乐趣[M]．3版．陈中美，译．上海：少儿出版社，2008：79．
[2] 若德曼，雷默．儿童文学的乐趣[M]．3版．陈中美，译．上海：少儿出版社，2008：79．

（三）变态的阅读取向

变态的阅读取向就是扭曲的阅读取向。它是指基于某种错误的观念而采取一种奇特的阅读取向，有意或习惯性地曲解文本。例如，以"首尾照应""以小见大"等古文笔法对付"率性而为"的现代散文；以"论点""论据""论证"的西方逻辑思路，对付《劝学》《师说》乃至《石钟山记》《游褒禅山记》等古文；以事件目击旁观者的身份对虚构小说中的人和事横加评判；以欣赏"好词好句"的心态看待《论美》（培根）、《蝉》（法布尔）、《奥斯维辛没有新闻》（罗森塔尔）等实用文章，均属阅读取向之变态。

变态的阅读取向是阅读和学习阅读最大的陷阱。钱理群先生曾举过一个例子[1]：他所接触的大学中文系的学生，拿到小说问的第一句话往往是"老师，这篇小说的'主题'（即'中心思想'）是什么？"钱先生说：捧起一篇小说，不是用自己的心去触摸它、感受它，而是习惯性地执意去"概括"，往往还是套用某种现成的公式去"概括"所谓的"主题"，"那么这种人已经与文学无缘了"。而那种"已经与文学无缘"的"阅读能力"，正是我们中小学阅读教学一直在培养的，大量的事实证明，我们也的确把学生培养起来了，尽管到了大学，文学教师要花十二分的力气将它"通通磨掉"。

笔者曾随便抽出语文教材中的一篇议论文，问学生："这篇文章的观点对不对？"学生一起回答："对！"我又问学生："这篇文章写得好不好？论证是不是严密？语言是不是恰当？"学生又纷纷回答："好！严密！恰当！"于是我问学生："这篇文章你们还没有读，还不知道它写的是什么，更不知道它是怎么写的。请问，你们凭什么说它观点对、论证严密、语言恰当？"显然学生从来没有被人这样诘问过。我们的学生在语文教学中一直在做的所谓阅读，就是这样一种近乎盲目的"朝拜取向"：一篇文章还没有读甚至不用读，就知道它对、就知道它好。这是很怪异的。

阅读取向问题实质是"哪一种阅读"的问题。

---

[1] 王丽. 中国语文教育忧思录[M]. 北京：教育科学出版社，1998：62.

明晰"哪一种阅读",是研究国民阅读能力和阅读能力测试的前提。研究国民阅读能力的研究和阅读能力测试要牢牢扎根于常态的阅读取向,要注意与高度职业性的异态的阅读取向相区隔,尤其要防止落入变态的阅读取向陷阱。

二、阅读方式

"一位读者要追求的目标——为了娱乐,获得资讯或增进理解力——会决定他阅读的方式。"[1]"哪一种阅读",势必要联系到"如何阅读"。阅读取向不仅仅是目的、任务,也不仅仅是态度、姿态、习惯、观念,它会外化为与其取向相一致的阅读方式。

人们平常所说的"如何阅读"实际上有两个层面:一个是宏观的、战略层面的"大方法",即由阅读取向而外化的阅读方式;另一个是微观的、战术层面的"小方法",即某种语篇类型的具体的阅读方法(如图1-12所示)。

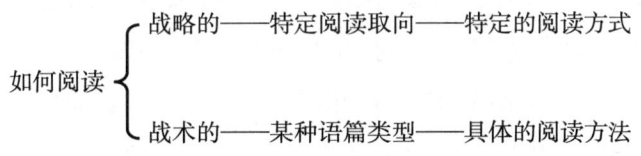

图1-12 阅读方法的"战略层面"与"战术层面"

阅读方式,可以从多个角度描述,不同角度的描述互有交叉重叠。例如:
- 从阅读行为的角度。朗读和默读,精读、略读、速读、泛读、跳读等。
- 从文类的角度。最大的文类划分是三大类:虚构的纯文学、写实的杂文学(散文等非虚构文学)、非文学的实用性文章,三大文类有截然不同的阅读方式。
- 从学科的角度。例如数学(学科)阅读、历史(学科)阅读、地理(学科)阅读等。不同的学科有其特点和学科阅读方式。

---

[1] 艾德勒,范多伦. 如何阅读一本书[M]. 郝明义,朱衣,译. 北京:商务印书馆,2004:18.

- 从认知活动的角度。如国际学生评估项目（PISA）[1]依据"读者阅读文本的目的和方法是什么？"所描述的"获取与检索""整合与解释""反思与评价"。
- 从熟练阅读者经验的角度。古人所说的"熟读精思""厚积返约""虚心涵泳""披文入情""出入法"，等等，其实都是特定阅读取向的、战略层面的阅读方式。

阅读取向与阅读方式本是一体两面。但久而久之，一些抽象程度高的阅读方式很容易被忽视其内含的阅读目的、阅读取向，比如朗读和默读，精读、略读、速读、泛读、跳读等。联系阅读目的、阅读取向，才能较好地理解这些阅读方式，从而有效地学习和应用。

好的阅读者，其阅读目的、阅读取向与阅读方式是一致的。为了检索和获取信息，通常是速读、跳读；为了学习知识，必须精读；为了丰富个人的文学生活，自然用文学的阅读方式，披文入情；阅读传统经典，要反复精读、熟读精思。

差的阅读者，其阅读方式与目的、取向分裂，甚至南辕北辙。比如：以抽象概括的方式"体会"作者的情感，用表情朗读的方式"获取"新闻的信息，用扫读法、跳读法"品味"散文，以论点、论据的标签法"学习"古文，以死记硬背法"理解"学科教材内容，等等。

三、与语篇类型的对应关系

阅读取向、阅读方式与语篇类型有较紧密的对应关系。对应情况有两种。

（一）较明显地对应

如果阅读取向较直接地体现为阅读方式，阅读取向、阅读方式与语篇类型的对应关系就较明显。

比如上文提到的把小说当小说读、把诗歌当诗歌读、把散文当散文读，文学

---

[1] 2000—2015的测试框架，2018年国际学生评估项目（PISA）阅读测试框架在认知方面改用"认知策略"。

阅读的取向直接表现为文学的阅读方式，又分化为小说、诗歌、散文各自的阅读方式。

理论性文本、指示操作程序的说明书、科学等学科的教科书、学术论文、各类图表的非线性文本、新闻消息等，其阅读方式与阅读取向有明显的一致性，因而阅读方式与语篇类型的对应关系也较明显。上述语篇类型都有相应的阅读方式，并联系到与取向相匹配的具体的阅读方法。例如：理论性文本通常是理解性阅读；指示操作程序的说明书则需要边读边做的操作性阅读。

因为对应关系明显，阅读者往往习以为常，甚至习焉不察。"有能力的读者不知不觉地将这些（语篇类型）惯例和准则吸收进他们的阅读经验，而对阅读具有制约作用，使得读者解释作品的半自觉活动成为可能。"[1]

（二）较迂回地对应

如果阅读取向较隐蔽地内含在阅读方式中，阅读方式与语篇类型的对应，要通过具体的阅读方法才能显现。

朗读和默读，精读、略读、速读、泛读、跳读等，这些从阅读行为角度描述的抽象程度很高的阅读方式就是这种情况，其阅读方式较隐蔽地内含着阅读取向。

当我们谈论这些阅读方式时，比如精读、略读，似乎与阅读取向不发生关系，因而也难以觉察到它们与语篇类型的联系。

但是，一旦要实施这些阅读方式，实际的阅读活动必然要落实在特定语篇类型的具体语篇上。这样，精读、略读就要具体化为小说的精读、散文的精读、教科书的精读、学术论文或学术著作的精读，等等，而不同语篇类型所实施的阅读方式及其具体的阅读方法是有很大差别的。

比如阅读技术文章，精读的要点是[2]：

- 定义与术语。在阅读任何技术性的文章时，首先你必须从了解术语着手。
- 举例。举例有助于澄清抽象原则。

---

[1] 转引自：王先霈，王又平. 文学批评术语词典[M]. 上海：上海文艺出版社，1999：469.
[2] 弗莱. 有效阅读[M]. 尤淑雅，译. 广州：新世纪出版社，花城出版社，2001：86-99.

- 分类与列举。作者运用分类来归纳广泛的细节。
- 对比的运用。借呈现相反的状况，凸显复杂的资料。
- 因果关系。因果关系是科学研究的基本探索方法，阅读技术性文章，必须认清这种关系及其意义。

而阅读童话等小说，精读的要点是[1]：

- 把描写具象化。
- 读取人物。
- 发现故事，体验情节。
- 寻找主题。
- 探求主题结构。
- 聆听叙事声音，辨识聚焦者。

再比如科技文的"情报阅读"，略读的方法是这样的：

- 阅读文章的标题。
- 阅读内容概要。
- 阅读小标题。
- 注意图表的内容。
- 阅读每一段的第一个句子。
- 快速地浏览段落的其余部分。
- 阅读最后一个段落。

这显然与阅读长篇小说的"略读"很不一样。

即使朗读，也隐含着与一些语篇类型的对应关系。各类图表的非线性文本、混合文本，无法朗读；常态的阅读中，理论性文章、指示操作程序的说明书、科学等学科的教科书、学术论文或学术著作等，从不朗读。适用于朗读的，不同语篇类型的朗读法也各不相同：诗歌是朗诵，故事是讲述，戏剧是表演，绘本是演绎，话本小说是说书，新闻是播报，会议报告是口述，通知告示决定等公文是宣读，其语速、语势、语气、停连、重音、节奏等都有不同的讲究。

---

[1] 若德曼，雷默. 儿童文学的乐趣[M]. 3版. 陈中美，译. 上海：少儿出版社，2008：86.

事实上，当人们谈论阅读和阅读方式时，都自觉或不自觉地预设了某类或某些类的语篇类型。心理学家所研究的"阅读"，基本上是短篇故事类文本的"连贯阅读"；人文学者呼吁读书，其心目中的书往往是思想文化的经典著作；文学家倡导阅读，实际上是文学阅读甚至童话小说阅读；管理者和企业家谈阅读，谈的往往是经济学、管理学方面书籍的"致用性阅读"。

无论承认还是刻意回避，为测试而设置的特指的阅读活动，所测试的总是特定取向的、特定阅读方式的、特定语篇类型的阅读能力。我国中小学语文教师教阅读、中考和高考语文考试考阅读，基本上是教散文阅读，主要是考查散文阅读能力。

总之，脱离了具体语篇就没有阅读这件事情！而具体语篇，总是特定语篇类型的具体语篇，常态的阅读取向就是与语篇类型的功能相一致的阅读。

人们平常所说的"如何阅读"，实际上讲的是基于某种特定取向的阅读方式，去理解特定语篇类型的文本关键点的方法（如图1-13所示）。

图1-13　阅读取向、阅读方式与语篇类型的关系

阅读取向、阅读方式与语篇类型的对应关系，国际上有较广泛影响的阅读测试，如国际阅读素养进步研究（PIRLS）、国际学生评估项目（PISA）、美国国家教育进步评价（National Assessment of Educational Progress，NAEP）等都有清晰的认识。

国际阅读素养进步研究（PIRLS）在论述文本类型时指出，文本类型与阅读目的是严格对应的："为文学体验而进行的阅读"文本是文学文本，最重要的形式是叙述性小说；"为获取和使用信息而阅读"的文本是信息文本，如日记、信件、传记、个人账本、议论或劝说性文章，以及说明性文章等。

美国国家教育进步评价（NAEP）项目明确指出[1]：阅读目的主要与文本类型相关，不同的阅读目的决定了不同的阅读方式。文本的属性会影响阅读理解过程，不同的文本类型必须用不同的方式和方法去阅读，好的读者善于调整阅读行为来适应所读的文本类型。阅读文学类文本例如小说、诗歌、寓言等的目的是为了愉悦和获得对社会、人生的新观点，因此需要从头到尾地完整阅读；而阅读信息类文本，主要是为了获取信息，因此不必完整地阅读。美国国家教育进步评价（NAEP）项目阅读使用的文本分两大类：一是文学类，包含小说、非小说文学作品与诗歌；二是信息类，包含说明类文本、议论性文本、程序性文本。为了进一步描述文本基本类型，美国国家教育进步评价（NAEP）项目采用"文本地图法"，从文本结构与特征及写作技巧维度对每一种文本类型做了更加细致的客观描述，为测试的文本选择和试题的编写提供详细的指导。

四、阅读类型

阅读取向、阅读方式与语篇类型的交集构成阅读类型。

阅读，总是某种阅读类型的阅读。需要研究的是选取哪一种阅读取向，关注哪一些阅读方式和语篇类型，从哪些角度、在哪一个层级来描述语篇类型、归纳阅读类型。

阅读取向、阅读方式是阅读主体方面，语篇类型是阅读对象方面。阅读类型既可以从阅读主体的角度来归纳和描述，凸显阅读取向及其阅读方式，而隐含与之相对应的语篇类型；也可以从阅读对象的角度，按语篇类型归类，而隐含与之相对应的阅读取向及其阅读方式。两种角度描述的阅读类型有重叠交叉。

按语篇类型归类的阅读类型，如诗歌阅读、小说阅读、戏剧或戏曲剧本阅读、散文阅读、绘本阅读、传记阅读、史书阅读、新闻与报刊文章阅读、学术论文或学术著作阅读、科学等教科书阅读、知识普及读物阅读、广告阅读、公文阅读、非线性文本阅读、混合文本阅读、多文本阅读，等等。

文学的主要阅读类型，倾向于从语篇类型的视角来描述。示例见表1-6。

---

[1] 转引自：叶丽新．测试框架：语文考试改革的重要着眼点[J]．中国教育学刊，2014（4）．

表1-6 语篇类型视角的文学阅读类型

文学阅读类型——语篇类型的视角								
虚构文学作品阅读				综合性文学作品阅读			非虚构文学作品阅读		
叙述话语		抒情话语		绘本	影视	戏剧	散文	传记	报告文学	其他
短篇小说	长篇小说	现代诗歌	古典诗词	……	……	……	……	……	……	……
……	……	……	……	……	……	……	……	……	……	…… ……

如有必要,可再从不同维度分出亚类,如古代诗歌阅读、古代散文阅读、现代小说阅读、幻想小说阅读、文言小说阅读、古白话小说阅读、纪传体史书阅读、科幻小说阅读、侦探小说阅读,等等。

实用性阅读倾向于从阅读取向和阅读方式的角度来描述。以篇章为例,包括:①信息性阅读,②理解性阅读,③操作性阅读,④批判性阅读,⑤研究性阅读,⑥多重文本阅读。

信息性阅读、理解性阅读、操作性阅读、批判性阅读、研究性阅读等,均是侧重阅读主体的分类,强调阅读的目的,凸显阅读的取向。

实用文章的阅读类型也有必要进行侧重于阅读对象的分类,以凸显某种亚文类或体裁的阅读特性。侧重于阅读对象方面,较重要的阅读类型有:新闻报道和报刊言论文章的阅读、科学普及(科普)文章的阅读、社科类文章的阅读等。

在真实情境中,有经验的读者会把书按不同的阅读目的做个性化的分类。

哲学家冯友兰把书分为三类[1]:一是精读书,作为学业的基础,"一一寻究,得其要领"。二是略读书,观其大略,一般了解,开阔眼界,扩大知识面。三是翻阅书,供不时之需,随手翻阅汲取。

诗人纪宇也把所读之书分为三类[2]:一是粗读书。浏览,知道书名、著者、主要

---

[1] 王余光,徐雁.中国读书大辞典[M].南京:南京大学出版社,1993:287.
[2] 王余光,徐雁.中国读书大辞典[M].南京:南京大学出版社,1993:309.

内容就可以了，用时可以查，能找到就行。二是细读书。动笔墨，圈画，抄重点。三是常读书。爱不释手，几乎有空就看，而且反复思考；每天睡前看一会儿，外出时也随身带着，细嚼慢咽。

由上述个性化的分类可以看出，不同的书意味着不同的阅读取向和阅读方式方法，实际上就是个性化的阅读类型的区分。

第四节　阅读方法与阅读策略

阅读方法、阅读策略，都是对"如何阅读"的描述，但描述的角度不同，所属的知识类型不同，其知识来源也有差别（如图1-14所示）。

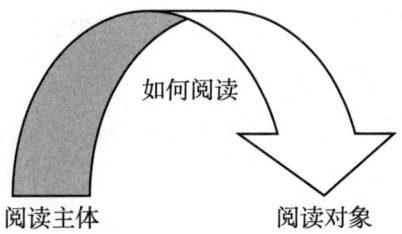

图1-14　如何阅读：阅读方法与阅读策略的运用

一、阅读方法

（一）阅读方法受制于语篇类型

阅读方法，特指"有效的"阅读方法；国外较常见的说法是"阅读技巧"。

什么是语篇阅读理解的有效方法呢？回答这个问题，需要回顾本章第二节论述"狭义的阅读活动与阅读能力"时得出的结论——从"眼—脑"的角度来看，具体语篇的阅读过程大致可以归结为以下两个相互联系的要点。

● 眼睛"看到"（注视）语篇的关键点。
● 大脑"看出"（理解）关键点的意义。

这样，所谓有效的阅读方法，就必须是能够解答以下两个问题的方法。

● 眼睛如何"看到"（注视）语篇的关键点？

● 大脑如何"看出"(理解)关键点的意义?

也就是说,有效的阅读方法能使阅读者去"看到"语篇的关键点并"看出"这些关键点的意义。

那么"如何"才能"看到"并"看出"呢?答案是要"知道"语篇的关键点在哪里。

于是,"如何'看到'语篇关键点并'看出'其意义",就转化为"语篇的关键点在哪里"的问题。

而"语篇的关键点在哪里"取决于阅读类型的两个方面:一是阅读主体的阅读取向和阅读方式,二是阅读对象的语篇类型。在常态的阅读取向条件下,主要受制于语篇类型。

首先是文类、体裁。例如文学作品和实用文章,两者的阅读方式以及具体的阅读方法就有本质的差异。概言之,实用文章阅读是"得其意可以忘其言";而文学作品阅读则"品其言才能会其意"。若将例1改写如下:

【例3】

亲爱的

你

放在冰箱里的

两颗葡萄

我

把它吃了

试比较:①看语句和语篇的什么地方?②从这些地方看出什么东西来?

例1是便条,通常采取实用的阅读取向,运用获取资讯的阅读方法。阅读便条,着重点在于它说了什么,即所指;而理解的标志则是读者能将它转换为自己的语言(转述)。

例3是诗歌的形式,自然要求文学鉴赏的取向:"冰箱"和"葡萄"必须看成意象,或许还有象征意味;"你"与"我"的突出对举,则逼迫我们在突出对举中寻求其诗的意味。诗的意味只在诗中，存在于诗的言语中，即能指；而意味的获得，通过言语的品味，也存在于言语的反复咀嚼中。

阅读的过程，"是通过书面语言的感知获得意义的思维加工过程"[1]。而语篇的理解是一种受文体制约的思维，或曰"文体思维"。

把小说当小说读，把诗歌当诗歌读，把散文当散文读，不仅是阅读取向，而且预示着各自不同的阅读方法。"有能力的读者不知不觉地将这些（文本体式）惯例和准则吸收进他们的阅读经验，而对阅读具有制约作用，使得读者解释作品的半自觉活动成为可能。"[2]

古今中外讲述阅读方法时，无不把"辨体"放在首位。

刘勰的"六观""体位"切中要害。心理学研究证明："阅读和理解说明文的过程完全不同于阅读记叙文的过程，因此，必须经过专门的培训和练习，大多数学生才能愉快且有效地阅读说明文。"[3]

不只是文体思维，实用文章的阅读还必须运用学科思维。

阿德勒在著作《如何阅读一本书》中阐述"分析性阅读"时，第一条规则就是："依照书的种类和主题做分类。"——"你一定要知道自己在读的是哪一类书，而且越早知道越好。最好早在你开始阅读之前就先知道。"[4]

不只是不同文类、体裁，就连同一文类、同一体裁之不同风格、流派，看语句和语篇的什么地方和从这些地方看出什么东西来，也有实质性的差异。

《守财奴》是"真实地再现典型环境中的典型人物"的现实主义作品，若把老葛朗台的举止看成滑稽小丑的漫画式表演，那就是看走了眼。

不只是不同风格、流派，就连同一位作家的不同作品也有文体之别。

朱自清的《荷塘月色》《背影》《威尼斯》《飞》都是散文，但文体差别显著，因而阅读方法各异。

正如有学者指出的："鲁迅的《狂人日记》开心态小说的先河；《阿Q正传》是

---

[1] 李维，等. 心理学大辞典：第1卷[M]. 杭州：浙江教育出版社，1995：515.
[2] 转引自：王先霈，王又平. 文学批评术语词典[M]. 上海：上海文艺出版社，1999：469.
[3] 尼特. 阅读：阅读技巧指南[M]. 贺微，等译. 重庆：重庆出版社，2004：23.
[4] 阿德勒，等. 如何阅读一本书[M]. 蔡咏春，等译. 上海：上海译文出版社，1991：55-56.

传记体的变格;《药》写了四个场景,分明是戏剧体小说;《社戏》是抒情体小说;《猫和兔》是寓言体小说;《一件小事》是随笔体小说;《示众》是速写式小说……""读《一件小事》《社戏》《故乡》等课文,就不能按规范小说去解释,要注意其中的散文成分以及杂文笔法,这样就能较好地读出小说中所深藏的意义。"[1]

同一语篇类型的语篇在文本体式上具有共同的特征、特点,诸如内容题材、篇章结构、表达方式、语体风格、语言修辞等。具体语篇的关键点与这一语篇类型的特征、特点,是个性与共性的关系。共性体现在个性之中,以共性为参照才能辨析出个性。

这样,通过"转个为类",就把"具体语篇的关键点"问题转化成了"语篇类型的特征、特点"问题。比如诗歌、小说、散文、绘本、故事、寓言、新闻报道、知识普及读物,等等。

按知识生产的逻辑来讲,关于阅读方法的程序性知识来源于不同语篇类型各自所具有的特征、特点,是把语篇类型特征、特点这种事实性知识转化成相应的阅读方法。

依据语篇类型的特征、特点,使阅读者能"看到"语篇的关键点的方法,就是有效的阅读方法。

新闻的阅读方法,依据新闻的特征、特点;绘本的阅读方法,依据绘本的特征、特点;中国古代近体格律诗的阅读方法,体现着文言诗的句法和近体诗的格律;神话、寓言、民间故事、童话等都是叙事作品,但体式各异,所以阅读方法也同中有异。

阅读和写作是一种文体思维。会读新闻的人,未必能读小说;会读小说的人,未必能读文件;会读文件的人,未必能读操作手册。

有效的阅读方式紧扣语篇类型的特征、特点。例如古书、古文的阅读(学习)方法是[2]:

● 识字与通读。

---

[1] 蒋成瑀.语文课文读解理论与方法[M].杭州:杭州大学出版社,1991:103-104.
[2] 鲍善淳.怎样阅读古书[M].上海:上海古籍出版社,1982:1.

- 确切理解古文词义。
- 认识古文用词的特点。
- 理解古今语法的差别。
- 熟悉古人的行文习惯。
- 在阅读实践中提高。

阅读方法表征为一系列操作程序、步骤。一个较大的操作程序分解为若干步骤；一个较大的步骤再分解成若干较小的步骤；较小的步骤，有时还要再行分解，一直到可实施或执行。较小的步骤叫作"技能"或"微技能"。

比如："熟悉古人的行文习惯"可分解为以下六条细目。

- 用词委婉。
- 援用故实。
- 引经据典。
- 变文避复。
- 词语割裂。
- 避讳改字。

（二）阅读方法的知识来源

阅读方法是程序性知识。

"程序性知识反映了具体学科的知识或具体学科的思维方式。"[1] 按布卢姆教育目标分类学的界说，程序性知识分可自动化执行的"具体学科的技能的知识"和运用时受意识控制的"具体学科的方法的知识"两大类。以语文学科为例，前者如汉字书写的笔画、笔顺的知识、根据汉字形体结构来理解字义的知识等；后者如绘本阅读方法的知识、中国近体格律诗的阅读方法的知识、各种文学批评方法的知识等。

与阅读策略的知识来源不同，"程序性知识是通过学科领域内部达成共识、

---

[1] 安德森，等. 布卢姆教育目标分类学[M]. 修订版. 蒋小平，等译. 北京：外语教学与研究出版社，2009：41.

取得一致意见或学科规范等途径发展起来的。"[1]

古今中外有许多讲述各种语篇类型的阅读方法的书籍。例如:《如何阅读一本书》[2]《如何阅读一本文学书》[3]《文学阅读指南》[4]《如何阅读一本小说》[5]《如何读诗》[6]《儿童文学的乐趣》[7]《童话应该这样读》[8]《图画书应该这样读》[9]《会读才会写:导向论文写作的文献阅读技巧》[10]《怎样学习古文》[11]《怎样阅读古文》[12],等等。

阅读方法指示如何阅读。学科专家或有经验的读者基于研究或实践经验,提炼出有效的阅读方法,要求或建议学习者予以采纳,并在阅读实践中转化为自己的阅读经验和阅读习惯。

比如对于作为我国语文课程主导文类的散文阅读,根据笔者近十年的研究[13],学生需学会以下阅读方法[14]。

- 如果是散文,那么首先要注意散文中的"我"(作者)字,并在阅读时把"我"理解为"他"。要明白散文是"他"(作品中的"我")在讲述"他"所感受的人、事、景,是在讲述"他"对人、事、景的感受和认识。散文中作者的独特感受,通常是你(读者)以前在日常生活中感受不

---

[1] 安德森,等. 布卢姆教育目标分类学[M]. 修订版. 蒋小平,等译. 北京:外语教学与研究出版社,2009:41.

[2] 艾德勒,范多伦. 如何阅读一本书[M]. 郝明义,朱衣,译. 北京:商务印书馆,2004.

[3] 福斯特. 如何阅读一本文学书[M]. 王爱燕,译. 海口:南海出版公司,2016.

[4] 伊格尔顿. 文学阅读指南[M]. 范浩,译. 郑州:河南大学出版社,2015.

[5] 福斯特. 如何阅读一本小说[M]. 梁笑,译. 海口:南海出版公司,2015.

[6] 伊格尔顿. 如何读诗[M]. 陈太胜,译. 北京:北京大学出版社,2016.

[7] 若德曼,雷默. 儿童文学的乐趣[M]. 3版. 陈中美,译. 上海:少儿出版社,2008.

[8] 汤锐. 童话应该这样读[M]. 南宁:接力出版社,2012.

[9] 彭懿. 图画书应该这样读[M]. 南宁:接力出版社,2012.

[10] 钟和顺. 会读才会写:导向论文写作的文献阅读技巧[M]. 韩鹏,译. 重庆:重庆大学出版社,2015.

[11] 周振甫. 怎样学习古文[M]. 北京:中华书局,1992.

[12] 鲍善淳. 怎样阅读古文[M]. 上海:上海古籍出版社,1982.

[13] 王荣生. 语文课程内容的合理性研究——散文为主导文类的困境与突围[D]. 教育部哲学社会科学研究后期资助项目(项目编号12JHQ024),2018.

[14] "如果……那么",就是程序性知识和元认知策略的典型表达式。"如果"是情境性知识和条件性知识,"那么"是该情境和条件下相应的操作。区别在于:程序性知识的"如果",意思是"如果条件不变";元认知知识的"如果",意思是"如果条件变化"。

到的。

- 如果是散文，那么重心一定是作者对人、事、景的独特感受，要找到作者表述他独特感受的语句。
- 如果是散文，那么作者表述他独特感受的词语或同类词语一定会在上下文中反复出现，要联系上下文反复出现的这些词语把握散文的情感线索。
- 如果是散文，那么课文中写景等的语句一定透露着作者的独有发现，要联系作者表述他独特感受的语句，发掘写景语段中作者所选用的词语和句式是如何表达作者情感的。
- 如果是散文，那么读完全文后返回第一段并朗读，读出你阅读全文所感受的情感，并体会词语、句式、节奏的情感意义。
- 如果是散文，那么读完全文后回到标题，理解标题的含义，并根据作者的情感揣测作者取这个标题的用意。

二、阅读方法的教学

阅读方法需要学习才能获得。从大的方面说，学习无非两条路径：一是在自己的阅读实践中自行感悟发现，二是在外力干预下进行有指导的阅读实践，如通过阅读教学、专项培训或学习讲述阅读方法的著作等。

研究表明，许多阅读规则和策略，尤其是较高层次的规则和策略，学生难以自行发现；依据语篇类型的阅读方法，主要通过第二条路径学习。

但第二条路径的学习效果并不理想。原因是多方面的，其中最主要的原因是我们以往对阅读方法的学习机制了解得不够充分。

对学习者而言，所要学习的阅读方法是对"如何阅读"的规范性或建议性的指令，比如注意古人的"词语割裂"行文习惯。知道这个指令，当然有必要；但只是"知"是不够的。阅读方法是程序性知识，程序性知识是过程技能，过程技能的本质是"行"，只有通过"练习"才能掌握。但"练习"与"机械操练"不是一回事；有意义的"练习"需知行合一。

但以往我们对"知""行"如何才能"合一"，在认识上是不清楚的。

在布卢姆教育目标分类学中,"程序性知识"属于知识维度;"行"则是在认知维度的"应用",并精选"执行"和"实施"这两个动词以区分认知行为的两种情况。[1] 从研究的角度、精准评估的角度,分别"知"和"行"、区分"执行"和"实施",都很有必要。但从教学的角度,这种分别和区分的意义不大。过程技能天然就意味着应用,不需要再另加上一个表示"应用"的动词。"执行"和"实施",其复杂程度也不是由认知引起的,而是由过程技能本身的复杂性引起的——简单地说,经练习可自动化的技能,比如写字、计算,叫"执行";在应用中需根据具体情境变化调整的过程技能,叫"实施",比如阅读策略和阅读方法。

埃里克森和兰宁认为[2]:过程技能原来的"知—行"模式,是"以技能为本"的二维模式;而他们所创立的"过程的结构"则转变为"以概念为本"的"知—理解—行"的三维模式。

仿拟埃里克森的"知识的结构"模型,埃里克森和兰宁侧重于阅读教学,平行创建了一个"过程的结构"模型[3](如图1-15所示)。

(1)模型的第一层级包括"过程""策略""技能"三种成分。按作者的定义[4]:"过程"是产生结果的行动,如书写过程、阅读过程;"策略"可看作学习者自觉(元认知的)适应并监督其提高学习表现的一项系统计划,其中包含许多技能;"技能"是嵌入策略中的较小操作或行动。这里的"策略"一词是泛指的用法,泛指程序性知识和元认知知识,也就是我们所讲的阅读策略和阅读方法。

这一层面包含"知—行"两个方面,学生"知道/理解"某一阅读策略或阅读方法,进而在学习中加以"练习"并尝试迁移、应用。

(2)模型的第二层级是"概念(concept)"。"概念"隐含在"过程""策略""技

---

[1] 安德森,等. 布卢姆教育目标分类学[M]. 修订版. 蒋小平,等译. 北京:外语教学与研究出版社,2009:58-61.
[2] 埃里克森,兰宁. 以概念为本的课程与教学:培养核心素养的绝佳实践[M]. 鲁效孔,译. 上海:华东师范大学出版社,2018:17-18.
[3] 埃里克森,兰宁. 以概念为本的课程与教学:培养核心素养的绝佳实践[M]. 鲁效孔,译. 上海:华东师范大学出版社,2018:38.
[4] 埃里克森,兰宁. 以概念为本的课程与教学:培养核心素养的绝佳实践[M]. 鲁效孔,译. 上海:华东师范大学出版社,2018:38-39.

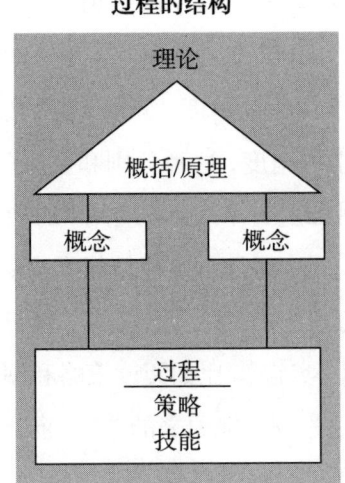

图1-15 埃里克森和兰宁的"过程的结构"模型

能"中,包括条件性知识和情境性知识,以及自我认知。

(3) 模型的第三层级即最上层级是"概括/原理"。从第二层级的"概念",获得"概念性视角";在"概念性视角"与具体的过程技能的互动体验中,形成"概括"或"概括性理解",即"概括性知识"或"原理性知识"。与"知识的结构"模型一样,埃里克森和兰宁认为,在课程设计上,"概括"和"原理"不必区分,因而在模型中放在同一个三角形里,可以统称为"概括"或"概括性知识";其中"核心的概括性知识"即"大概念(BigIdea)"。

(4)"理论",在基础教育课程教学中不太涉及,与"知识的结构"模型一样,也放在最高端的阴影里,意思是不必涉及。

埃里克森所说的"以概念为本"的"概念",指"大概念",它是模型第二层级的具体的概念(如"散文"),但主要指向第三层级的"概括性知识",尤其是"核心的概括性知识",如"散文表达作者在日常生活中感悟的独特的人生经验"。

知识类型与认知方式大致是对应的。"概念"的学习是"理解"。这样,过程技能的学习就从原来"知—行"二维模式,转变为"以概念为本"的"知—理解—行"的三维模式。

"知—理解—行"的三维模式,指示我们对过程技能的关注重点和教学的重心，从以往的"知道"某一具体的阅读策略或阅读方法，转向了"理解"该策略或方法所包含的"概念"，尤其是与之相连的"大概念"。换言之，过程技能的学习，不仅要"知道/理解"某一具体的阅读策略或阅读方法是什么，而且要"理解"为什么要学习这一策略或方法。

"理解"不是被告知并记住。比如散文阅读的一个方法是：如果读散文，就首先注意散文中的"我（作者）"字，并在阅读时把"我"解释为"他（作者）"。

为什么要这么做呢？

因为"散文表达作者在日常生活中感悟的独特的人生经验"；因为散文是"他"（作品中的"我"）在讲述"他"所感受的人、事、景，是在讲述"他"对人、事、景的感受和认识；因为散文中作者的独特感受，通常是你（读者）以前在日常生活中感受不到的；因为散文阅读很容易"人我不分"，你（读者）往往会以自己的经验去覆盖（解读）作者所表达的独特的人生经验。

但是，被告知并记住上面那些话是没有用的；学生必须"理解"，而且必须经自己的探究才能达到"理解"。也就是说，学生必须在有指导的学习中经历散文阅读，通过有指导的阅读实践逐渐"发现"上述"因为"之后的种种现象，从而形成由自身经验支撑的概括性的知识。"理解"了是怎么一回事情，就能"理解"为什么要这么做，才会自愿自觉去做，进而习惯成自然。

同样，"技术文章"的阅读方法之一，是"必须从了解术语的定义着手"。在有指导的阅读实践中"理解"了为什么，才能真正学会怎么做，并将学会的方法迁移到适应的情境中，比如阅读理论性文章。

在论述"阅读方法"一节中这样定义：依据语篇类型的特征、特点，使阅读者能"看到"语篇的关键点的方法，就是有效的阅读方法。

若仔细盘查，对"阅读方法"的这个定义似乎有漏洞；因为它只回答了"如何阅读"的第一个问题——如何"找到"语篇的关键点；对第二个问题——对这些关键点，如何"看出"这些关键点的意义，似乎并未涉及。

其实，对第二个问题的回答，是包含在第一个问题的答案里的。借助"过程的结构"模型所蕴含的阅读方法的学习机制，可以看出，对第二个问题的回答，蕴含在对"为什么要这么做呢"的探究中。例如：

阅读散文,要关注散文中的"我"字,并把"我"解释为"他"——为什么要这么做呢?对"为什么"的探究,也就是有指导的具体散文语篇的阅读活动;而有指导的阅读活动,也就是指导学生看出这一散文语篇的"我"的意思和意味;看出了多个散文语篇的"我"的意思和意味的过程,也就是逐渐地理解"为什么'我'是阅读散文的关键点"的过程,而使学生"透过探究活动和具体教学活动来发现大概念"[1],形成上文中"因为"后面的那些概括性的知识。对概括性的知识的逐渐"理解",伴随这一阅读方法的多次"练习",学生逐步形成可迁移的应用能力,并达到精熟的水平(如图1-16所示)。

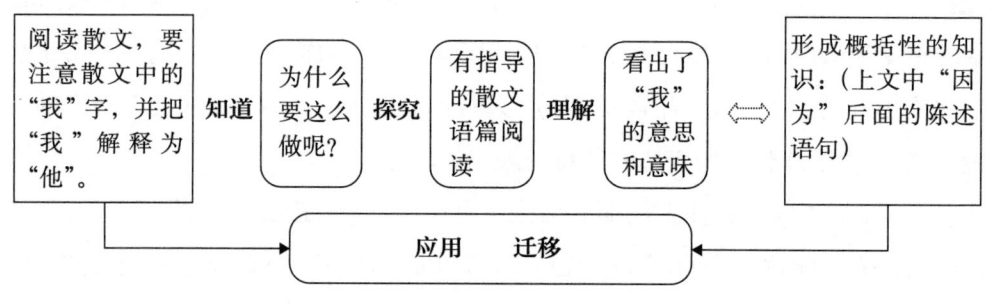

图1-16　阅读方法学习过程的原理

埃里克森和兰宁的"过程的结构"模型,本意主要是解释阅读策略教学的。但在我看来,其对阅读方法学习的解释力和对阅读方法教学的引导力更强一些。

按知识的产生逻辑讲,关于阅读方法的程序性知识,来源于不同语篇类型各自具有的特点,是把语篇类型特点这种概括性知识转化成相应的阅读方法。因此,过程技能与相关联的内容知识,其"大概念"是共享的。有些人之所以能够在自己的阅读实践中自然地形成一些有效的阅读方法和阅读策略,很可能就是因为他们在阅读实践中自行感悟发现了一些所读语篇类型的特征、特点并形成了相应的概括性的知识。学习阅读方法,练习很有必要,但更重要的是对语篇类型特征、特点的概念性知识的"理解"。

---

[1] 威金斯,麦克泰.重理解的课程设计:专业发展实用手册[M].赖丽珍,译.台北:心理出版社股份有限公司,2008:71.

对"阅读理解策略"和"学习策略"而言，策略的解释力强弱，要看策略与语篇类型的关联程度。如果较受制于语篇类型，甚至取决于语篇类型，那么策略应该和"阅读方法"相类似。比如："预测"策略需依据语篇类型和文本内容，"提问"策略应紧贴语篇类型和文本内容，"确定重点"策略主要依赖语篇类型的文本结构，"推断"策略受制于语篇类型且要借助特定的上下文信息。或许意识到有一些策略与阅读技巧（阅读方法）相近相似，国外有研究者把"阅读策略"看成"正在考虑中（即尚未定型的）"[1]的阅读技巧（即阅读方法）。

而另外一些更倾向于阅读者主体的阅读理解策略和学习策略，尤其是自我监控和调节，则解释力较弱，或者难以解释，因为不能再凭该策略所包含的概念而形成的"概念性视角"，生产出概括程度更高的"概括性知识"。比如：

- "联结"策略——一个好的阅读者能够在阅读过程中调取已有的背景知识和个人经验，从而更好地理解文本的意义；
- "释疑"策略——一个好的阅读者能够意识到自己遇到了理解困难，并为了读懂而停下来，回头重新阅读；
- "综合"策略——一个好的阅读者能够分析信息，整合文本和自己的认识或经验加以思考，并得出结论。

上述阅读策略，无须也无法再进行"概括"。或者这样说，对阅读理解活动而言，它们已经是最大的"大概念"，且难以凭学生的探究而"从学生那里得到这一概括"[2]。研究和实践证明：阅读策略教学必须采用更加直接的教学方法。"过程的结构"模型所不能解释的，就是这一部分。

---

[1] Manoli P, Papadopoulou M. Reading Strategies Versus Reading Skills: Two Faces of the Same Coin[J]. Procedia-Social and Behavioral Sciences, 2012: 817-821.

[2] "从学生那里得到这一概括""学习活动的计划应该确保学生能透过探究活动和具体教学活动来发现大概念"，是"以概念为本的课程与教学""追求理解的教学设计"等共同的教学原则。

三、阅读策略

随着译著的出版,"阅读策略"这个词语开始进入我国语文学科的话语体系。已有不少人注意到,"阅读策略"与我国语文教学中的"阅读方法"很有些不同[1]。不仅仅是用词的不同。学术词汇有它的背景和历史。

从译著看,"阅读策略"有两种用法。

一种是泛指,可能如心理学家奥尔松一样,"出于一致性的考虑"[2]而使用"策略"一词。比如《美国学生阅读技能训练》[3]罗列了300条,书名被译为"技能"的词,原文用的词是"strategy(策略)"。

一种是特指,指元认知知识,它们来源于外国的心理学科——学习心理学、教育心理学、认知心理学、语言心理学、阅读心理学等。包括以下三个方面。

(一)学习策略

学习心理学所研究的"学习",主要是在学校背景下的学习。而学校的学习,正如严厉批判者所指出的,在很长一段时间内,是"被动学习"情境的。"被动学习"情境的学习,很大程度上就是聆听教师讲课、阅读教科书等材料以及观看在线视频课程。[4]"他们(学生)在课堂上所学到的内容取决于他们对所读东西的理解和记忆能力。"[5]

这样,"学习"就与"阅读"密切关联。学习心理学所证实的高效"学习策略",很大程度上也就是理解教科书等材料的策略。所涉及的学习材料,一是低年级学

---

[1] 朱永新. 丛书序:在读写中思考与创造[M]//吉尔. 阅读力:文学作品的阅读策略. 岳坤,译. 南宁:接力出版社,2017:3.

[2] 奥尔松. 深层学习:心智如何超越经验[M]. 赵庆柏,等译. 北京:机械工业出版社,2017:104-105.

[3] 塞拉瓦洛. 美国学生阅读技能训练:让孩子成为优秀阅读者的300种策略[M]. 刘静,高婧娴,译. 北京:北京科学技术出版社,2018.

[4] 梅耶. 应用学习科学——心理学大师给教师的建议[M]. 盛群力,等译. 北京:中国轻工业出版社,2016:66.

[5] 麦克德维特,奥姆罗德. 儿童发展与教育(上册)[M]. 李琪,等译. 北京:教育科学出版社,2007:420.

生需要记诵的内容，二是具有相当难度的说明性文本，如科学、物理、几何等教科书的章节。"学习如何阅读，就是学习'如何学习'。"[1]

然而，学习心理学所关注的，是通过阅读学习学科知识，是记忆和理解教科书等材料中所承载的符号、概念、规则等知识。理解教科书内容（知识）与阅读理解还不完全是一回事情。其所证实并建议学生使用的高效"学习策略"，从阅读的历程看主要是在阅读之后加深记忆和理解阶段。包括：

- 复述策略。利用双重编码等多种促进记忆的办法，牢固记住并复现（回忆）言语信息。
- 精加工策略。用已知知识对新材料进行解释和扩展的过程。如将所学内容分类记忆，根据说明性文本的组织结构来选择和理解教科书的主要内容，用自己的话解释、总结等。
- （重新）组织策略。将材料转变为另一种形式，如进行概述、摘要、绘制认知地图或概念图，划重点，提炼，做各种形式的笔记等。

语言文字是人类最伟大的发明。毫无疑问，通过教科书等学习材料来学习，至今乃至将来，依然是最主要的学习方式。阅读能力是最重要的人力资源；学会学习，最主要的途径就是学会通过阅读学习。

（二）阅读理解策略

阅读理解策略，就是阅读中所使用的策略，它们来源于阅读心理学的研究成果。

受优秀读者对阅读理解过程的"出声思维报告法"[2]启示，阅读心理学家精心设计心理实验，证实了一些优秀读者普遍使用的阅读理解策略，并在实验性教学中证明其对发展学生理解能力确实有效。心理实验中所使用的文本，是为了验证某个假设而特意制作的文本，主要是较浓缩的说明性短文和民间故事。

---

[1] 弗莱. 有效阅读[M]. 尤淑雅, 译. 广州：新世纪出版社, 花城出版社, 2001：8.
[2] 戴蒙, 勒纳. 儿童心理学手册（第六版）第二卷：认知、知觉和语言[M]. 林崇德, 李其维, 董奇, 主译. 上海：华东师范大学出版社, 2009：602-603.

几本译著[1]中提炼的阅读理解策略大同小异，主要包括：

- 预测。包括阅读开始时基于标题、图片和关键词等来预测将要阅读的内容；故事文本阅读中对人物、事件、故事结局等进行预测。
- 联结。一个好的阅读者能够在阅读过程中调取已有的背景知识和个人经验，从而更好地理解文本的意义。
- 提问。向文本提问。一个好的阅读者在阅读前、阅读中和阅读后都能够提出基于文本的和由文本出发的问题，从而更深刻地理解文本的含义。
- 推断。一个好的阅读者知道并非所有信息都在文本之中，他能够利用文本提供的线索，合理补充假设和进行合乎常理的推断。
- 图像化。一个好的阅读者能够在阅读过程中，由其"思维之眼"创造出"多重感官图像"，从而有助于对文本的理解。
- 确定重点。一个好的阅读者能够根据文本的组织结构特点对文本中的信息重要和不重要进行分类，并细读重要的内容。
- 释疑。一个好的阅读者能够意识到自己遇到了理解困难，并为了读懂而停下来，返回重新阅读。
- 综合。一个好的阅读者能够分析信息，整合文本和自己的认识或经验加以思考并得出结论。

上述各项策略，前后没有必然的顺序，它们相互联系并在实际的阅读理解过程中综合地运用。

---

[1] 梅耶. 教育心理学——认知取向[M]. 林清山, 译. 台北：远流出版公司，1996：322-340；吉尔. 阅读力：文学作品的阅读策略[M]. 岳坤, 译. 南宁：接力出版社，2017：2；马特林. 认知心理学：理论、研究和应用[M]. 李永娜, 译. 北京：机械工业出版社，2018：156-158；戴蒙, 勒纳. 儿童心理学手册（第六版）第二卷：认知、知觉和语言[M]. 林崇德, 李其维, 董奇, 主译. 上海：华东师范大学出版社，2009：609-615；坦珂斯莉. 教会学生阅读：策略篇[M]. 王琼常, 古永辉, 译. 北京：教育科学出版社，2008：116-117.

（三）自我监控和调节

"监控对于认知策略的自我调节运用是非常重要的。"[1]

心理学家描述了有技巧的读者在阅读理解过程中的自我监控和调节[2]：

有技巧的读者在阅读过程中会监控自己对文章的理解，特别留意文章中的那些令人困惑的或者与自己已有知识不一致的内容。他们能意识到自己以前是否看到过这些观点以及自己是不是同意这些观点。阅读能力强的读者在感到困惑时会重新读一遍文章，或者放慢阅读速度以便更好地理解文章。他们会监控自己是不是正在专心阅读，还是分心正在想其他事情。他们特别关注自己付出努力后是否驶向了所设定的阅读目标。如果发觉文章无助于实现所设定的阅读目标，那么读者可能会加快阅读速度，或者改为浏览全文甚至终止阅读。如果文章中提供了大量的有助于发展其思想的新知识，那么读者可能会运用更多的策略，例如放慢阅读速度、仔细思考、做笔记等。

有两种阅读理解策略特别有助于自我监控和调节[3]：

- 提问：向自己提问。有效阅读者向自己提问来确定他们是否理解了所读内容；换句话说，他们阅读时监控自己的理解过程。
- 澄清：当阅读者发现自己不能理解某些内容时——例如，一个句子使人迷惑或模棱两可——他们会采取一些措施来澄清疑点，如重读或进行逻辑推理。

学习的自我监控和调节也是这样。"学生关于各种策略的知识中最重要的一

---

[1] 戴蒙，勒纳. 儿童心理学手册（第六版）第二卷：认知、知觉和语言[M]. 林崇德，李其维，董奇，主译. 上海：华东师范大学出版社，2009：596.
[2] 戴蒙，勒纳. 儿童心理学手册（第六版）第二卷：认知、知觉和语言[M]. 林崇德，李其维，董奇，主译. 上海：华东师范大学出版社，2009：602-603.
[3] 麦克德维特，奥姆罗德. 儿童发展与教育（上册）[M]. 李琪，等译. 北京：教育科学出版社，2007：432-433.

些信息就是这些策略在特定情境下能够改善作业成绩。"[1]要想实现自我监控学习,学习者必须掌握以下几种能力[2]。

- 为学习活动设定目标;
- 有效安排学习的时间;
- 在所学习的科目上保持注意力集中;
- 使用恰当的学习策略;
- 指向目标的管理过程,自我评价学习策略的有效性并在必要时加以调整;
- 评估学习活动的成效。

综上所述,阅读策略或包括三个主要成分:①阅读教科书等学习材料的"学习策略",主要涉及阅读之后的进一步理解;②阅读过程中的"阅读理解策略";③学习或阅读过程中的自我监控和调节。前两者互有交错,但侧重点不同;学习过程的自我监控和调节,很大程度上与阅读过程中的自我监控和调节类似。它们都属于元认知知识;元认知知识,有的译著称为"元认知技能"。

来源于心理学研究的元认知知识适用于多种学科。"学习策略",是"所有科学分支学科和一般的学术性科目"[3]的学习策略;"阅读理解策略",是阅读所有文章和书籍的阅读理解策略,尽管心理实验所涉及文本主要是故事性和说明性的。

四、阅读策略的教学

一般来说,作为学习内容的"阅读策略"教学,有实验教学和试验性实践两种情况。

- 心理学家的实验教学,从实验教学中发现或证实策略教学的有效方法。
- 专家与中小学教师合作或者经专门研修的有志于阅读教学研究的先进教师带领,以"研究项目""推进项目"的方式开展的带有试验性的

---

[1] 戴蒙,勒纳.儿童心理学手册(第六版)第二卷:认知、知觉和语言[M].林崇德,李其维,董奇,主译.上海:华东师范大学出版社,2009:597.
[2] 麦克德维特,奥姆罗德.儿童发展与教育(上册)[M].李琪,等译.北京:教育科学出版社,2007:248-250.
[3] 安德森,等.布卢姆教育目标分类学[M].修订版.蒋小平,等译.北京:外语教学与研究出版社,2009:34.

教学实践。比如，美国哥伦比亚大学师范学院开展的"阅读与写作项目"、加拿大不列颠哥伦比亚省内的温哥华及其他地区一些学校参与的"阅读力项目"等。

根据实验教学和试验性教学实践得出的结论是，策略教学必须采用更加直接的教学方法。琳达·达林-哈蒙德等在《高效学习：我们所知道的理解性学习》一书中推介的阅读策略教学，包括"互惠教学""转换性策略教学"、元认知策略教学等，都是过程技能示范、练习、应用的直接教学法。[1]

直接教学的要点大致如下[2]。

- 分项传授给学生需综合起来协调运用的为数不多的几种策略。
- 每一策略，教师都必须直接清楚地解释和示范（边示范边讲述自己的思维过程）如何运用该策略。
- 学生在教师指导下阅读经挑选的（对路的）书册加以练习运用，学生在阅读过程中说明、阐释和监控他们的理解。
- 通常需要坚持较长时间来练习，在阅读一系列书籍中持续应用，才能达到自动化执行的程度。
- 把直接的策略教学和间接的元认知教学结合起来，促进综合运用多种策略。
- 最重要的是要促进学生以自我调节的方式长期运用各种策略，包括元认知策略。

五、阅读方法和阅读策略各得其所

要提高学习能力和阅读理解能力，阅读方法和阅读策略这两类过程技能是必需的。"元认知技能（阅读策略）让学生将大脑中存储的相关信息和他们当时阅读的思维和理解联系起来，而基本的阅读技巧（阅读方法）能促使学生根据文本及

---

[1] 达林-哈蒙德，等. 高效学习：我们所知道的理解性学习[M]. 冯锐，等译. 上海：华东师范大学出版社，2010：53-84.
[2] 戴蒙，勒纳. 儿童心理学手册（第六版）第二卷：认知、知觉和语言[M]. 林崇德，李其维，董奇，主译. 上海：华东师范大学出版社，2009：609-615.

其篇章组织建构自己的理解模式。"[1]

比较合理的分布大约是语文学科的阅读教学，以文学和文章主要语篇类型的"阅读方法"为主，并用化整为零的办法有计划地在学段全程加入"阅读理解策略"的元素；小学和初中的（文学类）整本书阅读指导，建议实施"阅读理解策略"的直接教学；其他学科则注重其学科特点的阅读方法指导，重点是阅读之后的"学习策略"的学习和运用；所有学科共同关注学生阅读和学习过程的自我监控和调节。

（一）整本书阅读指导，适度引进作为学习内容的"阅读策略"

在我国基础教育课程，尤其是以培养过程技能为重任的中小学语文课程，把包括学习策略、阅读理解策略、自我监控和调节的"阅读策略"纳入学习内容，具有十分重要的意义。

研究和经验都表明，中小学生以及许多成人读者较普遍地存在阅读策略的"产生式缺陷"[2]：虽然在以往的阅读中他们可能曾经验性地"知道"有些有效策略；但是，他们"不知道"在某个情境中应该运用哪个策略，"不知道"在这个特定情境中可以运用已掌握的某个或某些策略，"不明白"在这个特定情境中如何运用已掌握的策略，"不能"自主地运用有效策略或只是习惯性地运用自以为是的策略。比如，一些阅读困难的学生往往"不知道"[3]该运用哪些策略，出色的读者通常反复阅读某部分以便更好地理解文章；有阅读障碍的学生通常"不知道"[4]如何运用策略，而优秀的读者会根据目的而改变阅读速度。

阅读策略的"产生式缺陷"在我国中小学生中想必更为严重。我国小学语文

---

[1] 坦珂斯莉．教会学生阅读：策略篇[M]．王琼常，古永辉，译．北京：教育科学出版社，2008：85．

[2] 戴蒙，勒纳．儿童心理学手册（第六版）第二卷：认知、知觉和语言[M]．林崇德，李其维，董奇，主译．上海：华东师范大学出版社，2009：584．

[3] 坦珂斯莉．教会学生阅读：策略篇[M]．王琼常，古永辉，译．北京：教育科学出版社，2008：101-102．

[4] 坦珂斯莉．教会学生阅读：策略篇[M]．王琼常，古永辉，译．北京：教育科学出版社，2008：42．

教材以短小的课文为主。短小的课文,几乎扫一眼就能初步感知课文的大致内容,因而学生较容易自发地形成的是"预览"技能,而较难发展(因为不需要)"预测"等阅读理解策略;教师频繁提问,学生难以发展(因为没机会)"提问"等阅读理解策略;"推断""联结""释疑""图像化"等在教学中零零散散有些,但它们多是作为教学方法,从未成为学生的学习内容。而且,语文教育研究界(包括笔者)对"阅读策略"并无较深入的了解,只凭道听途说的一线语文教师也绝无可能把"阅读策略"当作学习内容并合适地进行教学。

以单篇课文尤其是短小的课文为阅读教材,最大的不利就是抑制了学生发展阅读策略的机会。

随着《教会学生阅读:策略篇》《教会学生阅读:方法篇》《如何培养良好的阅读品质》《阅读力:文学作品的阅读策略》《阅读力:知识读物的阅读策略》等译著在我国出版,我们对"阅读策略"及"阅读策略教学"开始有了较为质感的理解。最重要的是,绘本、童话等整本书阅读在小学较广泛地推进,以及初高中语文课程内容明确纳入整本书阅读,使"阅读策略"有了可(需)教学的条件和用武之地。

美国、加拿大等小学语文课程以教师自选的绘本、童话小说等整本书作为主要学习资源。可能有不少小学语文教师(实际是全科教师)的教学,原来是这样的[1]:①在指定或学生在推荐书篮里自选绘本、童话小说之前,有分类预测、读图、词汇介绍等指导活动。②在阅读之后有各种组织策略(重新组织策略)的应用,如维恩图、思维框、故事地图、读后感、摘要等。③但在阅读中,基本上是留白。教师主要起管理的作用,或只有一些随机的指导。也就是说,与我们目前的写作教学缺乏过程指导一样,一部分教师的阅读教学、阅读过程指导基本上是放任自流的。

在这样的情况下,加入阅读中的"阅读理解策略"这一学习内容无疑是一场切中时弊的及时雨。2000年,美国国家阅读委员会提出阅读理解策略可以使学生受益;2001年,阅读理解策略明确列入《联邦儿童公平发展2001法案》,成为阅读

---

[1] 吉尔. 阅读力:文学作品的阅读策略[M]. 岳坤,译. 南宁:接力出版社,2017:11.

理解教学的必要内容之一。[1]

在我国小学、初中乃至高中语文课程中的（文学类）整本书阅读中，类似的情况也较为普遍，不少师生甚至流连于阅读之后的各种图、框、表，把本是用来促进阅读理解的手段（支架）错当成了目的甚至炫耀的成果。

他山之石，可以攻玉；在整本书阅读进入课程的起步阶段，及时引入阅读中的阅读理解策略的教学，或可避免重蹈美国、加拿大等以往（整本书）阅读教学的覆辙。

（二）课文教学的重心，应该是主要语篇类型的阅读方法

学习策略、阅读理解策略，是"促进学习""促进阅读理解"，并非代替学科内容的学习，也无法取代阅读方法的教学。

课文教学的重心，应该是文学和文章主要语篇类型的阅读方法。

1. 语言知识和语篇类型的知识是策略运用的前提

心理学家告诫我们："许多策略的运用取决于学生关于世界的常识性知识。策略执行过程中就包括了运用相关的已有知识和经验。"[2]

就我们讨论的话题而言，学生的常识性知识主要是语言知识和语篇类型的知识。

例如阅读起始的"预测"策略，必须基于标题、图片和关键词等有意识地对人物、事件、故事结局等进行预测，前提是学生对不同语篇类型的标题、关键词等有所知晓。

2. 阅读方法可以取代阅读策略，而且比策略更有效

策略是解决问题的，只有当已有知识不足以解决问题的时候，才需要策略，才要用策略，策略才有用。例如，学生首先要认字识词（知识）、在上下文中确定词义（技能）；只有在碰到不认识字词或者词义的意思与自己知道的意思不一致

---

[1] 戴蒙, 勒纳. 儿童心理学手册（第六版）第二卷：认知、知觉和语言[M]. 林崇德, 李其维, 董奇, 主译. 上海：华东师范大学出版社, 2009：614.

[2] 戴蒙, 勒纳. 儿童心理学手册（第六版）第二卷：认知、知觉和语言[M]. 林崇德, 李其维, 董奇, 主译. 上海：华东师范大学出版社, 2009：622.

的时候,才需要动用"利用字形、上下文等线索猜测词义"的策略。如果是重要词语,还需要查阅字典或词典予以确认(知识);如手头无字典或词典,则需要动用"重读上下文以验证自己对该词义的猜测"的策略。

学科教学,重心是学科内容知识和过程技能(程序性知识)。"知识不仅是策略运用的前提,而且能够代替策略运用。"[1]心理学家们在总结关于知识和策略关系的研究成果之后,得出结论:"这方面的研究成果告诉了人们一条重要的警示:'随着学生头脑中的知识库容量的扩大,学习者越来越多地依赖自己已知的知识而不是通过策略来解决问题。'"[2]

基于这种研究结论,心理学家们建议:"如果学生仅凭其丰富的知识库而无须运用策略就能完成某项任务,那么教师就不要鼓励学生通过策略来得出答案。在尽可能的情况下鼓励学生运用已有的知识,这一点很重要,因为策略执行会占用短时记忆的许多资源。那些非必需的策略执行占用的资源越少,必需的策略执行以及其他要素的协调配合的操作过程所能支配的资源就越多。"[3]

从理论上讲,学生读一篇新的散文,有两种主动促进理解的办法。

- 联系自身生活经验、百科知识和以往的阅读经验,运用相应的阅读策略(因没有受过阅读策略的学习,事实上是不能运用的,见上文"产生式缺陷"),理解和感受作品。
- 联系自身生活经验、百科知识,应用所学的阅读方法及应用的经验(如没有学会相应的阅读方法,则只能退回到上述策略运用的办法),理解和感受作品。

阅读教学,尤其是课文的阅读教学,应该优选第二种办法,即依据散文语篇类型特征、特点的阅读方法。

比如,散文阅读的一个方法是:"如果读散文,就首先注意散文中的'我(作

---

[1] 戴蒙,勒纳. 儿童心理学手册(第六版)第二卷:认知、知觉和语言[M]. 林崇德,李其维,董奇,主译. 上海:华东师范大学出版社,2009:598.
[2] 戴蒙,勒纳. 儿童心理学手册(第六版)第二卷:认知、知觉和语言[M]. 林崇德,李其维,董奇,主译. 上海:华东师范大学出版社,2009:599.
[3] 戴蒙,勒纳. 儿童心理学手册(第六版)第二卷:认知、知觉和语言[M]. 林崇德,李其维,董奇,主译. 上海:华东师范大学出版社,2009:622.

者)'字,并在阅读时把'我'解释为'他(作者)'。"

再如"确定重点",心理学家一致将其列为教科书阅读、说明性文章阅读最重要的阅读理解策略。确定重点,依据是文本的组织结构特点,而文本的组织结构因语篇类型而异。从《教育心理学——认知取向》[1]所介绍的"网路建造""顶层结构训练""基模训练"这三个代表性实验教学来看,似乎主要是依据语篇类型而转化的阅读方法的训练,只是其语篇类型较为抽象概括,试图使其成为所有科学分支学科和一般的学术性科目的学习策略。

加拿大"阅读理解力项目"研究者阿德丽安·吉尔在进入知识读物的阅读策略试验教学时,发现种类繁多的知识读物必须从语篇类型入手,于是发明了一项名为"推进"的阅读策略[2]:"积极的读者能够识别和确定知识读物的特点,并对其进行解释",包括描述、说明、解释、劝说、传记等"文本结构"和图、表、斜体字、粗体字、小标题等"文本特点"。观其教学设计,主要内容是"寻找知识读物的特点"[3],这其实是语篇类型的事实性知识的教学,依据语篇类型的特点使其转化为阅读方法,并进行阅读方法的练习和应用。从这个意义上说,"推进"与其说是"阅读策略",不如说是"阅读方法"。

台湾师范大学柯华葳教授担任总召集人的"阅读理解策略教学"项目,试图结合小学国语教材的课文进行阅读策略直接教学。根据我赴台考察的现场直感和对成果案例[4]的研判,好像不太成功。

该项目共有预测、联结等五项策略。"预测"选较富情节性的幽默小说《倒立的老鼠》,该教师团队的小结是"此策略易引起学生学习的动机,但常是天马行空地猜",教师为"猜对猜错"的命中率而感到焦虑,似未得"预测"促进阅读理解的要义。"联结"也较随意,可能是因为翻译成"连结"而造成的语义联想,该案例额外地加入了"句子与句子间的连接,段落与段落间的连接"这一事实性知识的内容,并作为教学的重点。加拿大"阅读理解力项目"主持人还曾报告他们实验

---

[1] 梅耶. 教育心理学——认知取向[M]. 林清山,译. 台北:远流出版公司,1996:203-218.
[2] 吉尔. 阅读力:知识读物的阅读策略[M]. 王威,译. 南宁:接力出版社,2017:25-27.
[3] 吉尔. 阅读力:知识读物的阅读策略[M]. 王威,译. 南宁:接力出版社,2017:81-97.
[4] 幸曼玲,等. 阅读理解策略教学手册[M]. 台北:台湾地区"教育部"发行,2010.

学校的另一种情况[1]：教"联结"，也就是联系自己的经验和背景知识理解作品的语句，任教教师喜气洋洋地告诉她，学生有好多好多的"联结"！"联结"变成了学生谈论与自己有关的事情，而不是促使他们更好地理解课文。

这是一个方面的问题，对"策略"是什么、为什么要教学这些阅读策略、学生用策略来干什么，乃至是谁的策略，理解都不到位。

另一个方面的问题，是课文与策略难相匹配。该项目的其他三项策略是"摘要""摘大意找主旨""做笔记"。前已介绍，这是"学习策略"（不属于"阅读理解策略"），而且主要是科学等学术科目的教科书阅读之后的"学习策略"，目的是理解教科书所呈现的学科内容知识。

用语文教材中的课文（如以获取信息为主的科普文、记叙文、一般性话题的议论文等）来教这些"学习策略"，往往费力不讨好。用科普文（《日本的樱花》）和记叙文（《欢欢回来了》），来教学写摘要；用记叙文（《笨鹅阿皮》）或一般性话题议论文（《超级人民保姆》），来学习"摘大意找主旨"，与其他学科通过写摘要、做笔记来理解教科书的学科内容知识，不是同一回事。对语文学科来说，学写摘要、摘大意找主旨，是阅读和写作的过程技能教学；所学的其实是语文学科中某些语篇类型的阅读方法，通常都难以在真正需要用这些"学习策略"的其他学科中迁移应用。

"这里需要再次强调不同内容之间的迁移没有那么简单""如果'学习如何学习'项目没有嵌在学科情境中，那么它很可能没什么价值"[2]。

笔者建议，语文学科的阅读教学，以文学和文章主要语篇类型的"阅读方法"为主，并用化整为零的办法有计划地在学段全程加入"阅读理解策略"的元素。

全程加入"阅读理解策略"的元素有两个途径。

● 作为阅读方法的"大概念"，以加深学生对阅读方法的"理解"。阅读理解策略的概括都是关于阅读的"核心的概括性知识"，即"大概念"。比如"推断"：一个好的阅读者知道并非所有信息都在文本之中，它能够

---

[1] 吉尔. 阅读力：知识读物的阅读策略[M]. 王威，译. 南宁：接力出版社，2017：164.
[2] 哈蒂. 可见的学习：最大程度地促进学习[M]. 金莺莲，等译. 北京：教育科学出版社，2015：117.

利用文本提供的线索，合理进行补充假设和合乎常理的推断。
- 不同的语篇类型侧重于某个或某几个"阅读理解策略"。比如：故事、小说等，侧重于"推断""联结""图像化"等；说明性文章，侧重于"预测""确定重点""释疑"等；议论性文章，侧重于"推断""提问""综合"等，并与"批判性阅读"相联系。在教学法上，则化整为零，在各学段全程教学中，相机提出、提醒学生有意识地运用。

课文教学和整本书阅读指导的学习内容，各自相对独立的分工，也有利于我国语文教师较便利地把握课文教学和整本书阅读指导的不同教学重点，并设法谋求两者的相互促进。

第五节 过程维度与结果维度

与阅读活动有广狭义之分一样，阅读的过程与结果也有广义和狭义两种含义。
- 与广义的阅读活动相联系，"过程"指做阅读这件事的行为过程，"结果"即行为导致的结果。"结果"的综合表现，即广义的阅读能力，我们用操作性定义来表述：个人愿意、能够进行的阅读活动及其所能达到的理解程度。[1]在这里，过程与结果被解释为"前因"与"后果"的因果关系或者相关关系。
- 与狭义的阅读活动相联系，"过程"即具体语篇的阅读理解心理过程，"结果"即对具体语篇的理解，在测评中表现为测试的成绩。在这里，过程与结果被解释为"互为因果"关系：我们用具体语篇的阅读理解结果，来推测阅读理解的心理过程，即阅读理解能力；同时，我们又用所推测的阅读理解能力，即在阅读理解过程中会做什么或不能做什么，来解释之所以有这样或那样的阅读理解结果。

从上面的简要解说可以看出，关注阅读活动的过程维度和结果维度，是与广义或狭义的阅读能力测评相联系的。洞悉行为过程与其所导致结果的因果关系，

---

[1] 参见本章第二节"阅读活动与阅读能力"中的"广义的阅读活动与阅读能力"部分。

了解阅读理解过程的心理机制，是"求真"的科学研究。但在本研究中，我们只从阅读能力的培养和测评的角度来讨论过程维度与结果维度。

一、阅读活动中的行为及表现

针对广义的阅读能力，目前主要采用调查（读者自我报告）的方法，侧重在结果，如实际的阅读面和阅读量、能够独立阅读的文本难度等。调查所获的数据，对了解国民阅读状况有很大意义。然而，光知道一些数据，对国民自我提升阅读品质的引导性还不足够。

对广义的阅读能力测评，应侧重于做阅读这件事过程中的行为表现。

在研究语文教师教学能力评估时，我们曾得出以下几个结论[1]。

- 语文教师教学能力的差别，主要不是做同一件事的程度差别（精熟度）。不同能力水平的语文教师，具有不同的语文教学行为，实际在做很不相同的事，具体到做什么、怎么做，其行为方式和行事方法有实质性差别。
- 聚焦于做事的准则，即教师在做这件事时所奉行的原则。这些原则往往是内隐的，主要表现为系统性的行为倾向。语文教学不同能力水平的差别，实质是做事准则的差异。
- 教学行为是教学能力的表现，不同的教学行为表现往往标示着不同的教学能力水平。因此，可以采用描述教学行为表现的办法，直观地表征语文教师的教学能力；分别描述不同能力水平的教师在该事项具有典型性的行为表现，可以用作语文教学能力的自我诊断工具。
- 择取具有比照性的、典型的行为表现，用简练、准确、感性的（表现性）的语言做概括性的综合描述，可以将各种水平的做事准则和行为方式加以具体化呈现。

可以按上述思路仿拟语文教师教学能力评估的做法，研制普通国民在真实情

---

[1] 中华人民共和国教育部．中小学幼儿园教师培训课程指导标准：义务教育语文学科教学［M］．北京：高等教育出版社，2019：6-7．

境中的阅读活动的行为表现评估标准。

以下两个实例对于评估阅读活动的行为表现有参考价值。

(1) 职场能力提升培训师赵周建议的致用性阅读流程[1]。

- 确定致用类的图书，明确阅读目的。
- 以较快的速度阅读，略读全书。
- 遇到核心观点、重要建议或者较难理解的地方，先判断对我是否有用；如果有用，则放慢速度，细读相关内容。
- 便签1——用自己的话简要重述知识点或者总结启发，贴在相应书页上（或画线等）。
- 回顾自己有没有经历过或者见过类似的事情、情境。便签2——贴在相应书页上。
- 结合读到的知识（观点、建议、启发）与自己的经验，设想自己今后可以如何运用。总结的内容应该具体而非笼统。便签3——贴在相应位置。
- 放便签页、指示牌。
- 用此法读完整本书后（或者读完自己认为值得读的部分之后），把所有的便签3拿出来贴在墙上，提醒自己日后应用，改变行为。（用后放回书中）

(2) 朱迪思·朗格建议的文学阅读"不间断评估"生成性目标[2]。

- 在阅读后分享初始印象。
- 提出与阅读文本相关的问题。
- 超越初始印象，反思、发展与丰富理解。
- 发现文本内外的关联。
- 以多角度思考文本。
- 反思其他可能的阐释，批判与支持其中一种。

---

[1] 赵周. 这样读书就够了[M]. 北京：中央广播电视大学出版社，2012：37.
[2] 朗格. 文学想象——文学理解与教学[M]. 樊亚琪，译. 上海：上海教育出版社，2015：107.

- 通过文学获得对自我和生活的理解。
- 通过阅读，增强对其他文化和背景的敏感性。
- 将写作作为反思与交流文学理解的途径之一。
- 以典型的文学语言来谈话或书面评价一部作品。

广义的阅读活动中的行为及表现，与人们想获得的愿读书、能读书、会读书的结果，被解释为"前因"与"后果"的因果关系或者相关关系。上述"建议流程"或"生成性目标"是规范性的，也就是说，如果这般去做，就可能获得想要的好结果；反之，如果不是这般去做，就不大可能获得想要的好结果。

我国语文教育界所说的"表现性评估"或直接评估、表现式评估、真实性评估、动态评估等，包括学习档案袋、双向或多向的口头交流、展示作品、专题研习及其他创意式作业，大都是对广义的阅读能力的评估，评估的是做阅读或做学习阅读这件事过程中的行为表现，它们不直接评估对具体语篇的阅读理解心理过程，即不直接评估阅读理解能力。

二、阅读理解时的"推论"

综合心理学的研究，语篇阅读理解的心理过程大致可以描述如下[1]。

- 字词辨识，句子处理，读者把握语篇的字面信息。
- 读者根据语篇的字面信息推论字里行间没有明言的隐含信息。
- 连贯篇章和建立语篇结构，使语篇衔接并连贯成为一个可理解的整体。
- 读者把所理解的内容与自己的生活经验对照、结合，扩展和丰富对世界的认识，进而对语篇进行评价。

上述过程在阅读活动中几乎是同步进行的，从而导致阅读理解的结果。

阅读理解的结果，即"读者掌握语篇的作者所要表达的或希望读者知道的意思"[2]。"实质上是读者的头脑中建构其关于文本内容、层次及主题的表征系统的过

---

[1] 谢锡金，等. 儿童阅读能力进展——香港与国际比较[M]. 香港：香港大学出版社，2005：20.

[2] 谢锡金，等. 儿童阅读能力进展——香港与国际比较[M]. 香港：香港大学出版社，2005：10.

程，形成局部与整体都连贯的心理表征结构。"[1]

语篇阅读心理学认为，在"自然阅读"条件下——即认识所读语篇的那些字、能够解码字面意思、对所读语篇所涉的内容主题有相应的背景知识和生活经验且没有特定阅读任务——决定阅读理解的主要因素是"联系性推论"。

正如 D.W. 卡罗尔在论述语篇理解时所说的[2]："连接性语篇的理解与其说是依赖于语篇中各个句子的意义，还不如说是依赖于这些句子的排列。"一般来说，读物本身具有连接性，作者使用照应、代替、省略、连词和词汇重复、同义词、下位词等衔接手段，使之成为连续句子存在着语义联系的语篇。但是，语篇不可能把所有的信息都描述出来，要对存在语义联系的语篇形成语段的局部连贯理解和语篇的整体连贯理解，读者必须运用多种"推论"。

推论，就是依赖读者所具有的外在语篇的知识经验对语句之间的关系做出推断。"连贯是在理解过程中得到的，而不是通过白纸黑字给予的，这意味着在阅读或聆听中所进行的理解活动对我们的理解（或误解）起了决定作用。"[3]

对整体连贯而言，读者对语篇所涉主题内容和语篇结构等语篇类型特征的了解，即主题内容的"图式"和体裁特点的"图式"，起着决定性作用。

对局部连贯而言，对句与句的关系的推论以及对较远距离的语句的语义关系的"架桥推论"[4]，起着决定性作用。在对主题内容不熟悉的情况下，即"在缺少图式的情况下，局部连贯关系在理解语篇当中必定起着相对比较重要的作用"[5]。

语篇阅读心理学关注"自然阅读"，因而主要关注基于语篇结构内在特征的、读者自动做出的即时推论，即对建立语篇的局部连贯是必需的推论，且推论所依靠的信息很容易被所读语句或一般常识激活。不同的研究者，对阅读理解过程中推论的多少和具体的推论的种类有不同的意见。多数研究者把推论分为两类[6]：必需的推论和精加工推论。必需的推论是维持语篇局部连贯而进行的自动的推论，

---

[1] 莫雷. 阅读与学习心理的认知研究[M]. 北京：北京师范大学出版社，2006：91.
[2] 卡罗尔. 语言心理学[M]. 缪小春，等译. 上海：华东师范大学出版社，2007：155.
[3] 卡罗尔. 语言心理学[M]. 缪小春，等译. 上海：华东师范大学出版社，2007：182.
[4] 卡罗尔. 语言心理学[M]. 缪小春，等译. 上海：华东师范大学出版社，2007：160.
[5] 卡罗尔. 语言心理学[M]. 缪小春，等译. 上海：华东师范大学出版社，2007：182.
[6] 莫雷. 阅读与学习心理的认知研究[M]. 北京：北京师范大学出版社，2006：152.

第一章 "阅读"学习领域知识

如保持指代的连贯；精加工推论是建立文本的意义联系、展开文本表述的内容、预期接下来的事件或信息的推论，也称"策略性推论"，如原因先行推论、上位目标（意图）推论、主题推论、主人公的情感反应推论等[1]。

其实，在真实的阅读情境中，"没有特定阅读任务"是相对较少的，也不重要；相反，成人世界的绝大多数阅读，关涉学习、生活、工作、社会和个人精神生活的阅读，都是有（自发或被要求的）特定阅读任务的。

有特定任务的阅读，比"自然阅读"有更多、更强劲的推论。有特定任务的阅读，依据读者的阅读取向、阅读目的和语篇类型的"图式"而主动进行的、积极的推论，表现为特定的阅读方式及其相应的阅读方法和阅读策略。

前面已数次提到：在基本具备解码能力、对语篇所涉主题内容比较不陌生的前提下，可以认为，语篇的理解主要来源于理解过程的心智活动，即阅读方法和阅读策略的运用。

阅读理解的过程与理解的结果相辅相成；对语篇的阅读理解结果与理解这一语篇的阅读方法和策略互为因果。[2] 也就是说，阅读方法和策略的适当运用，产生较好的理解结果；而不能够运用与阅读目的相适应的阅读方法和策略导致较差的理解结果。我们用具体语篇的阅读理解结果来推测阅读方法和策略运用的心理过程，即阅读理解能力；同时，我们又用所推测的阅读方法和策略，即在阅读理解过程中会做什么或不能做什么，来解释之所以有这样或那样的阅读理解结果。

这样看来，美国国家教育进步评价（NAEP）对阅读理解过程的描述更符合真实情境的阅读。它认为，阅读理解是一个包含多种不同行为的、动态的、复杂的过程[3]。

- 理解书面文本：寻找和回忆信息，为理解文本进行推论，为此采用的基本技能是书面文字解码和调动词汇知识。

---

[1] 莫雷. 阅读与学习心理的认知研究[M]. 北京：北京师范大学出版社，2006：49-50.
[2] 在阅读教学和阅读测试中，要严防阅读结果和阅读过程的分裂。只知道课文的"标准答案"而不顾这一答案是怎么读出来的，只要求在不同选项中选出得分项，而不顾它是怎么选出来的，这些行为都是对阅读和学习阅读的歪曲。
[3] 转引自：祝新华. 促进学习的阅读评估[M]. 北京：人民教育出版社，2015：2-3.

- 深入理解文本意思：读者运用对文本的已有理解和外部经验整合自己的感知。运用更多、更复杂的技能去理解文本的深层含义，同时修订先前的文本感知。
- 根据特定的文本类型、阅读目的和情境，运用文本中的信息——读者运用文中的信息和观念，实现某种特定目的或情境需要。

阅读中还会产生"联想性推论"[1]。"联想性推论"，一般伴随言辞的字面理解而自然地生发；良好的阅读者，在阅读中伴有大量的"联想性推论"，因而他们所理解的文意比不良阅读者要丰富得多。借助联想和想象，"再造"内含于字里行间的种种情境，这是文学作品阅读的关键之一。

实用文章中的种种论断，其背后往往潜藏着作者的描述性预设和价值预设。"描述性预设"是作为论断前提的事实认定。"价值预设"是作为论断前提的价值信念。[2] 比如"禁止吸烟"这一标语，就潜藏着吸烟损害身体、不吸烟者会被动吸烟、被动吸烟伤害健康等描述性预设。"公共场合禁止吸烟"，它的合理性建立在吸烟是恶习、伤害别人健康是不人道行为、不顾禁令是违法行为等一系列"价值预设"的基础上。揭示潜藏在词句背后的预设，是实用文章阅读尤其是批判性阅读的关键之一。

三、阅读理解测评的侧重维度选择

阅读的目的，是为获得理解的结果；但学习阅读，则需从阅读理解过程入手，即学习有效地运用阅读方法和阅读策略。

反过来看，阅读理解的测评，目的是评估阅读理解能力，即有效地运用阅读方法和阅读策略的能力；但测评的入口只能是阅读理解的结果。

阅读理解的过程发生在读者的大脑里，而评估必须是对可见的表现进行测评。语篇阅读理解可见的表现，即对阅读理解的表达（如图1-17所示）。

---

[1] 谢锡金，等. 儿童阅读能力进展——香港与国际比较[M]. 香港：香港大学出版社，2005：26.
[2] 布朗，基利. 走出思维的误区[M]. 张晓辉，等译. 北京：中央编译出版社，1995：58-81.

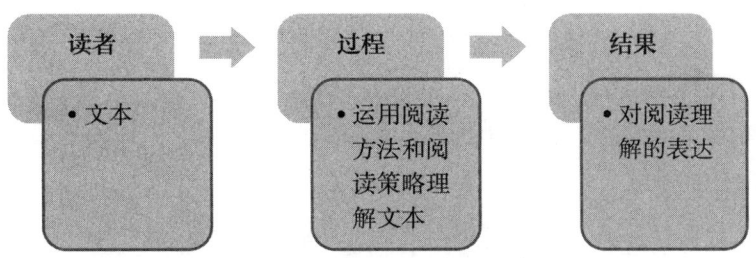

图1-17　阅读理解的过程与结果

"评估通常是间接的。我们观察学习者的学业表现，比如对测试问题是如何做出回答的，从学习者的学业表现来判断其既有知识、学习过程和学习特征。"[1]通过对阅读理解的结果之表达，来推断其运用阅读方法和阅读策略的能力，这是我们讨论阅读理解测评的侧重维度选择问题的前提。

在这一前提下，阅读理解测评的侧重维度选择问题，实际上是以下两个独立但又相互联系的问题：①侧重在哪个维度来引导对阅读理解的表达？②阅读理解的结果如何表达（即采用哪种测评方法）？

1. 侧重在哪个维度来引导对阅读理解的表达

回答这个问题，还是需要回顾本章第二节论述"狭义的阅读活动与阅读能力"时所得出的结论——从"眼—脑"的角度来看，具体语篇的阅读理解过程大致可以归结为相互联系的两个要点。

● 眼睛"看到"（注视）语篇的关键点。
● 大脑"看出"（理解）关键点的意义。

如果把侧重点放在"看出"（理解）关键点的意义上，那么就更倾向于阅读理解的结果维度；反之，如果把侧重点放在"看到"（注视）语篇的关键点上，那么就可能更倾向于阅读理解的过程维度，即阅读方法和阅读策略的维度。换言之，如果关注点是文本说了什么（文本内容）的答案正确、恰当、充分，那么就可能更

---

[1] 梅耶. 应用学习科学——心理学大师给教师的建议[M]. 盛群力, 等译. 北京：中国轻工业出版社，2016：93.

倾向于结果维度；如果关注的是文本怎么说的（如叙述方式），即为什么文本的这一处或者那一处是关键点，那么就可能更倾向于阅读理解的过程维度。

2．采用哪种测评方法

在纸笔考试的条件下，测评有两种方法。

（1）反应式测试。

包括选择性反应题、简短的建构反应题、扩展性建构反应题。选择性反应题，选择一个正确的或最好的答案，大致需要1分钟完成。简短的建构反应题，要求学生用一个词组或一两个句子，给出一个简短的答案，用一两分钟时间完成。扩展性建构反应题，要求学生深入思考所读内容，整合某些观念，分析一种情境或解释一个概念等，需用一两段话作答，大约需要5分钟完成。[1]

（2）开放的或仅有宽泛引导题的表现式测试。

如：阅读一个文本，撰写一份内容概要；阅读一首诗歌之后，问"这首诗歌对你意味着什么？"

一般来说，反应式测试更适合阅读理解的结果维度，表现式测试则可能更倾向于阅读理解的过程维度。

第二个问题与第一个问题有联系。比如问"这首诗歌对你意味着什么？"SOLO[2]分类理论对回答的评判是看："回答可能具有也可能不具有以下一个或几个特点：诗歌的字面含义和隐含意义；音韵，格律，或作者使用的其他结构特征，或诗人使用的艺术手法；认知或智力与情感方面的结合，等等。因此，根据以下标准（即SOLO分类标准），我们利用这些特点的存在或者缺失，判断SOLO层次。"[3]也就是说，侧重在"看到"（注视）语篇的关键点这一方面，因而倾向于阅读理解的过程维度。

按照我们目前的认识，实用性文本的阅读理解要点是说了什么，其阅读理解

---

[1] 叶丽新．国际测量理论与实践视野中的评分标准开发（上）[J]．语文学习，2017（9）．

[2] SOLO 是英文 "Structure of the Observed Learning Outcome" 的缩写，意为"可观察的学习成果结构"。SOLO 分类评价理论是香港大学教育心理学教授彼格斯（J. B. Biggs）首创的一种学生学业评价方法，是一种以等级描述为特征的质性评价方法。

[3] 彼格斯，科利斯．学习质量评价：SOLO 分类理论（可观察的学习成果结构）[M]．高凌飚，张洪岩，主译．北京：人民教育出版社，2010：108．

的结果有较高的共识度，因而倾向于阅读理解的结果维度，可采用反应式测试。文学文本的阅读理解的要点是怎么说的——"我们所说的'文学性'，一定程度上就是指用'怎么说'来衡量'说什么'。文学，就是与内容与表述内容之语言密不可分的作品。"[1]在"连贯阅读"基础上，"文学想象"原则上没有正误之分（但有优劣高下的差别），因而倾向于阅读理解的过程维度，侧重在"看到"（注视）语篇的关键点这一方面，宜采用开放的或仅有宽泛引导题的表现式测试。

四、关于阅读理解水平

阅读理解的水平，表现为结果，即语篇理解的质量、正误深浅；表现为过程，即运用阅读规则和阅读策略的熟练程度及其成效。

理解的不同水平，通过对专家读者、熟练读者与初学读者的比较，或对同一个人在学习不同阶段阅读同一篇或同类语篇的比较等途径得知。现成可资利用的工具有以下几种。

（1）侧重于阅读理解的结果维度。较常使用的是加涅的"学习结果分类"和布卢姆、安德森等研制的"教育目标分类"。分类意味着不同的项目，但也含有类别高下的意思。比如在安德森等修订的目标分类中，"评价"比"理解"的水准高；在"理解"项，"推论"比"解释"的水准高。

（2）力图结果维度与过程维度并重。较权威的，有国际阅读素养进步研究（PIRLS）、国际学生评估项目（PISA）、美国国家教育进步评价（NAEP）等阅读测试的框架和标准。阅读测试依特定的语料设计特定的题目，通过学生的答案推测其阅读理解过程以及阅读理解过程所运用的方法，从而测试特定的阅读理解能力，并依答题结果推测这项能力的精熟度。

（3）侧重于阅读理解的过程维度。SOLO分类理论对表现式测试的回答的五个层次，以前述的诗歌理解为例[2]。

● 前结构。没有回答，或几乎完全不理解诗人在说什么，或无关回答中

---

[1] 伊格尔顿. 文学阅读指南[M]. 范浩，译. 郑州：河南大学出版社，2015：3.
[2] 彼格斯，科利斯. 学习质量评价：SOLO分类理论（可观察的学习成果结构）[M]. 高凌飚，张洪岩，主译. 北京：人民教育出版社，2010：109.

的任何上述特点。
- 单点结构。一个相关的结构特征，如评论音律、指出诗人的具体观点，不解释所引用的诗句或两个对立却无法调和的观点。
- 多点结构。几个具体的观点支持一个较为随意的解释，一个或多个独立的观点以及对诗歌结构、释义的评论。
- 关联结构。一直使用某个框架来解释诗歌的大部分或全部意义，但这个框架局限于诗人创设的情境与诗人肯定的观点。
- 抽象扩展结构。认为诗人以诗歌为媒介做出一个完整的陈述，允许对诗歌做出其他解释，诉诸不一定是文本所固有的抽象结构。

第六节　实用文章阅读

从阅读取向的角度来看，"阅读"可以分为两大类别：一类是"实用性阅读"，一类是"文学性阅读"[1]。实用性阅读的对象是"知识读物"，或称"信息类文本"，读者抱着"实用"目的，通过阅读获取资讯、学习技能和方法、了解新知识、理解概念和概括性知识。

一、实用文章

（一）"文章"概念的演变

"文章"这个词语，从古至今经历了一个"变性"的过程。

"文章"原意是"色彩错杂，花纹斑斓"。在先秦，特指有文藻的文字写作。到西汉中后期，"文章"与"儒学""儒雅"对举，含义接近现代所谓的"文学"，指经、史、子著述之外的诗赋等文学作品。[2]

东汉末年至南朝，已明确区分出"有韵之文"与"无韵之笔"。后者约等于中

---

[1] 文学性阅读的对象是文学作品，然而文学作品也可进行"实用性阅读"，实用性文本有时也可引起对其篇章结构组织和语言表达方面的"文学性"的关注。

[2] 郭英德. 中国古代文体学论稿[M]. 北京：北京大学出版社，2005：50-51.

国古代文学史所讲的"散文",与"诗"对举,包括"古文""时文"以及科举文、官方使用的应用文等。

"无韵之笔"仍是文学,它有暗示性和装饰性的特点。

暗示性,是指不把要表现的内容全部在文章表层展示出来,而是尽量克制,要依赖于读者想象的一种性质。这使汉语的文章表达往往追求一种言不尽意、书不尽言,富有言外之意的效果。[1]

装饰性,是指在文章表达中强烈地追求形式美,特别是音乐美。比如古代独占文坛六七百年的"四六文"(骈体文)就具有极度的装饰性,对句式、字数、音节乃至用典等方面都有比较严格的要求。"四六文"以外的文章也或多或少有着句式、字数、音节等方面的装饰性追求。[2]

延续到近代,"文章"一词一直在两层含义上使用,或包含"有韵之文",或只指"无韵之笔",总之是中国传统意义上的"文学"。

在现代,随着西方文学观念的传入,诗歌、小说、戏剧以及与中国传统一脉相承的散文归名到"文学"。但直到20世纪前半叶,"文章"一词仍多与"文学"混用,夏丏尊《文章作法》[3]中的不少例子取自《红楼梦》《水浒传》,夏丏尊、叶圣陶合著的《文章讲话》[4],也不时出现李白、杜甫等古典诗词[5]。

文章"变性"为"非文学",大概与叶圣陶提出的"普通文章"(普通文)有关。"其实国文所包的范围很宽广,文学只是其中一个较小的范围,文学之外,同样包在国文里还有非文学的文章,就是普通文。"[6]但"普通文"却不包括通知、借条等应用文。从叶圣陶"就普通文章的道理跟读者谈谈"的《文章例话》来看,"普通

---

[1] 王水照,吴鸿春. 日本学者中国文章学论著选[M]. 吴鸿春,译. 上海:上海古籍出版社,1994:259-273.

[2] 王水照,吴鸿春. 日本学者中国文章学论著选[M]. 吴鸿春,译. 上海:上海古籍出版社,1994:274-294.

[3] 夏丏尊,等. 文心·文章作法[M]. 北京:经济日报出版社,2006.(该书原版于1926年)

[4] 夏丏尊,叶圣陶. 文章讲话[M]. 杭州:浙江文艺出版社,1983.(该书原版于1936年)

[5] 早年蔡元培等人曾提出"美术文"和"实用文"的两分法,但对语文教学没有产生影响。蔡元培《论国文的趋势及国文与外国语及科学之关系》,转引自:蒋成瑀. 阅读艺术系统[M]. 杭州:浙江教育出版社,1989:60.

[6] 叶至善,等. 叶圣陶集:第十三卷[M]. 南京:江苏教育出版社,1992:137.

文章"指诗歌、小说、戏剧之外的文章，主体是广义的散文。[1]

1985年，张志公主编的《现代汉语》明确提出"实用性文体"（实用文）。实用性文体"不是一般常说的那种'应用文'"，它与"文艺性文体"对举，"除了文艺性文体之外的，都是实用性文体。""各行各业都有自己处理各种问题的实用文。"[2]

在1996年出版的《汉语辞章学论集》中，张志公进一步将"主要诉之于情"的文学作品，与"主要诉之于理"的各种"应用性的文章"加以区别："无论是政治的（宣传什么或反对什么）、科学的（介绍什么、说明什么、反驳什么）、社会交际的（公关）以及日常应用的（信、公文等），都属于应用性的体裁。"[3]

"实用性文体""应用性的体裁"均指文章的实际用途。"实用"原本就是中国古代文章的传统，"文以载道""体用不二"。中国古代的文体命名主要是"功能性命名法"，对应着不同的行为方式及其功能，如策、表、序、论、墓志、祭文等。[4]清代吴乔说："文为人事之实用""诗为人事之虚用"。[5]如果把"诗"扩展为"文学作品"，"虚用"即文学的"无用之大用"，那么；"文"即文章，突出其"实用"的功能。

为强调文章的实用功能，也为了避免混淆古今，我们称其为"实用文章"，简称"文章"，即除去小说、诗歌、戏剧和散文之外的书面语篇。

（二）实用文章的特征

文章的"实用"特征主要体现在以下六个方面[6]（见表1-7）。

---

[1] 叶圣陶. 文章例话[M]. 北京：三联书店，1983：1.（该书原版于1936年）
[2] 张志公. 现代汉语：下[M]. 北京：人民教育出版社，1985.
[3] 张志公，等. 汉语辞章学论集[M]. 北京：人民教育出版社，1996：230.
[4] 郭英德. 中国古代文体学论稿[M]. 北京：北京大学出版社，2005：140-141.
[5] 转引自：郭英德. 中国古代文体学论稿[M]. 北京：北京大学出版社，2005：15.
[6] 谢延秀. 实用文体与文学文体之分野及融合[J]. 理论导刊，2006（4）.

表1-7 文章的"实用"特征

社会功用	实用文章对社会产生直接效应，其目的是现实的，往往有明确的应用目的。
接受主体	实用文章有比较明确的接受主体，往往有特定的阅读人群。
文体特征	实用文章的文本结构是"言—意"式的两层结构。这种简单的结构方式，给作者的写作和读者（受体）的解读都带来一种直接性，一般无须追求"言外之意"。
主旨内涵	实用文章的主题是鲜明的、单一的、确定的，读者在解读过程中无须"创造性发挥"。
思维方式	实用文章是为解决实际问题而作，以抽象思维为主，一般没有抒情语，没有情感色彩浓烈的评价语。
语体风格	实用文章以社会化、规范化的书面语言为主，避免使用个性化色彩强烈的语言。

（三）亚文类与体裁

1. 多种角度的亚文类

对既定的文章，从不同的角度可以划分出若干亚文类。

如从实用的性质看，可分为"普通文章"和"应用文"。应用文，指有特定应用场合、有具体应用目的的文章，常见的体裁如书信、广告、宣传语、菜谱、使用手册、说明书等。

从读者对象看，可进行如下划分：私人性质的，如日记、书信、笔记、留言等；大众性质的，如报道、新闻、广告、宣传语等。越倾向于私人性质，文章的表达越自由，所受的拘束就越少。而大众性、公共性的文章，表达则会受到相当大的制约，需要遵循约定俗成的文章规范。

从文章的媒介看，可分为文本与超文本。文本是语言的实际运用形态，它是根据语言衔接和语义连贯的规则组成的书面语篇。超文本则可按不同顺序来阅读，尤其是那些相互链接的文本与图像等，读者可在某一特定点中断，以便参考相关内容。超文本的构成，不再局限于文本的静态文字，而可以涵盖文字、图像、声音、视频等动态内容。超文本具有非线性、能动选择、不确定性和互动性的特点，如网络日志、微博体、网络评论、跟帖等。

在中小学语文教学中，往往把所教的课文归入某个类，希望"转个为类"——即通过一篇文章的教学，让学生学会读写一类文章，以培养学生可迁移的文章读写能力。原因在于这些亚文类并非基于同一个标准，比如，科普类文章、新闻和报刊言论文章、社科类文章等。

2．文章体裁

亚文类中包含若干体裁。体裁指适合一定内容、对象和交际场合，对结构、语言和篇幅都有一定要求，比较稳定的文章样式。比如学术论文、调查报告、科普文章、报刊言论以及新闻、通讯、人物传记、书评与影评、序言、访谈录、演说词、图片说明、日记等。

体裁也就是实际使用的文章样式，在读写实践中，往往还要进一步细分。比如学术论文，按学科分，有数学、化学、历史、文学等；按层级分，有学士论文、硕士论文、博士论文、专著等。

实用文章的体裁繁多。当一种功能需求形成一定的言说方式，就会约定俗成地确立相应的文章体裁。各种体裁多依实用功能命名，"因文立体"。

从读写的角度看，关键不在于实用文章的体裁如何归类，而在于读写中如何把握体裁的特质，即"辨体"。[1]

二、章法与脉络

（一）古代视野

我们一定要注意区分"古代文章学"和"现代文章学"。

古代文章学与古代文学大致重合，所讲的"章法"等主要指文言散文，往往包括诗歌以及从文章角度评点的小说、戏剧等，如金圣叹评点的《水浒传》《西厢记》。

古代文章所使用的单位一般分为字、句、章、篇四级，"因字而生句，积句而

---

[1] 阅读和写作都是"文体思维"。

成章，积章而成篇"[1]。"章"相当于文章的层次，"集数句以显一意者，谓之一章"。"法"即"标准，模范，可以效仿的"。[2] "章法"是从优秀文章（模范文章，即范文）归纳出来的，可以作为后学者效仿的谋篇布局的方法，即古人所说的"开阖首尾经纬错综之法"。[3]

以古代视野对待章法，有以下四个注意点。

1. 章法是从古代优秀文章中归纳出来的谋篇布局的模范

优秀文章在古代指文章大家的诗文。就"文"而说，是以先秦文言为准则的"古文"，也包括应试成功的科举文，即"时文"。

章法的归纳，具体体现为对范文的"评点"，包括"顶批""旁批""圈点""评解"等。

"评点"，可以切分出两个方面。

（1）范文所体现的谋篇布局的技巧，可归纳为"共通的法则"。由此形成一系列带有中国特色的章法知识，如起承转合、熊腰豹尾、伏笔铺垫等。"以笔法为序"的《古文笔法百篇》就有对偶、就题字生情、一字之骨、波澜纵横、曲折翻波、起笔不平、小中见大等二十卷。

（2）借助这些章法知识，具体地理解文章内容和作者的行文思路。如《古文笔法百篇》第一篇《侍漏院记》，首句旁批："天道、圣人对起，立论阔大。"顶批，则有"法天是侍漏源头，勤政是侍漏本旨，有思是侍漏光景。惟勤政始克法天，惟慎思方能勤政。首尾关照，一线穿成。"

《侍漏院记》的评解中写道："以脉络用意言，前以'勤'字引出侍漏院，又从'侍'字想出'思'字，从'思'字生出贤、奸两种，末以'慎'字束，意在为相者，当勤慎也。"[4]

---

[1] 转引自：夏绍臣. 文章章法与阅读写作[M]. 北京：人民日报出版社，1985：3.
[2] 中国社会科学院语言研究所词典编辑室. 现代汉语词典[M]. 5版. 北京：商务印书馆，2007：370.
[3] 转引自：夏绍臣. 文章章法与阅读写作[M]. 北京：人民日报出版社，1985：2.
[4] 李扶九. 古文笔法百篇[M]. 长沙：岳麓书社，1983：1-4.

2. 章法知识兼顾表里两层

章法知识即文章的组织结构,分表里两层。

- 表层属于文章形式方面的,如文章的标题、开头、结尾、过渡、照应等,也就是谋篇布局的"规格""技巧"。
- 里层即"脉络",属于文章内容方面的,指作者的行文思路。"脉络",是以人体动脉血流来比喻文章作品结构组织的内部联系,有时也被称为"意脉""义脉""语脉""气脉"等。

作者的行文思路即内在思想、情感的逻辑性,它是章法的基础。文章的组织构造及技巧运用,都不单纯是写作技能方面的问题[1];好的文章,表里统一,体用一致。

古人学习章法,有"上等读法"和"次等读法"之说[2]。

所谓上等读法,即先审题,然后"如我当境作文一般,要如何用意下笔遣词,再四沉思",再将自己所沉思之文,与范文加以比照,"得失自知矣"。这相当于范文的还原法,以脉络统领技巧。

所谓次等读法,即"揣摩谋篇"的细读法,依脉络领会技巧。"先考明题目来历""然后逐字逐句而细读之,看其措语遣辞如何锤炼;由逐节逐段而细思之,看其承接起落如何转变;又将通篇抑扬唱叹缓缓读之,审其音节;又将通篇一气紧读,审其脉络局势,再看其通篇结构照应章法一一完密与否,则于此首古文自有心得矣"。

由此可以推论有两种"劣等读法":一种是不顾作者的行文思路和章法,以一己之见擅自阐释;另一种是脱离文章的具体内容,不顾脉络,而将章法当作"死法",即"省闱作文之法",那是应试作文的"造文"套路。

3. 学习章法知识,在言文脱离、科举制度等特定历史条件下形成独特的"读写结合"

从范文中归纳的文章知识,在需写的文章与范文体式一致的情况下,可以转

---

[1] 孙移山,等. 文章学[M]. 北京:中国档案出版社,1986:98-108.
[2] 李扶九. 古文笔法百篇[M]. 长沙:岳麓书社,1983:1.

化为写作知识，即关于谋篇布局的知识，甚至成为写作的"套路"。

从范文中提炼章法知识，原本目的就是为了便于后学者效仿范文，所谓取法乎上。章法知识服务于"学写古文"，落点是科举文，尤其是八股文。

在中国古代，尤其是宋、元以来，章法知识在文言文学习中既用于引导阅读范文，也用于指导写作。我国古代语文教育，以"文章赏析"为教学的手段，以"揣摩谋篇"为教学的核心，以"仿效范文"为教学的目的，由此形成了"独步于世界教坛"[1]的"读写结合"[2]。

而以"仿效范文"为目的的"读写结合"，成功之关键是要在技法和脉络的统一中把握章法。如果是这样，那么所学的章法便可能成为"活法"——流传至今的一些杰出的八股文作品，就是"活法"的榜样。

反之，如果不顾文章的具体内容，脱离脉络，所学的笔法便会成为"死法"、"省闱作文之法"——大量不入流的应试八股文便是"死法"的标本。

4. 以古习古，以今对今，严防古今错乱

就"文"而言，章法或笔法，是古代散文之法。古代散文与现代散文有传承关系，也有本质的差异。现代散文讲究"散"，率性而为，"无法"为冕。而古代散文，则讲究章法。

以古习古，以今对今，这是语文教学务必遵循的准则。

- 章法是古代散文之章法。文言文阅读教学，宜用与文章行文思路原本一致的章法知识，而不能古今错乱，用现代人的一套办法（如"记叙文要素""说明方法""论证方法"等）去对付文言文。
- 现代散文"无规范"。现代散文阅读教学重在把握每一篇散文的特质，不宜发明什么章法，尤其不能用古代散文中归纳的章法来对付现当代散文。
- 以"仿效范文"为目的"读写结合"，建立在言文脱离、科举制度等特定的历史条件下。写作教学，是学习具体写作情境中语篇构造的写作

---

[1] 章熊. 中国当代写作与阅读测试[M]. 成都：四川教育出版社，2000：47.
[2] 相当于"把课文当作学习写作的例文"。

知识，是从静态文本归纳的章法知识，只有放置到具体的写作情境中，针对特定的写作任务，才有意义。[1]
- 文言文阅读教学在今天已不大可能"读写结合"。现当代散文教学，则不允许以"仿效"为目的的"读写结合"。"散文不讲究文体规范，要的是自由和开放。"[2]

（二）现代视野

现代文章学是正在形成的一门学科，其研究对象是现代"实用文章"，一般不包括作为文学文类的现代"散文"。文章学的研究目前主要有三支力量。

- 台湾师范大学陈满名教授领衔的"章法学"，发扬光大古代的章法之学，以脉络统领技巧，依脉络领会技巧，侧重于文言文阅读和"限制式写作"。[3]
- 河南师范大学曾祥芹教授领衔的"文章学"，吸收现代文章的观念，研究"狭义文章"（含现代散文）的方方面面。[4]
- 各种具体文章体式的研究，以翻译为主，文章的静态知识往往隐藏于听说读写的动态知识中，如《商务写作》《（新闻）标题写作》《作为话语的新闻》《调研报告写作》《学术论文写作手册》《怎样撰写学位论文》《新媒体写作论》《简历》《广告原理》等。

从现代文章学来看，章法体现着作者的总体设计，是对层次、段落、句子等文章单位的有秩序的组织。秩序性和逻辑性是章法的主要内涵。章法是文章形式的范畴，它受文章内容的制约，是为达成写作目的、表现文章主题服务的。

从文章形态上来看，文章是一个首尾连贯的有机的书面语言系统，该系统是靠其内含的秩序来实现的。秩序，既体现为字、词、句、段、部分之间的层次、结

---

[1] 从课文中学习章法知识，相当于阅读教学中"把课文当作学习客体知识的例文"。
[2] 徐泽春．散文的阅读和写作——南帆教授访谈[J]．语文学习，2012（1）．
[3] 陈满铭．章法结构原理与教学[M]．台北：万卷楼图书股份有限公司，2007．
[4] 曾祥芹，甘其勋．文章学新视点[M]．上海：华东师范大学出版社，2006．

第一章 "阅读"学习领域知识

构的组织性，又体现为一种内在思想、情感的逻辑性。[1]

文脉指文章单位之间的衔接关系，是作者行文思路在作品中的体现。日本学者市川孝提出了三种文脉展开的形态。

- 前后两个句子的意思有直接关系，用"接续短语"把它们连接起来。
- 前后两个句子的意思并非一定具有直接关系，多使用"指示代词""同一词语""同义词或近义词"等把它们连接起来。
- 前后句一个说明原因、理由，一个暗示内容、结果。

在文脉展开的过程中，"重复词语"起着关键作用，它们能指示前后句之间的承接、照应关系，在文章解读中，它有时是重要的线索，是把握语篇及文章思想的关键信息。[2]

三、关于"表达方式"

（一）表达方式的来历

表达方式是指表述特定内容所使用的特定的语言方法、手段。中国传统的表达方式即"赋、比、兴"。现在通常所说的表达方式来源于西方。

20世纪初，我国开始移植西方文章分类思想。1914年傅斯年在《怎样做白话文》中引进西方分类理念，把白话文分为形状文、记叙文、辩议文、解说文四类。此后，陈望道、黎锦熙、夏丏尊、刘薰宇、叶圣陶等人也纷纷提出类似的文章分类体系。这四种文章分类，是由"读者""写作目的""具体写作形式"等要素综合决定的四类交际任务。

在英文文献中基本上是用"writing assignment（写作任务）""writing mode（写作样式）"或"writing style（写作类型）"来指称上述四种文章分类，而不用"writing stylistic（写作文体）"。

20世纪中后期至今，西方作文文体知识基于写作的"交际性"，经典的"四类

---

[1] 马正平.高等写作学引论[M].北京：中国人民大学出版社，2003：88.
[2] 张寿康，王福祥.日本文章学论文集[M].北京：外语教学与研究出版社，1992：166-176.

文章分类体系"中的"描写、叙述、说明"逐渐从"写作类型"下放为相对独立的"表达手段"。

目前,把"记叙""说明""描述"等,仅作为"表达手段",并与其他"作文技能"并列使用的情况,在西方国家的语文课程标准中非常普遍。[1] 也就是说,一篇具体的文章,以某种表达方式为主,往往会综合运用其他表达方式。

(二)记叙

记叙即叙述、叙事。记叙是动的,与时间相关,记叙人物、事件的变化和发展历程。写实的文章,主要有顺叙(直叙)和倒叙两种记叙方式。

顺叙或直叙,就是照着自然发生的顺序写,这是最自然的写法,也是基本的写法。某篇记叙文之所以生动,多半是因为那件事本身生动;之所以无趣,多半是因为那件事本身无趣。"也就是说,得有婀娜的身材,才有曲线美好的旗袍。"[2] 根据王鼎钧的研究,直叙要生动,有三个条件。

- 起落。起落是读者反应的强弱。记叙不宜平铺,事情本身有起落,写出来的记叙文也就有起落;如事情本身的起落感不强,就要采用倒叙等补救办法。
- 详略。详略指取材,重要的详写,不那么重要的略写,不重要的不写。取材有主从,所以文笔有繁简,不宜平均。
- 表里。表里指作文材料显隐。大家都能看到的,是表层;而偶尔露出事情真相,引起读者的想象和推论的,是里层。

倒叙,是"在'忠于事实'原则下动一点小小的手脚"[3]。把发生在后面的事情先说,或许就能造成文章的"起落"。但倒叙毕竟不自然,所以经常伪装成直叙的样子,如全部倒叙的"侦探小说"。局部倒叙,往往要回到主干,继续直叙下去。

叙述,可分为详叙和概叙,这是比照实际发生的时间来说的。通俗地讲,用较多的文字来记叙较短时间里发生的事,就是详叙;详叙经常要借助描述,尤其是

---

[1] 魏小娜. 中西方作文文体知识开发的比较研究[J]. 课程·教材·教法. 2009(1).
[2] 王鼎钧. 作文七巧[M]. 北京:国际文化出版公司,2007:14.
[3] 王鼎钧. 作文七巧[M]. 北京:国际文化出版公司,2007:15.

白描。用较少的文字记叙较长时间里经历的事,就是概叙,比如"八年里,他一直平静地生活着"。

(三) 描述

描述,即"description""descriptive",有多种翻译,如"形状(文)""记述(文)""描写(文)"等。

描述是静的,与空间有关,介绍、呈现、刻画眼睛所能看到的,或理论上可能看到的静态物象,就是描述。描述是写实,报告所看到的人物场景。文学性的描述,称"描写",包括在虚构作品中的描写和非虚构文学作品(如散文)中的描写。

描述或描写基于观察。观察有三种类型。

- 日常观察。日常观察即在正常情况下通过眼睛就能看到。在正常的情况下不同的眼睛所看到的大致趋同。
- 科学观察。科学观察是指受过专业训练的人能看到(比如X光照片),或者是通过专门仪器(比如望远镜、显微镜等)可以看到。科学观察建立在客观基础上,也就是说,同样受过专业训练或使用同样的仪器,所看出来的东西应该是一样的。
- 文学观察。文学观察与其说是用眼睛看,不如说是用心看。

日常观察、科学观察都是通过调查可以得到证实的,因而是报告。而文学观察则是主观的,是这一位作者在这一境遇中的独特观感,是由作者的想象、联想、情感、趣味等独特体验所酿造出来的主观之镜像。[1] 换言之,是其他人的眼睛所看不到也不可能看到的。比如,在《荷塘月色》中,"正如一粒粒的明珠,又如碧天里的星星,又如新出浴的美人。"这荷花,便是寻常人所不得见,朱自清在平日里所未尝见的。散文中的写景往往是文学观察产生的主观之景,散文中的写人往往是包含作者情感的独特的"这一个"。

描述或描写实际上把瞬间发生的事定格、延长,把综合的物体景观加以分解、特写。前者,如"灌篮高手"投篮一瞬间,整整放了一集电视剧;后者,如长城一

---

[1] 蔡毅. 创造之秘——文学创作发生论[M]. 北京:人民教育出版社,2002:22-23.

览，角角落落细致地展示。学生学习描述或描写，实际上是学习如何把观察到的镜像定格、延长、分解并加以特写。

描述或描写，具体是关键，具体才会生动，才能营造身临其境之感。与语文教师的直觉相反，具体的描写主要靠名词和动词，而不是靠带有评价色彩的形容词——概念化的形容词往往导致不具体和虚假感。

白描是常用的技法。其特点是不用或少用色彩浓烈的修饰性形容词，不加渲染烘托，也不用修辞格，只用质朴而有"骨感"的文字，刻画出事物的特征。如《祝福》中祥林嫂的外貌描写："头上扎着白头绳，乌裙，蓝夹袄，月白背心，年纪大约二十六七，脸色青黄，但两颊却还是红的。"

与白描相对的，是现代形成的以大量使用比喻、拟人、夸张等修辞格为特征的"彩绘"，"彩绘"与其说是描写，不如说是通过描写来抒情，因而在诗歌、散文中较多使用。

（四）阐释

英文"exposition""expository"，原义是"暴露""显露""揭示"，引申为"说明""讲解""阐述"等。作为表达方式，通常的翻译有"解说""说明""解释"等。在《国文百八课》中，夏丏尊、叶圣陶是这样界定"说明文"的："说明文所表示的是作者的理解；换个说法，就是作者所懂得的一些道理、原因、方法、关系等。""所谓理解，乃是说天地间本来有这么些道理，给作者悟出来了，明白地懂得了。"[1]换句话说，"说明"是抽象的分析过程，它含有作者发现的意思。根据英文原义以及先辈的权威解释，译为"阐释"可能更为准确。

阐释是解释现象、揭示事理。它或对一类事物的状态、性质、功能等加以解说，或对一个抽象概念、一种道理等加以阐明。了解其与描述和论辩（论证）的区别，可以清晰地把握"阐释"的含义。

描述的对象是用眼睛可以看到的特定事物，比如看到的一只鸟。阐释所面对

---

[1] 夏丏尊，叶圣陶. 国文百八课 [M]// 叶圣陶. 叶圣陶教育文集 5. 北京：人民教育出版社，2003：279，287.

的则是一类事物，比如"麻雀"，要通过科学的研究，才能说明什么样的动物叫"麻雀"——实际上是解释"麻雀"的概念。描述是针对外观，比如描述赵州桥的形状；阐释则是解说何以如此的道理，比如赵州桥为什么如此坚固。

在下面的对话中，小李的第一次回答是论证，而第二次回答则是阐释。

小王：小李，你为什么说我发胖了？
小李：看看你的腰带，都要扣不上了。还有你的衣服，看着比以前紧一些。
小王：还真是的，你说，我为什么会发胖？
小李：最近你饮食过量，而且缺乏锻炼，所以你就发胖了。

"为什么"要求给出阐释或论证。在用"为什么"寻问原因时，问题要求回答者解释造成某个事实的原因。例如：狗为什么会叫？光线为什么会弯曲？"阐释"为什么是文章学知识而不是写作知识？在用"为什么"询问根据或理由时，问题要求回答者给出坚持某一主张的论证。例如：你为什么说小华不守纪律？他凭什么要求索赔？为什么要对"阐释"做如此详尽的介绍？[1]换言之，阐释回答的是事实性问题（是或不是），即事实之所以如此的道理；论辩（论证）回答的是评价性问题（对或不对，好或不好），即何以如此主张。前者，是研究得出的结论，可证实或证伪；后者，是经过辩护而成立的观点，可说服别人或被辩驳。

阐释，以往称为"说明""解释""解说"等。根据说明的对象，有人曾把说明分为"介绍实体事物"的介绍性说明和"阐述事物道理"的阐释性说明。根据所回答的问题的类型，有人曾把解释分为"回答为什么"的因果性解释和"回答怎么做"的说明性解释。有人则把解说的对象细分为：类型的事物、抽象的事理、事物的异同、事物之间的关系、事物的处理法、语义的诠释等。上述这些说法和不同角度的分类，有助于我们正确而全面地把握"阐释"的含义。

阐释的核心是两个方面：一是对"是什么"这样的事实性问题进行妥帖的解答；二是将自己的解答向别人进行系统而明白的阐述。因此，阐释的方法也可以

---

[1] 王荣生．从文体角度看中小学作文教学［J］．上海：上海教育科研，2008（3）．

分为两个方面：一是如何获得妥帖的解答；二是如何向别人明白地阐述。尽管上述两个方面是相互联系、相辅相成的。

需要用写作来阐释的问题，一般都是需做进一步探究的，需要通过科学观察、实验、调查、资料的梳理和运用等途径才能解答。科学观察不仅仅是"仔细地看"，往往还要对观察的对象加以分类、分解、比较等。运用资料进行思考和写作，是阐释的基本特点。资料的梳理和运用包括资料的提炼、分析、联系、比照、比较、综合等。

阐释性文章往往涉及一些知识术语，有时整篇文章就是围绕一个关键术语的阐释展开。下定义，提供理解这一术语的背景材料，列举被定义术语的各种成分，用否定的方式辨析它不是什么，通过相关术语的比较，引用权威的说法并加以解说等，是常用的方法。

说清楚，包括合理的顺序、列举、举例、图表、比喻、比较等方法的运用，以及适合读者对象的语言。

（五）论辩

"论辩"的英文为"argumentation""persuasive"。与此相关的词语有"arguable（可论证的；可辩驳的）""argue（争论，争吵；辩论，论证；争辩，说服）""argument（争论，争吵；理由，论据，论点；据理而定，说理）""persuade（说服，劝说；使相信，使确信）""persuasion（劝说，说服；说服力；教派，派别）""persuasive（有说服力的；善于游说的）"。[1] 它们可翻译为议论文、论说文等。关于"议论文"，《国文百八课》是这样定位的："议论文是把作者所主张的某种判断加以论证，使敌论者信服的文章。""我们写作议论文，情形正和上法庭去诉讼，向敌方和法官讲话一样。"[2] 根据英文原义以及先辈的权威解释，姑且采用"论辩"。

论辩的核心是所提出的观点能够成立，能够被原本持不同观点的人同意。而之所以成立、被同意，关键是证据和由证据支持观点的论证过程。与论辩相关的

---

[1] 以上英文释义，均见于《朗文英汉双解词典》（外语教学与研究出版社，1996年版）。
[2] 夏丏尊，叶圣陶. 国文百八课[M]//叶圣陶. 叶圣陶教育文集5. 北京：人民教育出版社，2003：378-379.

概念的解释见表1-8。

表1-8 与论辩相关的概念的解释

- **论题**：有待解决的问题。
- **观点**：从某一特点角度对问题的看法。
- **断言**：未经过充分论证的看法。
- **论点**：通过论证得出的问题答案，建立在理由基础上的观点。
- **论证**：一项论证由一个结论和支持该结论的理由组成。
- **理由**：对我们为什么要相信某一特定结论的解释。
- **证据**：支撑理由的事实材料的报告。
- **报告**：叙述那些通过调查可以得到证实的信息。
- **推论**：根据真实信息描述眼下尚不知道的事情。
- **判断**：根据一定标准进行评估的结论。

论证的过程即逻辑推理，包括演绎推理、归纳推理和辩证推理等。推理要符合逻辑的规则。从另一面来看，也就是说，论证要避免思维的陷阱，比如"草率概括""倒因为果""错误类比""以权威为据""以无知为据""黑白思维""源于愤怒的论证""众所周知""相对主义""以错制错""转移注意力""夸张""含糊其词""嘲讽"，等等。[1]

理由 + 结论 = 论证。首先是理由，然后才是结论，这是论辩的首要规则。不能先选择观点，然后再考虑理由，否则就是"颠倒的逻辑"或"倒逆的逻辑"。

理由包括信念、证据、比喻、类比以及其他用来支持或证明观点的陈述。但信念、比喻和类比，只能作为辅助的理由。理由，归根结底依赖证据。因此，论辩的关键是要收集足以确立观点的优势证据。或者说，要收集在质量上明显优于相反、相对观点的证据。

证据的类型及可靠程度见表1-9。

---

[1] 关于思维的陷阱，在多种论述"批判性思维"的著作中都有列举，名称因人而异。如：Browne M N, Keeley S M. 学会提问——批判性思维指南 [M]. 赵玉芳，等译. 北京：中国轻工业出版社，2006；摩尔，帕克. 批判的思考 [M]. 余飞，等译. 北京：东方出版社，2007。

表1-9　证据的类型及可靠程度

- **直觉（我以为，我知道）：** 不可靠。除非有其他证据证明直觉建立在广泛的个人经验和知识基础之上。
- **自己的经验（据我所知，依我所见）：** 不可靠。
- **他人的证词：** 不可靠。需要对提供证词的人有充分了解基础上的可信任度进行评估。
- **个人观察（我看到）：** 较可靠。但必须通过其他观察者来验证。
- **事例（案例）：** 不太可靠。要评估案例是否典型，是否有代表性。
- **权威的意见：** 需要谨慎评估。权威的意见可能是错的，权威的意见往往相互矛盾。
- **常识（大多数人的意见）：** 不太可靠。其中往往隐藏着偏见。
- **类比：** 只能作为辅助证据。以两个事物已知的相似性为基础，得出关于另一方应该如何的结论，是建议性的。往往导致错误的类比。
- **统计数据：** 较可靠。要评估调查的数量、广度和随机性。
- **科学研究：** 最可信的来源之一。需要评估研究的质量。

四、实用文章阅读类型举隅

（一）信息性阅读

从"可胜任文本"获取信息，艾德勒称之为"不超越理解力的阅读"[1]。包括知道"去哪里找"的探测性阅读、知道"找什么"的搜索性阅读、知道"有什么"的检视性阅读等，通常都是快速阅读。

（二）理解性阅读

文章的理解性阅读，也称"分析性阅读"，它是文章阅读的主要类型。理解性阅读的目的是读懂文章说了些什么。理解文章的关键是抓住要点，而抓住要点要把握重要的语句。

然而，什么是重要语句？哪些是重要语句？没有笼统的答案。

中小学语文教学向来有抓住文章要点、理解文章重要语句的说法，但"记叙文""说明文""议论文"的知识框架导致"要点"和"重要语句"的抽象化。因此，

---

[1] 毛姆，等. 阅读的艺术[M]. 陈安澜，等，编译. 上海：上海翻译出版公司，1988：42-45.

试图用一种方法去抓住所有文章的要点、识别和理解所有文章的重要语句，其结果是造就了无所适用的"阅读方法"。

但也不是毫无规律可循。文章总是特定体式的文章；不同体式的文章有不同的特性，比如学术随笔、文艺随笔、杂文和学术演讲词等。不同体式的文章要求有不同的读法。

把握重要语句的前提是认识文章体式的特性。按照体式的特性去阅读，往往就能比较合适地判断重要语句的所在，把握语句的方式也会比较对头和到位。

（三）操作性阅读

操作性阅读的对象是讲述做事方法和行为方式的文章。

其重点在"怎么做"，或直接说明操作方法、行为规则，或通过做事原理、行为机制的阐述，指导人们合理地进行实践活动。

从阅读主体来看，操作性阅读有两种情形。

- 阅读中有操作。我们边阅读边操作，并努力把自己的阅读理解转化为具体操作，比如阅读电器使用说明书。
- 阅读后有行动。我们抱着实践的目的去阅读，并努力把自己的阅读理解落实到实践的行为中，比如阅读"如何欣赏中国文学"这类文章。

总而言之，操作性阅读不仅是求"知"，而且要去"做"；不仅是知道别人说了什么，而且要把别人的所说与自己的实践相关联。

（四）批判性阅读

批判性阅读是批判性思维的运用。

批判性思维是一种成熟的思考过程，它包括对其观点的相关证据进行评估，并最终从这些证据中得出合理的结论。

批判性阅读涉及互为关联的两个方面：一是阅读对象，二是阅读主体。

着眼于前者，批判性阅读的重点是对文章内容进行客观公正的评估，不妨将其称为"评估性阅读"。

着眼于后者，批判性阅读的重点是对自己的观念和思想进行理性的反思，亦可将其称为"反思性阅读"。

欧美学者认为,"有证据表明,在批判性阅读中存在一些专门的技巧"[1]。他们提出,发展下列技能,将有助于人们依据逻辑推理来评估书面材料。

- 区别因果关系和相关关系。
- 找出错误的比喻,这种错误是由比较项目之间缺乏可比较性造成的。
- 找出因没有考虑各种可能性而导致的错误的两分法。
- 找出没有充分证据的结论。
- 判断前提的准确性,并确定是否应做出该结论。
- 识别自相矛盾的地方。
- 识别不相干的问题。
- 识别过分强调事物的共性而忽视个性的做法。

(五)研究性阅读

研究性阅读指以研究问题为目的的资料阅读,简称"研读"。

研读大致包括两个方面。

- 综合运用"理解性阅读"和"批判性阅读",理解和评估别人的研究成果。
- 在"接受"的基础上谋求"创造",或在别人研究的基础上对问题做进一步研究,或应用别人的研究成果研究相关问题,或受别人研究的启发提出新问题并进行研究。

研究性阅读关注所讨论的主题,读者是为了研究"自己的问题"而读书。比如,为了弄清"中学'文学鉴赏'的含义是什么",而研读论述"文学鉴赏"的相关书籍和论文。

研究性阅读是"双线"并进的阅读:一条是我们对"作者的问题"的理解线路,另一条是我们对"自己的问题"的思考线路。

对"作者的问题"的理解,是理解性阅读和批判性阅读的综合运用。研究性阅

---

[1] 李维,等. 心理学大辞典:第1卷[M]. 杭州:浙江教育出版社,1995:520.

读的特点见表1-10。

表1-10 研究性阅读的特点

阅读的类型	阅读的目的	阅读时关注的问题
理解性阅读	准确把握文章的意思	文章说了些什么
批判性阅读	理性评估作者的观点	作者说得是否对

对"自己的问题"的思考，则是在接受性阅读基础上谋求创造。在接收的同时，寻求解决问题的思路：阅读这些材料，我想到了什么？它们对解决我所关心的问题有什么启示？

研究性阅读往往涉及大量的相关材料，梳理这些材料就进入了"同主题阅读"，即相同主题材料的比较阅读，有形的成果是"文献综述"。

（六）多重文本阅读

因阅读目的、任务，多篇文章相互联系，这也是阅读的常态。其阅读方式主要有以下四种。

- 互文阅读，如同一作者的有关联作品。
- 参读，如借助白话译文或多家解说理解古代经典名篇。
- 比照阅读，关注两个或两个以上文本的不同点。
- 同主题比较阅读，关注相同点和不同点。

比照阅读、同主题比较阅读，都是较高思考水平的阅读方式，其前提是读者能够较好地理解相关联的各个单篇文章。

第七节　文学鉴赏

文学鉴赏在语文课程中有两个指向：一是阅读领域，二是阅读取向。

作为阅读领域的"文学鉴赏"，是中小学语文课程"阅读与阅读学习"这一领域中与实用文阅读对举的一大门类或亚领域。相应的说法，有文学教育、文学课程、文学教学、文学阅读、文学阅读教学等。

作为阅读取向的"文学鉴赏"，指一种与实用文阅读有本质差异的阅读方式、阅读姿态以及相应的阅读方法。类似的说法繁多，如文学欣赏、文学解读、文学接受、文学反应、作品赏析、作品欣赏、文本解读、文本阐释、文本分析等。

一、含义随"文学作品"的指向而不同

文学鉴赏包含两个要素，即"文学"与"鉴赏"。"鉴赏"是主体的活动，标明阅读的取向及阅读方法；"文学"则指"文学作品"，是阅读的对象、鉴赏的客体。

古今中外的"文学作品"目前至少有以下四个指向。

- 诗歌、小说、戏剧等纯文学作品，包括古典文学作品、现代文学作品和译作。
- 中国古代散文，这里主要指中小学语文教材中的文言文。
- 现当代散文，含散文、随笔的译作。
- 现当代在言语表达方面较为出色的实用文章，包括原创与译作，简称"好文章"。

随着"文学作品"的指向不同，"文学鉴赏"的具体内涵各有不同。不同含义的"文学鉴赏"，其阅读取向及方法有可能大相径庭。

综合目前的研究，鉴于学习阅读的需要，对应于"文学作品"的不同指向，笔者对"文学鉴赏"的含义试做如下界定。

- 评鉴好文章的言语表达功力及效果。
- 理解古人情怀，赏析古文章法，感受文言美感。
- 体味精准的言语表达，分享作者在日常生活中感悟的人生经验。

- 以文学的姿态阅读诗歌、小说、剧本等文学作品。

二、"文学鉴赏"的不同指向

（一）评鉴好文章的言语表达功力及效果

实用文章具有现实的功用和目的，阅读时一般采取实用的阅读取向。比如阅读《怎样读古文》中"熟悉古人的行文习惯"这一节，自然会采用获取资讯的阅读方法。阅读的直接目的是理解文章所讲述的内容，实际上是理解它所言说的外部世界，即"古人的行文习惯"。

实用文章以逻辑性为先，以说清楚为第一要务。然而在"好文章"的阅读中，或许会渐渐注意到它"清透"的言语表达，从而生发赞叹愉悦之情。这样，实用取向的阅读便渗入评鉴的阅读方式。在阅读过程中及之后，在了解所介绍的古人行文习惯的同时，也对其言语表达留下深刻的印象，并从文学（文学性）的角度回味其言语。或许还会回看文章，从鉴赏的角度"玩味"其言语表达的功力及效果。

这样看来，对言语表达方面较为出色的实用文章的"鉴赏"主要有以下两种。

- 理解内容的同时，附带性地加入对其言语表达的留意和赏识。
- 在理解内容之后，对其言语表达做体验性的正向的评鉴。

评鉴，类似于认知目标分类学中的"评价"，即"依据标准做出判断"[1]。评鉴"好文章"所依据的标准来源于两个方面。

- 文章本身，主要是它通篇一以贯之的文体特色，这是"内部标准"。
- 读者自发的"外部标准"，来源于读者自身的写作经验以及与所读的同类文章相比较。

换句话说，能产生"鉴赏"的好文章往往与读者自己所要写的文章在体式上相同或相近，在与自身写作经验的比较中，读者能较自觉地意识到所读文章在言语表达上的功力。因此，"好文章"的评鉴往往带有写作"借鉴"的效用。

---

[1] 安德森，等. 学习、教学和评估的分类学[M]. 皮连生，主译. 上海：华东师范大学出版社，2008：72.

但评鉴与评价二者的性质不同。在阅读中,读者通常都要经历对文章的内容和形式方面的"评价",包括是好文章还是差文章,是从文学作品到应用性公文等所有文类中的哪一类。评价一般被认为是处在阅读活动"理解"之上的较高层次。对文章内容和形式方面的评价是阅读测试的通用项目之一。

然而,通常所说的"评价",即阅读测试所指认的评价能力,属于认知,是理性的、分析的,依据的是公认的"外部标准":"在评价语言形式时,读者根据语言惯例和篇章结构的知识,评估并分析篇章呈现意义的方式是否恰当和见效,发掘篇章在写作上的弱点或辨认出作者成功的手法。"[1]因为有统一的"外部标准",才使得不同学生对同一篇文章的评价可以分出不同的等级。

而评鉴所关注的言语表达功力及效果则是体验性的,所依据的标准是个人性的。这种差异提示我们得出以下结论。

- 学生自觉地借鉴某些文章的写法,意味着对所借鉴的文章进行过"文学鉴赏"。借鉴,表现为受其感染或启迪,可遇而不可求,它与功利性的套用不是一回事。功利性的套用其实是硬性地模仿——所套用或模仿的课文起"例文"的作用,或被当作学习"客体知识"的例子,或被当作学习写作的例子。
- 评鉴实用文章的言语表达由读者自发地产生,且因人、因时而异。因此它不是实用文章阅读必须学习的项目,也不可能被纳入阅读测试中。
- 依据公认的"外部标准"评价文章的形式,或语文教师在实用文章阅读教学中公式化地讲解文章的"写作特点、语言特色"与"文学鉴赏"没有关系。

(二)理解古人情怀,赏析古文章法,感受文言美感

语文教材中的文言文在当时多有具体的写作目的,比如《师说》《报任安书》《与陈伯之书》《陈情表》等。随着时代的变迁,具体语境中的实用性逐渐脱落,

---

[1] 谢锡金,等.儿童阅读能力进展——香港与国际比较[M].香港:香港大学出版社,2005:33.

已为陈迹的古文在后世转而成为学习"义理、考据、辞章"且"终以辞章为主"[1]的范文。

在现当代，文言写作逐渐绝迹，文言文或作为学习文言的语料，或作为中国古代文学的杰作而流传。对中小学生而言，古代散文原本具有的文章功能，在很大程度上丧失了。

阅读文言文，其实是学习文言文：由在场或不在场的教师帮助，在疏通文字的基础上，通过赏析章法考究处、炼字炼句处，理解古人的情怀——其所言志、所载道，其间贯穿对文言美感的感受。

下面以欧阳代娜老师执教的《岳阳楼记》为例进行说明。

第一阶段，疏通文字。与古代诗歌一样，阅读文言文有一个相对独立的解码阶段。

第二阶段，理解和鉴赏。重心是把握"思路与结构的美"，以及"备""异""二者"等关键词语。第二阶段的教学环节整理如下。

（1）（第一、二段），"抓住这一闭一合"，"备"与"异"。

（2）（第三、四段），基本放过，采用学生口译、教师指点关键或难懂的字词的方法来加深学生的理解。"在这里，我只轻轻地提出一个'小'问题：这两大段的景物描写作为承上启下的铺垫，写出作者所说的'异'了吗？"

（3）"对第五自然段的精雕细刻，是教学全过程中最关键、最核心的部分。抓住'或异二者之为'一句中的'异'字，以便把全文的思路贯穿起来；对'二者'含义的正确理解则解开了上面提出的'小'问题，从中可以领悟到作者构思的匠心。"

（4）抓住"微斯人，吾谁与归"，回顾全文，在归纳作者行文思路的基础上，深切地理解"先天下之忧而忧，后天下之乐而乐"的情怀。

---

[1] 傅庚生. 中国文学欣赏举隅[M]. 西安：陕西人民出版社，1983：10.

第三阶段，朗读和背诵，强化理解和鉴赏。尽管《岳阳楼记》中的大片写景、陈词套用向来被认为是"败笔"，但这并不妨碍现代人感受文言的美感。

综合上面的论述和课例，文言文（或许也应该包括古诗文）的"文学鉴赏"特点如下。

- 文言文阅读，借助在场或不在场的老师，其实是文言文学习。
- 学习文言文，有一个相对独立的解码阶段。先疏通文字，再在理解文意的基础上鉴赏，这是文言文和古代诗歌阅读中独有的情况。
- 古代散文作品的文学性主要体现在语言的锤炼和章法的考究上，章法考究处、炼字炼句处往往就是作者言志载道的关节点、精髓处。文言文"鉴赏"的理路，是通过对章法考究处、炼字炼句处的赏析，以理解古人的情怀，其间贯穿对文言美感的感受。

（三）体味精准的言语表达，分享作者在日常生活中感悟的人生经验

现当代散文是一个大家族，也是中国现当代文学中一个非常独特的文类，朱自清称之为"杂文学"。

现当代散文阅读当然是文学鉴赏，但对它的"文学鉴赏"与诗歌、小说、剧本等有实质性的差异，不宜混为一谈。

"体味精准的言语表达，分享作者在日常生活中感悟的人生经验"，这是对散文阅读（或散文鉴赏）的基本定位，这种定位是尝试性的。详细的讨论请参见本书第四章第二节"散文阅读教学设计"。

在这里有三点需要说明[1]。

- 并不是眼睛看散文或谈论散文的任何行为都是文学鉴赏。作为一种阅读取向及阅读方法，"散文阅读"或"散文鉴赏"有特定的含义。
- 散文的"文学鉴赏"不仅包括形式方面，还包括作者精准的言语，对细腻人生经验的贴切表达。读者体会优秀散文的精准言语，最后落实在对作者感悟到的人生经验的领会与分享。

---

[1] 这三点说明也适用于诗歌、小说、剧本等文学作品的阅读。

- "文字的解读与鉴赏活动是同步进行的"[1],以文学的姿态阅读文学作品,以散文鉴赏的样式阅读散文作品,其理解过程本身就是文学鉴赏。而文学阅读活动中或阅读后的"评价"则是一种理性的认知活动,与文学阅读或文学鉴赏不是一回事。较正式的"评价"是文学批评或文学评论。

(四)以文学的姿态阅读诗歌、小说、剧本等文学作品

正如不是所有看"散文"的行为都可称为"散文阅读"或"散文鉴赏",看诗歌、小说、剧本的行为也未必一定是"文学鉴赏"。

文学鉴赏首先是以文学的姿态面对虚构的文学作品。对于"以文学的姿态",阿德勒以三条否定性指令简要地进行了表述[2]。

- 不要试图抵制文学作品对你产生的影响。
- 不要在文学作品中寻找概念、命题和论点。
- 不要用外在的真实性和一致性去评论文学作品。

以文学的姿态阅读诗歌、小说、剧本等文学作品,主要指以下两种情形。

1. 浸润式地感知文学作品

- 接纳作者虚构的世界并浸润其中,享受阅读的过程和乐趣,这是文学鉴赏的基本样式。
- 感知由文字、声音唤起的形象和情感,而不仅仅是了解内容,这是文学鉴赏的主要标志。
- 充分地体验和分享文学作品传递的人生经验和语文经验,在具象化的感知中,"看到"作者对社会和生活的"观念"[3],并与自己的人生价值和生活意义相关联,这是文学鉴赏的较高境界。

---

[1] 傅道彬,于茀. 文学是什么[M]. 北京:北京大学出版社,2002:279.
[2] 阿德勒,等. 如何阅读一本书[M]. 蔡咏春,等译. 上海:上海译文出版社,1991:190-192.
[3] 杨文虎. 文学:从元素到观念[M]. 上海:学林出版社,2003:247-249.

2. 借助文学解读的工具或行家的指点，扩展、加深对作品的理解和感受

（1）文学研究已发展出文本解读的一系列工具，包括文学的观念、文学要素、文本解读理论、文学鉴赏的规则和策略等。

市面上标注"文学鉴赏""文学欣赏"的书籍大部分是指这一层意义上的文学鉴赏，比如《文学欣赏入门》《小说鉴赏》《外国小说欣赏》《英美小说欣赏导论》《中国现代经典短篇小说文本分析》《外国经典短篇小说文本分析》等。

学习并运用文学解读的工具，扩展、加深对作品的理解和感受，这是语文课程中"文学鉴赏"学习的主要内容。

（2）借助行家的指点，实际上是借助行家的眼睛看到自己原本看不到的地方、看不出的意思和意味。具体的讨论请参见本书第107—111页的"文学鉴赏教学的路径"。

三、关于"品味语言"和"有感情朗读"

"品味语言"和"有感情朗读"主要应用于文学鉴赏，以下两点是关键。

（一）品味语言，是发掘字词句中蕴含的意思、意味

在文学鉴赏中，"品味语言"不是一个独立的阅读过程，它与理解、感受同步进行。换句话说，理解、感受的过程就是品味语言的过程。

"品味语言"所要品味的，不是"用于积累"的脱离语境的所谓"好词好句"，而是那些在具体语境中贴切地表达意思、意味的字词和语句。所品味的，不是"好词好句"的"精彩"——给它们贴上"生动""传神"等标签，然后画出来并记住，而是这些字、词、语句在具体语境中的含义。

品味语言，实质是发掘文学作品中字里行间所蕴含的意思、意味。比如《散步》中"我的母亲又熬过了一个严冬"，有学生就品味出了"熬"的四层含义。

（1）母亲在那个严冬受到煎熬，现在终于挺过来了。

（2）我对母亲的深情关切。

（3）在这一严冬中，我对母亲身体的担忧。

(4) 我对母亲又健康地度过了一个严冬感到宽慰和欣喜。

(二) 有感情朗读，是感受由声音传递的意思、意味

朗读，既是理解、感受的过程，又是对理解、感受的表达。

朗读是诗歌的理解方式，对古代诗词的理解往往以有感情朗读为先决条件。现代散文，或要朗读；古代散文，非朗读不可。

朗读主要是读给自己听的。朗读的目的，是通过朗读感受诗歌、散文中由声音传递的意思、意味。文学的一部分生命就存在于它的声音里，存在于声母、韵母、声调、轻重缓急等语气、语调里。"你的耳朵不会抗拒你的眼睛所忽略的地方。诗中的节奏或是押韵的地方，能帮助你把该强调的地方凸显出来，增加你对这首诗的了解。"[1]这个道理，在散文中也通用。

朗读，除了剧本中的台词之外，主要不是表演给别人听的。有感情朗读与表演给别人听的朗诵不是一回事。

拓 展 阅 读

[1] 卡罗尔. 语言心理学 [M]. 缪小春，等译. 上海：华东师范大学出版社，2007.

[2] 梅耶. 教育心理学——认知取向 [M]. 林清山，译. 台北：远流出版公司，1996.

[3] 莫雷. 文本阅读信息加工过程研究——我国文本阅读双加工理论与实验 [M]. 广州：广东高等教育出版社，2009.

[4] 顾晓鸣. 阅读的战略 [M]. 上海：上海人民出版社，1987.

[5] 谢锡金，等. 儿童阅读能力进展——香港与国际比较 [M]. 香港：香港大学出版社，2005.

---

[1] 艾德勒，范多伦. 如何阅读一本书 [M]. 郝明义，朱衣，译. 北京：商务印书馆，2004：200.

[6] 艾德勒,范多伦. 如何阅读一本书[M]. 郝明义,朱衣,译. 北京:商务印书馆,2004.

[7] 尼特. 阅读:阅读技巧指南[M]. 贺微,等译. 重庆:重庆出版社,2004.

[8] 孔普. 如何高效阅读[M]. 张中良,译. 北京:机械工业出版社,2015.

[9] 比尔,等. 如何阅读:一个已被证实的低投入高回报的学习方法[M]. 刘白玉,等译. 北京:中国青年出版社,2016.

[10] 朗格. 想象知识:在各学科内培养语言能力[M]. 刘婷婷,译. 上海:上海教育出版社,2015.

[11] 朗格. 文学想象——文学理解与教学[M]. 樊亚琪,译. 上海:上海教育出版社,2015.

[12] 吉尔. 阅读力:文学作品的阅读策略[M]. 岳坤,译. 南宁:接力出版社,2017.

[13] 吉尔. 阅读力:知识读物的阅读策略[M]. 王威,译. 南宁:接力出版社,2017.

第二章

阅读教学的任务及其路径

阅读的自然单位是语篇。[1]澳大利亚的阅读研究专家乔纳森·安德森指出[2]："尽管阅读可以分析成次一级的技能，如分辨字母和辨识词语，但一次应用一个次级技能并不构成阅读。阅读可以说是只有在流畅的完整行为过程中把各个部分综合在一起时才会出现。"

语篇包括整本书、完整的篇章和相对完整的片段。这里讲的"阅读教学"主要是课文的阅读教学。以单篇课文为基本单位进行课文教学，在可预见的将来，将依然是我国中小学语文教学的主要模式和教学方法。

---

[1] 卡罗尔. 语言心理学[M]. 缪小春，等译. 上海：华东师范大学出版社，2007：154.
[2] 尼特. 阅读：阅读技巧指南[M]. 贺微，等译. 重庆：重庆出版社，2004：7.

第一节　对阅读教学的认识

"阅读教学"，通常指语文教科书的课文教学。阅读教学，就是建立学生与"这一篇"课文的链接。要理解这一点，首先要明白阅读教学中"课文"的特性。正是"课文"的特性内在地限定了语文教师的教学任务。

一、课文不仅是学习材料，而且是学习对象

阅读教学所说的课文与其他科目中的"课文"有一个本质的差别。

在其他科目中，"课文"即教科书的一章一节，"课文"仅是学习材料，而不是学习对象。地理课的学习对象，是地理现象及自然规律；数学课的学习对象，是数学的定理、定律；思想政治课的学习对象，是对人生和社会问题的认识；体育课的学习对象，是对健康的关怀和肢体运动的技能。在这些科目中，教材中的"课文"，即论述学习对象的文字，是学习的一种材料、一种途径、一种媒介，而不是学习对象本身。换言之，教学目标不是记忆、感受、解释、运用这些表述学习对象的文字，而是借助这些文字去记忆、感受、解释、运用它们所指称的学习对象，如地理现象及自然规律、对人生和社会问题的认识等。学生通过另一种教材，通过论述的另一些文字、通过"课文"以外的另一些媒介，通过"活动"等另一些途径，也能够学到他们需要学的东西，有时还可能学得更好。

但阅读教学离不开课文。阅读教学的课文不仅是学习材料，而且是学习对象。《走一步，再走一步》《生命，生命》《心田里的百合花》《安塞腰鼓》这些课文，都是独特的文本，是任何其他媒介，如电影、图片、实物等不可替代的，是任何"谈论勇敢""珍爱生命""百合精神""安塞气概"的其他文章难以置换的。学生对这一文本的阅读、理解、感受——包括对特定文字所传递的人文精神的感悟，对表达独特思想情感的语句中所展现的语文知识的理解——是任何其他途径，如戏剧化表演、主题讨论会、各种资料展示等所不能拥有的。[1]

---

[1] 在阅读教学中，戏剧化表演、主题讨论会、各种资料展示等，均是教学的辅助手段。其运用是否有效，判别的标准在于是否能够加深、丰富对课文的理解和感受。

概言之，学生所面对的学习对象，就是"这一篇"特定的课文；学生所面临的学习任务，是理解、感受这一特定文本所传递的作者的认知情感，是理解、感受这一特定文本中与独特认知情感融汇于一体的语句章法、语文知识。

二、课文中包含可能高于学生现有语文经验的因素

学生是阅读的主体。学生面对一篇课文，比如《背影》，凭借他们的生活经验和语文经验，产生他们的理解和感受（如图2-1所示）。

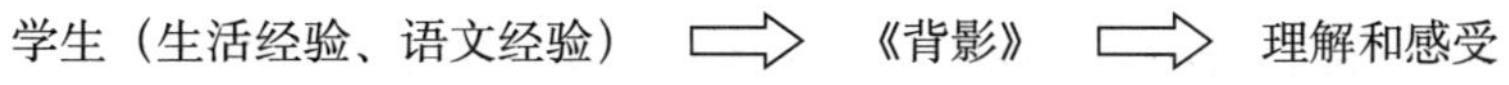

学生（生活经验、语文经验）⇨ 《背影》 ⇨ 理解和感受

图2-1 理解和经验的产生

然而，学生的理解可能不正确；学生的感受可能不到位。因为阅读教学中的"这一篇"课文，包含着可能高于学生现有语文经验的因素（如图2-2所示）。或者这样说，由于语文经验的局限，学生不足以理解、感受课文中作者所传递的生活经验。

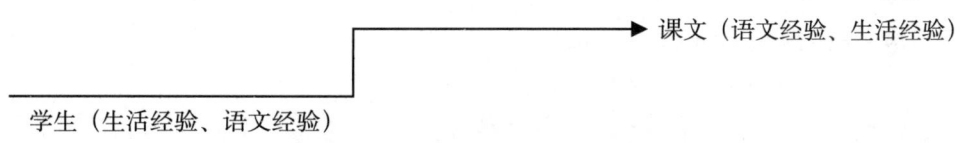

图2-2 课文所涉及经验高于学生经验

对阅读来说，语文经验的不足在小学低段主要体现在文字方面，所谓"生字生语"；在小学的中高段以上，尤其到了中学，随着阅读材料的日益复杂和阅读类型的扩展，这种不足体现在字词、语句、段落、篇章以及文学、文章乃至文化的种种方面。

一方面，对课文的理解、感受，是学生的理解和感受；另一方面，对课文，学生可能理解不了、感受不到、欣赏不着。这是在阅读教学中普遍存在的现象。

理解不了、感受不到、欣赏不着，可能受制于生活经验，比如百科知识的不

足,但决定性的因素却在于阅读过程中的阅读行为:之所以产生不对头的阅读结果,往往是因为阅读行为不合适、不得法。

这样,在阅读教学中,学生就面临以下两个相辅相成的学习任务。

● 丰富、扩展生活经验,获得与课文相符合的理解和感受。
● 丰富、扩展语文经验,学习与课文理解和感受相呼应的阅读行为,核心是阅读方法。

对于"与课文相符合的理解和感受",不同的阅读类型可能有不同的解释,因而需要对具体课文进行具体分析。然而有一点是明确的,对课文的理解和感受,有"可被接受"的准则:所理解的,应该是文本中含有的;所感受的,应该是文本直接引发的。或者这样说,"可被接受"的阅读结果,根源于"可被接受"的阅读方法。这种或那种理解和感受之所以合理,是因为它可以从"如何读出"这种或那种理解和感受,即阅读的方法,做出合理的解释并能与别人交流、分享。

三、建立学生与"这一篇"课文的链接

在阅读教学中,"课文"的上述两个特性内在地限定了语文教师的教学任务。而语文教师的教学任务就是引导和帮助学生更好地阅读,具体地落实在学生所面对的"这一篇"课文(如图2-3所示)。

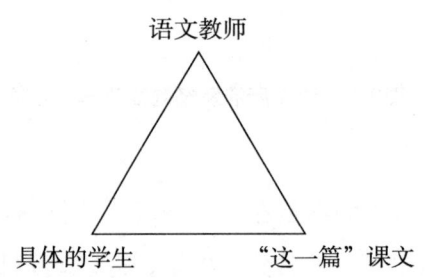

图2-3 语文教师、学生和课文的关系

相应于学生的学习任务,引导和帮助学生更好地阅读也是相辅相成的两个方面。

● 使学生获得与课文相符合的理解和感受;

- 使学生学会与课文理解和感受相呼应的阅读方法。

"引导和帮助",表明语文教师在阅读教学中的指导作用。语文教师是学生与课文的中介,阅读教学要建立学生与"这一篇"课文的链接。在教学设计阶段,建立链接包括两个主要事项。

1. 找准链接的点,即确定教学内容,明了学习任务

要有效地建立链接,语文教师必须在相互关联中考量阅读主体和阅读对象。

第一,谁读。是初一的学生、初二的学生,还是初三的学生?是城市重点校的学生,还是农村偏远地区的学生?总之,要面对具体的学生,关注学生的学情。

第二,读什么。是一篇小说、一首诗歌,还是实用文章?是鲁迅的小说、沈从文的小说,还是欧·亨利的小说?总之,面对的是某一特定的文本,要研读这篇课文(如图2-4所示)。

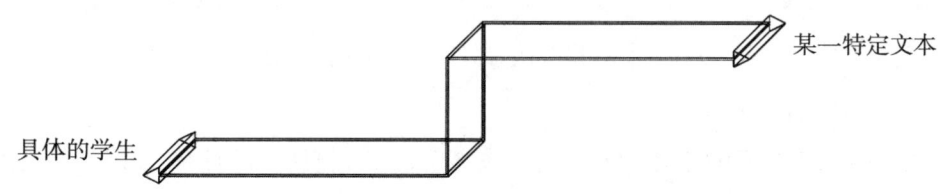

图2-4 具体的学生与某一特定文本的关系

研读课文,也就是课文的教学解读,包括以下内容。

- 这一特定文本,最要紧的是什么地方?文本的关键点在哪里?或者说,这一特定文本的特质何在?
- 理解、感受、欣赏这一特定文本的关键点有哪些?或者说,如果发现文本的关键点,用怎样的阅读方法才能获得与课文相一致的理解和感受?

关注学情,在这里主要指分析学生在教学之前的阅读状况:课文的哪些地方他们自己能理解、能感受、能欣赏?哪些地方或许理解不了、感受不到、欣赏不着?

根据研究,学生理解不了、感受不到、欣赏不着的地方,往往就是课文中最要

紧的地方，即某一特定文本的特质所在之处。[1] 这样，就能合理地建立学生与课文的链接点。链接点对教师来说，是教学内容；对学生来说，是学习任务。

2. 设计链接的通道，即教学的方式方法

在教学内容确定、学习任务明了的前提下，接下来便可以设计链接的通道。链接的通道对教师来说是教学环节和步骤，包括教学组织和教学方法；对学生来说是学习的进程，包括学习方式的运用。

建立学生与"这一篇"课文链接的主要事项，也就是阅读教学设计的主要事项：确定合宜的教学内容，组织有效的教学环节。

因此，阅读教学，即使是文言文的阅读教学，也绝不是平铺直叙、字词句篇面面俱到地"讲课文"。阅读教学，也不仅仅是学生多读几遍课文而已。

四、阅读教学的重要原则

建立学生与"这一篇"课文的链接，引导和帮助学生更好地阅读。这句话蕴含着阅读教学的重要原则。

（1）无论是在阅读教学之前、之中或之后，对一篇课文的理解、感受，始终都是学生这一阅读主体的理解和感受。

语文教师必须把握以下两个要点。

第一，学生在阅读。阅读教学不是语文教师讲述自己对课文的理解和感受。

在阅读教学中，因教学的需要，语文教师有时要讲述自己对课文的理解和感受，或者转述教学参考书对课文的分析结论。这种讲述，目的是促使学生加深、丰富对课文的理解和感受，而不是要学生记住教师或教学参考书上对课文的几句结论性的话语。

第二，在阅读教学之前、之中或之后，学生对一篇课文的理解、感受应该有明显的变化。

换言之，原来理解不了的，通过这堂课，理解到了；原来感受不到的，通过这

---

[1] 王荣生．"以'学的活动'为基点的课堂教学"系列讲座[J]．语文学习，2009（9/10/12），2010（1/3/5）．

堂课感受到了；原来欣赏不着的，通过这堂课欣赏到了。这种变化，在阅读教学的过程中，学生应该能明确意识到并表现出种种迹象；在阅读教学之中或之后，如果采用合适的手段和方法，应该能够进行检测。

（2）在阅读教学中，学生阅读的，是"这一篇"课文；学生要获得的，是与课文相符合的理解和感受。

语文教师必须把握以下三个要点。

第一，阅读教学以课文的理解、感受为界。

在阅读教学中，因教学的需要，语文教师有时会从课文延伸到社会生活中的种种现象。这种延伸目的是为了促使学生加深、丰富对课文的理解和感受。

在语文课堂上，借助课文所引发的话题，谈论教师个人对社会生活种种现象的认识，或许有必要，但它与阅读教学无关。

第二，凡是作者要表达的，在文本中已经表达了。

阅读教学一般不需要语文教师在文本之外再做延展，尤其是在"思想感情"方面。

"思想教育"的价值，是经过严格审定的语文教科书选文自身所具有的价值，获得"与课文相符合的理解和感受"，也就获得了"思想教育"。

文学作品，尤其是抒情性作品，其情感与作品的语言文字相联系，体会情感就是理解、感受作品的语言文字，不需要语文教师额外加力，比如激情、夸张地"讲课"、多媒体的渲染等。

第三，与课文相符合的理解和感受，来自与课文理解、感受相呼应的阅读方法。

在阅读教学中，尤其要强化阅读结果的"可被接受"，强化阅读结果和阅读方法的一致性。这两个方面相辅相成，尽管就具体的课文来说，不同功能的选文在教学中可能会有所侧重。比如，定篇类型的课文主要是文学经典作品，学生的主要学习任务是熟知经典，理解和感受经典作品的思想情感和艺术价值，因此对课文的理解结果，就可能凸显出来；而例文类型的课文，是通过课文学习语文知识，侧重点当然要落到阅读方法上。

第二节　阅读教学的基本路径

"路径"有两层含义：一指如何达到目的地的道路；二指做事的诀窍，找到解决问题的途径，与"门路""门道""门径""路数""线路"等同义。

"教学的路径"是比喻的用法，包含教学目标、教学内容及组织、教学方式和相应的教学法等。阅读教学的路径描述了建立学生与"这一篇"课文的链接点和链接通道。

阅读教学，基于学生的"学"。从学生阅读能力的现状和发展看，在班级授课制的教学情境中，阅读教学的基本路径有以下三条（如图2-5所示）。三条路径，殊途而同归。

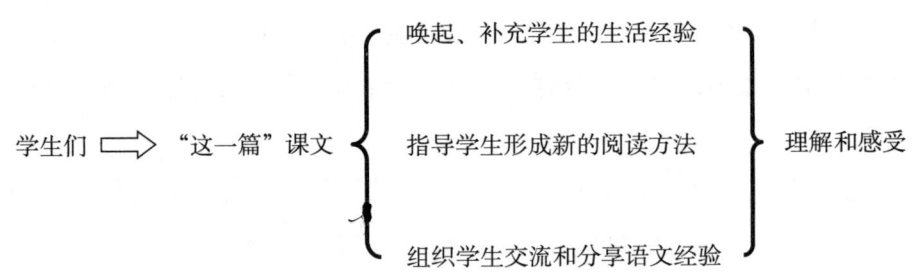

图2-5　阅读教学的三条基本路径

一、唤起、补充学生的生活经验

学生之所以对一篇课文理解不了、感受不到、欣赏不着，原因之一是他们的生活经验及百科知识的不足。他们或者缺乏必要的生活经验及百科知识，或者受制于自身的生活经验及百科知识而陷入"我向思维"[1]，或者没能将生活经验及百科知识与阅读这一篇课文发生真切的关联。上述状况往往交织在一起。

这里先看一个课例。《童年的馒头》（聂作平）第二段是这样交代背景的：

---

[1] 指"自我中心"的思维倾向，即自以为是。

第二章 阅读教学的任务及其路径

如今的幸福生活使我欣慰,不过有时心底也会泛起一缕儿时的苦涩。

那时候,娘拉扯着我和妹妹,家里穷得叮当响。我在五里外的村上小学,六岁的妹妹在家烧火做饭,背着那个比她还高半截的竹篓打猪草,娘起早摸黑挣工分,日子清贫得像一串串干枯的空笼花。

这里有好几个词语,学生理解时可能会有问题,尤其是城市里的学生:打猪草、空笼花、工分。

在我听的那堂课中,就有小学生举手提问:"老师,'工分'是什么意思?"马上有位同学自告奋勇:"我知道,'工分'就是钱很少的意思。我爸爸妈妈挣工资,是'元',10元、100元。他妈妈挣得很少,只是几分钱。"

不了解"工分",也就不能明了"那时候"的具体所指,因而难以理解课文所记叙的事情。

"六一"儿童节学校每人发三个馒头,"我"信誓旦旦"妹妹一个,娘一个,我一个"。但在放学回家的路上,却自己独吞,吃得"连馒头屑也没一星了"。

"怎么看这件事?"老师提问,学生纷纷评价:"这孩子贪吃!""不诚实!说话不算数!"

学生的发言告诉我们,他们不但不了解"那时候"这个大语境,也没明白"我在五里外的村上小学"这个小语境。这堂课是在上海听的,或许有的小朋友算得很快:五里等于两公里半,不到出租车起步价,好近哦。不知"那时候",不知五里羊肠小道的漫长,就无从体会"我"在吃那两个馒头时的激烈的思想斗争;对妈妈为什么要在这一天倾全家的白面,蒸"五个白中带黄的大馒头",也会莫名其妙。

理解不了,也就感受不到,更别说欣赏。这篇散文的种种笔法,必然视而不见,"日子清贫得像一串串干枯的空笼花",这个刻意的认知性比喻完全失效。

《竹影》(丰子恺)的第二段主要是写景。

天空好像一盏乏了油的灯,红光渐渐地减弱,我把眼睛守定西天看了一会儿,看见那光一跳一跳地沉下去,非常微细,但又非常迅速而不可挽救。正在看得出神,似觉眼梢头另有一种微光,渐渐地在那里强起来。回头一看,原来月亮已在东天的竹叶中间放出她的清光。院子里的光景已由暖色变成寒色，由长音阶（大音阶）变成短音阶（小音阶）了。门口一个黑影出现，好像一只立起的青蛙，向我们跳将过来。来的是弟弟的同学华明。

"由暖色变成寒色，由长音阶（大音阶）变成短音阶（小音阶）"，这个独具丰子恺特色的比喻，显然是刻意而为之。它是这一段的点睛之笔：使一处日常的景色平添艺术的情调；又与后面的"画竹影"遥相呼应，成为课文前后两部分关联的扭结。

然而，这个比喻，对大部分人来说，很可能视若无睹、听而不闻。

这样，学生就需要教师的引导和帮助。

有很多种办法。寻常的办法，是语文教师做"背景介绍"或"知识介绍"。比如"工分"，往往要借助实物、图片等其他媒介，尤其是多媒体；比如，让学生看一看"暖色"，看一看"寒色"，想象"由暖色变成寒色"；给学生听一听"长音阶"，听一听"短音阶"，再听一听"由长音阶变成短音阶"，在想象中把音乐转化为画面色彩。

有时还可插入体验性的活动，比如在回家的路上感受"在五里外的村上小学"。

阅读教学中的"背景介绍""实物展示""互动体验""多媒体课件"以及一些"拓展性资源"的运用，主要目的之一就是唤起、补充学生的生活经验。运用准则是：只要能唤起、补充学生的生活经验，促进学生对课文的理解和感受，就是妥当的，反之则不妥当。

学生的生活经验及对所学科目知识储备的不足，在中小学其他科目中也是常态，因此上述种种办法，在其他科目的教学中也常用。阅读教学的特殊性在于语文教师的"语文意识"。换言之，语文教师往往不满足就事论事地解决课文的这一处，而是将这一处的解决放置在阅读方法、阅读策略的背景中。借助这一处的解决，或明或暗地让学生领略阅读方法、阅读策略。

比如上面的例子，仅仅介绍"工分"指什么恐怕不够。语文教师应该从这里看出学生阅读的问题，并有针对性地加以引导和帮助：精读课文，遇到陌生的名词，应该查词典或请教别人。在阅读课文的时候遇到名词，不能望文生义，也不能用在语境中推测词义的办法。或者还可往上延伸：用一个标志性的事物，落实"那时候"的虚指是一种有意味的笔法，而标志性的名词构成文本的语境。

上面两例均涉及认知性比喻，如"空笼花""长音阶变成短音阶"。

由此可以看出，对认知性比喻的喻体缺乏感知，会造成理解和感受的严重缺失。因此，教师有必要指导学生，尤其在诗歌、散文阅读方面，对越陌生的认知性比喻就越需要关注，必要时可借助实物、图片等辅助学生理解和感受。

二、指导学生形成新的阅读方法

对课文理解不了、感受不到、欣赏不了，主要是由于语文经验不足，即学生没能掌握与特定文本相呼应的阅读方法。用心理学的术语来讲，是缺乏相应的图式。

正如语文教师常说的，"要教会学生如何阅读""授人以鱼，不如授人以渔"。培养学生的阅读能力，指导学生形成新的阅读方法，这是阅读教学的主要路径。

按照"指导学生形成新的阅读方法"的路径，教与学相对理性，教什么、学什么都比较明晰。下面看一个例子。

董承理老师执教的《读〈伊索寓言〉》[1]

一、问题情境

"这篇文章是讲什么的？作者写这篇文章的目的是什么？"

学生对课文的初步理解产生了分歧，"一种意见认为本文是批评某些社会现象的，另一种意见认为本文是谈用寓言教育孩子的，还有一种意见认为课文是用来纠正寓言的幼稚和简单的。"

二、介绍知识

很多时候，仅仅有横读是不够的，还需要竖着读，就是按照前后顺序，把文章的话题一个一个地串起来，连成有机的整体，这就是全文的思路。

---

[1] 郑桂华，王荣生. 语文教育研究大系（1978~2005）：中学教学卷[M]. 上海：上海教育出版社，2007：127-132.

三、尝试运用

(1) 现在，我请一位同学来谈谈这篇文章有哪些话题，是怎样串起来的。

(2) 我们看看，作者"纠正"了9个寓言的浅薄，它们有什么共同点吗？

(3) 从这三则寓言来看，我们大致可以获得这样的印象：寓言故事和作者所说的社会现象根本是两回事。作者"纠正"这些寓言目的何在？

四、进阶入门

(1) 这篇文章是从哪里选出来的？你们猜猜看，《写在人生的边上》这本书是讲什么的？

(2) 了解《写在人生的边上》这本集子的大环境，应该能够帮助我们准确判断《读〈伊索寓言〉》是讲什么的。

五、提炼小结

"现在，我请同学们总结一下这节课所学的检测方法。"

"看文章的思路""看话题是怎样发展的，把它们连成一个整体""靠近文章，仔细阅读原文，品味原文的语言，分析作者的写作意图""再拉开距离，看作者的写作背景，看文集里其他文章的相关内容，看文章的环境"。

"指导学生形成新的阅读方法"，也就是让学生学会阅读的知识和技能。从上面这个例子中也可以看出，教知识，并不等于讲术语。好的知识教学，是教师心中有知识，口中无术语。

三、组织学生交流和分享语文经验

有一些课文离学生的语文经验较近，与学生业已形成的或应该具有的阅读方法较为合拍。用心理学的术语来讲，学生具备可以利用的相应阅读图式，或只需要对图式精细化，或对图式做具体化的微调。

用这样的课文组织学生交流和分享语文经验是一条较好的路径。

在班级授课制中，学生是学习的共同体。学生既是学习者，也是重要的教学资源。在交流和分享中，学生相互触发，教师择机点拨，学生往往能获得新的语文经验，加深、丰富对课文的理解和感受。

下面来看郭初阳老师执教的一个课例。

你
一会看我
一会看云

我觉得
你看我时很远
你看云时很近

这是顾城的一首诗——《远和近》，是小学六年级学生的阅读材料，没有标题。学生课前没有预习。这节课的教学环节包括以下三部分。

一、请学生读几遍，尽快背下来

学生自己读、自己背，然后教师请一组学生一个一个地背，其他学生听了五六回，或许也默默地背诵了五六遍。

【专家评议】朗读是诗歌的阅读方式，也是理解诗歌的过程，在朗读中不断丰富诗意的感受。这首短诗看起来平易，能读易记是其体式的特点。诗歌教学往往要在学生能读会背的基础上进行。

二、请学生依据课文画一个几何图形

学生们不甚理解，教师在巡视时，发现一位同学画的是三角形，就请他画在黑板上并向其他同学解释。

教师问："为什么是三角形呢？"

他回答："因为这首诗说到三个事物——你、我、云。"

教师又问："为什么'我'与'你'这条底线画得这么短呢？"

他回答："因为'我'与'你'挨得很近。"

教师接着问："怎么知道俩人挨得近呢？"

他回答："从诗里看出来的：'你'的一举一动每个表情神态，'我'都能清晰地感觉到,说明他们挨得很近。"

教师最后问:"那么'云'呢?这条线该画多长?"

有几个学生在下面议论:"应该冲破教室的屋顶!"

【专家评议】学生画的三角形实际上是对这首诗的字面意思和语义结构的理解。教师通过这种方式促使学生把文字转化为形象。

三、请学生给这首诗拟一个最有创意的标题

分小组讨论,每个组派代表把各自拟的标题写在黑板上,同组同学解释为什么是这个标题。九组共拟了九个标题,其中,两组拟的是"距离";有一组学生看来对诗标题的感觉不对,拟了一个很长的题"看起来很近其实很遥远",也是距离的意思;其他组的标题分别是"障碍""自然""优美"等。

先讨论"距离",黑板上的三角形是物理的距离,而诗中表现的是"心灵的距离"——"我觉得"这三个似乎很平常的字,学生读出了诗的意味。

再讨论"障碍",一女生站起来就说:"这两个人有问题哎!"老师追问:"是两个什么人?男生还是女生?"学生很肯定:"一个男生,一个女生。"老师又问:"'我'是男生还是女生?"学生同样很肯定:"男生!""是个什么样的男生?"学生七嘴八舌地说:"内向""敏感"……学生们读出了诗歌抒情主人公的形象。

接着讨论"自然",那组学生表达了两层意思:第一,"这首诗写得很自然",也就是对诗的形式感的把握。第二,"这首诗是在大自然里写成的",可以静静地看云而不被打扰,那一定是一个幽静的、风景优美的地方。他们推测作者是在写实、是当场创作的。这固然因为学生对写诗的经验不足,但歪打正着,读出了这首诗的背景。

最后讨论"优美",理由也是两个:第一,"这首诗很优美",看起来是对诗歌节奏的语感;第二,"这首诗的意境很优美"。

教师在讨论中择机谈论自己的阅读感受,出示顾城的图片,介绍评论家对顾城诗歌的评价。

【专家评议】这是一首"朦胧诗",朦胧诗的阅读,重心是打开诗歌丰富的内涵。学生分组拟标题,就有可能打开这首诗的种种侧面,揭示出诗歌的意义和意味。尽管由于学生人生经验和语文经验的不足,这首诗所蕴含的一些意味他们目

前无法感知，比如这首诗的哲理，它与卞之琳《断章》的互文，六行大白话何以产生诗的意味甚至成为诗歌中的精品，等等。但是，由于诗歌多元理解的空间较大，学生们依据自己的经验，在交流和分享中，能够读出他们能读出的东西来，甚至读出了成年读者读不出来的味道——笔者曾经多次问语文教师，他们的直觉认为"我"是一个男生，这就是阅读视野的差异。总之，通过郭老师精心组织的"拟标题"活动，学生们对这首诗的理解和感受加深了、丰厚了，也或多或少地学到了阅读诗歌，阅读现代诗、阅读朦胧诗的方法。

上面阐述了阅读教学的三条基本路径。需要说明的是，在研究中，三条路径泾渭分明；但在具体的教学中，路径之间有贯通、有交叉。

对语文教师来说，重要的是要清晰地把握一篇课文教学的主要路径。一篇课文的教学，应根据学生的学情，依赖其中一条作为主要路径，并择机采用其他路径。

第三节 阅读教学的其他路径

上述三条路径基于学生阅读能力的现状和发展，是阅读教学的基本路径。然而，由于文本体式的多样、阅读类型的不同以及与语文学习诸种领域的关联，基本路径未必能涵盖阅读教学的所有状况，因此，我们需要从不同角度对阅读教学加以观照。

这些观照，或者是对基本路径的细致化，或者指出别样的路径。在一些情况下，上面所强调的阅读教学的原则也会出现例外，因而需要进行有条件的修正。

一、文学鉴赏教学的路径

从语文教师的指导行为看，"文学鉴赏教学"有三种：引（引起）学生欣赏、带（带领）学生欣赏、教（教练）学生欣赏（如图2-6所示）。

"教学生欣赏"，就是"指导学生形成新的阅读方法"。"带学生欣赏"与"组织学生交流和分享语文经验"不同。"引学生欣赏"，则可能是文学鉴赏教学所独有

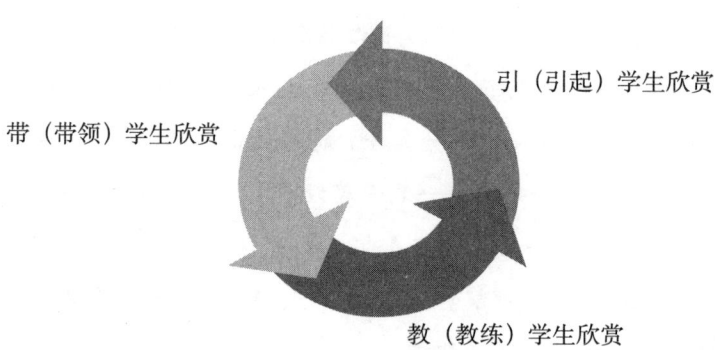

图2-6 三种文学鉴赏教学

的,而且也不限于课文教学。

(一)引(引起)学生欣赏

李广田曾这样定义文学欣赏:"喜欢读并且读了以后觉得喜欢。"[1]喜欢读的前提是要愿意去读。教科书中的课文、推荐的课外读物,有些是优秀作品、是经典,但学生或许不喜欢、不愿读,经常浅尝辄止,感觉味同嚼蜡,甚至感到厌恶。事实上,越是经典的作品,可能离学生的生活经验、语文经验越远,学生或许越不会主动去阅读,也越不能自然而然地喜欢。中学最显著的例子就是鲁迅的一些作品。这就需要语文教师想办法,让学生感觉到作品的好,从而愿意与好作品亲近。

"引学生欣赏",语文教师似乎是站在作品后面,其任务是"引起",用种种办法引领学生自愿地"走近文本""走近经典"。

这种种办法,归根结底是迂回的办法。教师要用学生愿意的、喜欢的方式,让他们进入作品,尽管这些方式似乎是"非文学"的。或者可以这样说,学生进入作品时所采用的阅读方法,不是这一作品通常的阅读方法。然而,在进入作品的过程中,学生能够获得一些文学阅读的经验,或多或少也能够感受到文学的魅力。

---

[1] 李广田. 谈文艺欣赏[M]// 李广田. 中国现代作家选集. 北京:人民文学出版社,1984:229.

比如《鲁滨逊漂流记》，有教师布置学生做"小课题研究"，研究该岛的气候、地貌、动物、植物、食物等。学生们很有兴趣，他们借助网络等资源来验证小说中的相关描述，结果有不少同学感叹："作家真是厉害，小说中所写的，与这座岛的真实情况竟然一一吻合！"换句话说，他们对小说家的文学创作、对文学作品的虚构获得了真切的理解。

我们再看一个《天山景物记》的课例。

教师创设了一个奇妙的教学氛围，师生按照课文描绘的游踪，去游览天山奇丽的景物。教师让学生选择自己喜欢的景物片段撰写对联，大家一起做一番"文人旅游"。于是，生动活泼的场景出现了，同学们吟联评对，热闹得很。……一节课上完，同学们吟出了好多副对联。且不说场面之热烈、群情之激奋，仅从对联的提炼看，就可以想象同学们是如何深深地进入课文，咀嚼和领略课文意境的。

（二）带（带领）学生欣赏

"带学生欣赏"的"带"，其准确的含义，应该在"带领"和"代替"之间。语文教师似乎站在学生与作品的中间，学生透过教师的眼睛来看作品：原来他们看不到的地方，借助教师的眼睛，或许看到了；原来他们感受不到的东西，受教师的感染，或许有感受了。在"也看到""也有感受"的同时，他们或许多多少少能领悟一些阅读方法、文学鉴赏的方法。

"引学生欣赏"，适用于学生难以进入的作品。"带学生欣赏"，主要适用于这样一种情况，即学生虽然能读作品，但却难以读出它的好处来。"带学生欣赏"也有种种办法，其中之一是范读。下面来看一个课例。

有位老师在上《卖火柴的小女孩》一课时，开始范读，入情入景，学生感动得热泪盈眶。随后，她指导学生朗读，学生反复朗读了几遍课文。老师问学生："还需要讲吗？"学生齐答："我们懂了，不需要讲了。"

我国传统的评点，其作用往往也是"带读者欣赏"。从以下的例子可以看出。

(1)《国风》云:"爱而不见,搔首踟蹰。""瞻望弗及,伫立以泣。"其词婉,其意微,不迫不露。此其所以为贵也。(张载)

(2)写武松打虎纯是精细,写李逵杀虎纯是大胆,如虎未归洞,钻入洞内,虎在洞外,赶出洞来,都是武松不肯做之事。

(3)为什么作者只用"红的绿的"和"满是头"把演员和观众一笔带过呢?原来作者跑进戏园的当时,最先引起他注意的是几个红的绿的,而且仅仅是几个红的绿的,也不辨他们是什么角色,扮演的是剧中的什么人物,只觉得红的绿的这么一闪烁罢了。他依据当时的感觉写下来,就是"几个红的绿的在我的眼前一闪烁"。接着引起他注意的是许多头,而且仅仅是许多头,也不辨他们是何等样人,作何等的神态,穿何等的服装,只觉得他们挤满了台下罢了。他依据当时的感觉写下来,就是"便又看见戏台下满是头"。

(4)(汪曾祺说鲁迅《祝福》中"我"与"四叔"见面时的一段文字:"……但是,谈话总是不投机的了,于是不多久,我便一个人剩在书房里。")"剩"是余下的意思。有一种说不出来的孤寂无聊之感,仿佛被世所遗弃,孑然地存在着了。而且连四叔何时离去,也都未觉察,可见四叔既不以鲁迅为意,鲁迅对四叔也并不挽留,确实是不投机的了。四叔似乎已经走了一会儿,鲁迅方发现只有自己一个人剩在那里。这不是鲁迅的世界,鲁迅只有走。

从点评到讲解,只有一步之遥。"带学生欣赏",极端的情况是"代学生欣赏"。在作品明显高于学生的语文经验,语文教师又确有真知灼见的情况下,讲解甚至"一讲到底",有时也能达到好的效果。比如,黄玉峰老师执教的《世间最美的坟墓》[1]就几乎一讲到底。

"带学生欣赏",与其说是学生在阅读、在欣赏,不如说是教师在阅读、在欣赏。因此容易出现"带"不动学生,最终演变为语文教师自顾自讲,"代替"了学生的阅读。从这里可以看出,语文教师的"讲"和"问",也是有准则的:语文教师

---

[1] 郑桂华,王荣生.语文教育研究大系(1978~2005):中学教学卷[M].上海:上海教育出版社,2007:192-197.

的"讲",要引发学生更好地理解、感受课文;语文教师的"问",要促使学生思考、探究课文的意思或意味。

(三)教(教练)学生欣赏

"教学生欣赏",语文教师似乎站在学生的边上,像教练一样,指点学生应该注意作品的这个地方,应该这样阅读,应该读出这些东西来。

"教学生欣赏",即"指导学生形成新的阅读方法"的基本路径。在文学阅读教学中,是指导学生形成诗歌、小说、戏剧等文学作品的阅读方法,使学生自觉地训练文学鉴赏的"眼力",以期获得对作品更高的理解和更深的感悟。

二、选文功能及相应的路径

选文的功能,指一篇课文在语文教材和语文教学中派什么用场。选文功能的研究,主要是对语文教材尤其是语文教科书的编撰策略进行研究,也涉及语文教师如何处理教材。基于对中外语文教材的研究,研究者目前已鉴别出语文教材选文的五种功能,即定篇、例文、样本、用件和引子。选文的五种功能为语文教科书的改善提供了理论的依据,也指引着阅读教学的路径。有些教师依据"选文功能"处理教材取得了显著成绩,如深圳市龙岗区"基于选文类型与任务分析"的学案教学。[1]

(一)把课文当"定篇"教

当"定篇"教的课文,是文学、文化的经典,或素有定评的名家名篇,比如鲁迅的作品、语文教科书中的古诗文。

学生学习这些课文的主要任务就是熟知经典,透彻地领会课文本身,从而积淀为文学、文化的素养。

换言之,学生的学习任务,是深入地理解、感受这些经典名篇,理解和感受它们何以是经典,理解和感受它们超越时代的思想、情感和杰出的艺术表现力。"定

---

[1] 参见:倪岗.语文学案教学的理论与实践[M].北京:语文出版社,2010.

篇"的教学离不开读与背，同时不能止于读与背，关键也不在于一字不漏地读与背，而是要真切地领会，切身地理解其魅力乃至伟大。但这并不意味着一定要"喜爱"这些作品。

一般来说，经典作品明显高于学生的语文经验，包括他们的生活经验和思想水平，要使学生真切领会往往要借助外力。

外力包括创设易于理解和感受的情境（有时要借助多种媒介），提供对理解和感受有促进作用的权威的解读资料，提供构成互文的相关作品以及语文教师在切身感受和较充分参考研究资料基础上的讲解。

"定篇"类型的教学，往往要经历"引学生欣赏""带学生欣赏"以及参读相关材料等过程，并辅之以"唤起、补充学生的生活经验""组织学生交流和分享语文经验"等路径。所以会用较多的教学课时。下面来看一个课例。

皋玉蒂老师执教《世间最美的坟墓》一文，不是传统的教法，而是一次系统的"组织教学"。在第一阶段她设计了一个宏阔的阅读计划（第一周布置）：课外阅读——罗曼·罗兰《名人传》、茨威格《昨日的世界——一个欧洲人的回忆》、托尔斯泰《复活》、谢尔盖《往事随笔》。

第二阶段（第八周进行），品读课文：首先，从语音的层面上品赏课文——给课文配音乐，学生提供5首乐曲，大家研究哪一首最适合这篇课文的意境；其次，从情感的层面品赏课文，就课文某些问题进行对话交流；最后，从哲理的层面上品赏课文——生与死、自然与人、简单与深刻、朴素与宏伟，她将拿破仑、莎士比亚、托尔斯泰的坟墓图片投影展示出来，进行对比，进一步突出主题。

第三阶段是主体性写作：创新作文——我心中的文化伟人；比较性研究——东西方墓地文化的异同。据说，上完这节课后，参与这一活动的学生都热泪盈眶。这样的教学的确使学生学到了很多知识。

（二）把课文当"例文"教

如果把"定篇"类型的阅读教学称作"教课文"，那么"例文"类型课文的阅读教学则是"用课文教"，即通过这篇课文的阅读使学生学会与这篇课文相呼应的阅读方法。

把课文当"例文"教，相当于"指导学生形成新的阅读方法"的路径。

一篇课文可以做各种例子，除当作学习阅读的"例文"这个基本路径外，常见的还有以下两种情形。

1. 当作学习"客体知识"的例子

语文知识大致可分两类：一类指涉客体，比如语言知识、文学知识、文章知识等；一类指涉主体与客体的交往活动，比如阅读知识（核心是阅读方法）、写作知识（核心是写作策略）、口语交际的知识等。

在语文课堂，学生主要是学习后一类知识，目的是提高听、说、读、写的能力。

然而，一方面，主体与客体的交往，必须要对客体有较充分的了解。阅读知识与语言知识、文学知识、文章知识等联系密切，有的还是形成阅读方法的基础。另一方面，语言知识、文学知识、文章知识等，在语文学科有其自身的学习价值。

这样，有些课文在课文教学的某些时候，就可能被当作语言知识、文学知识、文章知识的说明样例。比如朱自清的《背影》，可以学习字、词、句、篇、语、修、逻、常，可以作"抒情"例，可以作"叙述"例，可以作"第一人称的立脚点"例，等等。

在这种情形下，课文其实已经不是完整生命的"作品"，而是一堆解说相关知识的"语料"；我们所经历的，其实已经不是完整语篇的理解、感受，而是对从完整语篇中抽离出来的某个方面、某个片段、某个语句，即某些"语料"的相对独立的理解或感受，尽管从理解、感受完整语篇的角度看，这是"肢解课文"。

把课文当"语料"，用课文来解说静态的语言知识、文学知识、文章知识，这跟阅读教学不是一回事，有时甚至与阅读教学无关。但有时它又属于阅读教学的一部分。"客体知识"的教学有可能成为"指导学生形成新的阅读方法"的有机构成部分。

那么，怎么分辨？这里有四个要点。

- 要区别是提到某个知识，还是在教这个知识。例如"比喻"，如果学生以前学过，那就是提到这个知识的术语；但如果学生以前不知道"比喻"，或者语文教师这次说到这个术语的时候，增加了一些新的东西，那就意味着在教这个知识。
- 如果语文教师觉得在这篇课文的教学中，确实要教某个知识或某几个知识，那就要把它教透。但是，教师不能误认为把"课文当作'语料'来教"，就是在进行阅读教学——一篇课文的教学未必一定都在教阅读，正像一堂语文课未必每分钟都在教语文。
- 某个知识或某几个知识，虽然与理解、感受课文没有直接关系，但语文教师觉得用这篇课文来教比较合适。如果出现这种情况，建议不要穿插在阅读教学中，尤其不能胡乱地混在一起，而宜把它处理为这篇课文教学中相对独立的一个部分。
- 只有当这个知识正是理解、感受这篇课文的关键点的时候，或者它与理解、感受这篇课文的关键点有直接关联的时候，教授这个知识才是阅读教学，才能成为阅读教学的有机组成部分。换言之，学生缺乏这个知识，对课文的理解、感受，就可能很不到位；具备了这个知识，并把它用在当下的课文阅读中，理解和感受就会发生明显的变化。阅读教学中通常所说的"随文教知识"指的就是这种情况。它是语文知识"随文教学"的第一个内在依据。

下面看一个课例。

理解"风筝"的象征意义

杭州市天杭实验学校　陈洁

【教学过程】

一、以"花语游戏——移情于物"导入

花本身是不存在任何意义的，它的意义只是人们主观赋予的。以"花语游戏"导入就可以把抽象的"象征"具体化。从具体到抽象也有利于后面指导学生理解

"象征"的概念。

二、知识铺垫

1. 解读古今诗文中出现的"月亮"的象征意义。……以上列举的诗文中出现的"月亮"本身并不包含任何意义，之所以能够代表"思念""爱情""团圆"等，只是人们的主观赋予。由于人们所要表达的主题不同，就可以在它的身上赋予多种内涵，即"一种事物可以具有多种象征意义"。

2. 解读余光中《乡愁》一诗中"物象"的象征意义。作者在诗中借助"邮票""船票""坟墓""海峡"等日常事物，抒发了浓浓的思乡之情，而这些事物本身是不具备"乡愁"这一内涵的，这也只是人们的主观赋予。据此可以让学生明白"一种情感可以借助多种具有象征意义的事物来表达"。

三、解读文本中"风筝"的象征意义

1. 概述文本的主要内容。

作者在文章中记叙了少年时的一段回忆，以及成年后由这段回忆引起的深深的忏悔。

说明：对文本内容的理解是解读文本中"风筝"的象征意义的基础。一句话的概述是想让学生真实地说出阅读的最初体验。

2. 运用"少年时，风筝是＿＿＿＿＿＿＿＿＿"的句式说一说"风筝"在"我"的回忆中的象征意义（可以从弟弟的角度，也可以从"我"的角度。给学生一个固定的句式，既是对学生语言表达的一种规范，也是为后面的教学环节做一个铺垫）。

3. 根据学生的回答，教师指导将其组合成一节小诗。

示例：

    风筝是什么

    是少年时的呵斥，责备的眼神

    支离破碎的哭泣

    在故乡的竹院，尘封的小屋

4. 快速阅读"成年后的忏悔"部分，解读"风筝"在"我"的忏悔中的象征意义，试试完成一节小诗。

示例：

　　　　　　风筝是什么
　　　　　　是成年后的自责，深深的忏悔
　　　　　　心永远地沉重
　　　　　　在异地的空中，肃杀的严冬

说明：之所以指导学生将各自的表达组合成一首小诗，是因为散文与诗有相通之处，散文选择的象征事物往往也可以成为诗歌中的意象。同时，上一环节中对于表达句式的规范也有利于诗节的形成，对学生理解"风筝"的象征意义也是有帮助的。

5．根据对文本中"风筝"的象征意义的理解，进一步完成自己创作的小诗并且相互展示自己的作品。

四、"象征"文章阅读

1．再次阅读前四个单元的课文，寻找运用"象征"手法的篇章或者语段。

2．阅读鲁迅的《药》，教师讲解"药"及小说中人名等的象征意义以开阔视野。推荐阅读高尔基的《海燕》。

2．当作学习写作的例子

有些与学生写作类型比较接近的课文，有时比较适宜教写作。换言之，阅读的着眼点是其"作法"——如何写作某种体式的文章或文章的某种写法，如"细节描写"等。这与通常所说的"仿写"有相通之处。[1]下面这篇课文的"作法探究"，可以让学生具体地感知"童话故事"的写作技巧。

《一片槐叶》作法探究[2]

1．本篇故事是真实的还是虚构的？为什么？

2．一个完整的故事应包括前因、经过、结果。你认为本篇符合上述要求吗？

---

[1] 参见下文"'读写结合'的路径"。
[2] 中国语文：教师版[M]．香港：香港教育图书公司，1998：19-20．

试加以说明。

3. 本文除了叙述故事外，有没有说理的成分？试从下面四项中找出一个符合本篇写作手法的答案。

（1）只叙述故事，并无说理。

（2）先叙述故事，然后说理。

（3）一面叙事，一面说理。

（4）透过故事寄寓一些道理。

4. 课文中有很多对话。这些对话有什么作用呢？试从下列各项中找出正确的答案。

（1）能令故事中的人物更加生动传神。

（2）具体地表现了故事中人物的性格和思想。

（3）便于把它改编成剧本或广播剧。

（4）加强趣味性，使文章不会流于单调、平淡。

5. 语气词包括"呢""吗""吧"等，它们附在句子末尾，表示句子的语气。下列句子中加有着重号的语气词表示什么语气？

（1）"好孩子，听娘的话吧！"

（2）"下去有什么好呢？"

（3）"绿色的荷叶哟！"

（三）把课文当"样本"教

把课文当"样本"教，基本上是"组织学生交流和分享语文经验"的路径。在文学作品的教学中，那些结合"唤起、补充学生的生活经验"的路径还常有点"带学生欣赏"的味道。

关键的地方是，语文教师在进行教学设计时，要专业地预料学生们阅读"这一篇"课文可能出现的问题和困难，并找到相应的对策。在教学中，教师要及时地应对学生现场出现的问题和困难，包括语言、文学、文章等语文知识问题。这是语文知识"随文教学"的第二个内在依据：如果学生在学习过程中提出语言学等方面的知识问题，语文教师应该及时应对。

在阅读中出现困难时,学生未必都会在课堂里提出来;在阅读中出现问题时,学生往往未必能意识到。回应学生的问题,也不是对学生的提问一一作答;教师要对问题进行分析和处理,然后归类解决。下面看两个课例。

钱梦龙老师执教的《故乡》[1] "导入新课"

(上课之前,钱老师委托金华市教研员布置学生自读课文,提出疑问。但钱老师到金华时却被告知"学生已看过课文,没有问题",于是立即补上了一堂"提问指导课",结果全班共提出了600多个问题。)

师:昨天,同学们书面提出了许多问题,都提得很好。有两位同学提了二十多个问题,又多又好。大家提的问题涉及课文的各个方面,我把它们分为七类。

(板书)

一、一般疑问
二、回乡途中的"我"
三、闰土
四、杨二嫂
五、宏儿和水生
六、离乡途中的"我"
七、写景

大家提了这么多问题,第一步走得很好。那么,第二步该怎么走呢?大家说说看。

生(齐):解决问题。

师:好。在解决大家提出的问题之前,我先来考一考大家:《故乡》是在什么时候写的?

生:1921年。

师:很好。那么,在1921年的10年前,我国发生了一次很大的社会变动,是什么?

---

[1] 钱梦龙. 导读的艺术[M]. 北京:人民教育出版社,1995:165-191.

生：辛亥革命。

师：《故乡》写的就是辛亥革命后10年间的事。那么，当时的社会情况怎样呢？……我提醒一下，可以联系本学期读过的鲁迅的另一篇文章《一件小事》，它的写作年代和《故乡》差不多。回忆一下，《一件小事》写到了当时的社会状况没有？怎么写的？

生：其间耳闻目睹了许多所谓国家大事：袁世凯称帝、张勋复辟……

师：很好，袁世凯、张勋是什么人？

生：卖国贼。

师：对。是卖国贼、是军阀。当时辛亥革命的成果被军阀夺走了，辛亥革命有局限性。那么，农民问题解决了没有？

生（齐）：没有！

师：怎么知道的？

生：从《故乡》里可以看出来，农民生活日益贫困。

师：对，当时的农民是日益贫困的。这就是《故乡》的时代背景。明白了这个问题，我们就可以来解决同学们提出的各类问题了。现在，请你们先提出第一类问题——一般疑问。

步根海老师执教的《合欢树》[1]（节录）

师：《合欢树》读过没有？（生答：读过了）读过了，那么我们看看有什么问题。我说过三类问题，请大家提出来讨论。先自己看看，拿出笔写写。如果已经想好了，或者举手，或者站起来。（学生看书、思考、做笔记后开始提问）

生："我心里一阵抖"，为什么作者不愿去看小院子，后来又后悔前两年没有去看，后悔但始终没有去看？

生：也是第9页，为什么最后一段说"有一天那个孩子长大了，会想到童年的事，会想起那些晃动的树影儿，会想起他自己的妈妈，他会跑去看看那棵树。但他

---

[1] 郑桂华，王荣生. 语文教育研究大系（1978~2005）：中学教学卷[M]. 上海：上海教育出版社，2007：206-209.

不会知道那棵树是谁种的,是怎么种的"?

师:也就是"孩子"在这篇文章里有什么寓意。

生:题目是"合欢树",为什么前面大部分都没有讲到合欢树,最后一小部分才讲到合欢树,这棵合欢树到底代表着什么?

师:包含两个问题,一个是结构上的,一个是它的内涵。

生:第8页,"我摇车离开那儿,在街上瞎逛,不想回家""我摇着车在街上慢慢走,不急着回家",这两处作者的心情有何不同?

师:"摇车""不想回家""悲伤也成享受",怎么理解?

生:第8页倒数第4段第3行,"'你小时候的作文不是得过第一?'她提醒我说。"母亲提醒他是不是因为母亲对他的写作实在没有信心?

师:提醒的目的何在?

生:为什么小时候作文获奖,他对母亲说,而母亲却急着说她自己,可当他20岁时,母亲又提起他作文获奖的事,而且记得那么清楚?

师:还有没有?(没有学生再举手)没有了。……在讨论之前,我们进一步感受一下这篇文章。请一位同学读一遍好不好?(一学生读全文)

师:刚才听了朗读,在我们讨论这些问题之前再想想,读了这篇文章,你觉得作者究竟想表达怎样的感情?

生:自己对母亲的思念,对童年的回忆,回忆与母亲度过的时光,对母爱的赞颂。

师:大家是不是都读出了这样的内容,有没有读出其他东西来?合欢树就是抒发对母亲的感情,表达对母爱的崇敬。是不是?

生:我觉得他对母亲还有一丝丝的愧疚和遗憾。母亲前面为他付出了很多,但当他获奖时她没有看到;母亲对他表示关怀时,他对母亲的态度始终不是很好。

师:一个是对母爱的歌颂,一个是表露对母亲的愧疚。还有没有?没有没关系,慢慢地体会。

生:对生命延续的思考,母亲、我、又延续到那个孩子,他也在合欢树下成长。

师:好,这个我们慢慢体会。我们先从对母亲的怀念这个角度入手……

……

师：……接下来的内容是我们要思考这棵"合欢树"。我们要进行两个思考。第一个思考是结构上的思考——为什么把合欢树放在最后出场？第二个思考是思想意义上的思考——作者通过合欢树究竟想表达什么？

……

生：我明白了，树是母亲的寄托，希望孩子像合欢树一样产生奇迹；树也是一种思念的凝聚，是儿子对母亲的寄托。

师：你理解得很好，树还是母亲形象的另一种表现形式。读到这里，为什么说"悲伤也成享受"，这个问题应该迎刃而解了吧。

生：悲伤里有对过去的回忆和对人生的思考。

师：是的，悲伤里凝聚着回忆、凝聚着思考、凝聚着对生命的认识，这个在登门采访的记者的七嘴八舌中是感受不到的。因此，作者写合欢树恐怕不仅仅是在表达对母亲的回忆、歌颂母爱的伟大，还通过对母亲的怀念写出了对母爱的认识，从而感受到生命的意义！

（四）把课文当"用件"教

由这篇课文引发去做其他事情，或者用这篇课文做与它相关的听、说、读、写活动，这就是把课文当"用件"教。"用件"类型的课文已经从学习对象退化到学习材料。把课文当"用件"教，已经不是阅读教学中常规意义上的"学课文"。

但这也不能说与阅读教学无关。当这篇"用件"所引发的事情是阅读相关的材料，或者用这份学习材料去阅读其他材料，就有可能发生阅读学习，从而有意识地使学生学到新的阅读方法、阅读策略。

曹勇军老师执教的《个人与集体》[1]就是一个适宜的课例。

---

[1] 曹勇军. 照亮课文，点燃学生——《个人与集体》教后谈[J]. 语文建设，2002（4）：39-40.

【课时一】

1. 课前预习，分析全文12个段落的段落层次；列出课文结构提纲，两人板演、讨论，"完成对课文的整体把握"。

2. 全班齐读10~12段，"要学生用自己的话概括，说说文中'个人与集体'的关系"，师生讨论，明确三点：(略)。概括起来就是：集体需要杰出的个人，个人必须服从集体。

3. 补充王小波《个人尊严》一文，要求课后阅读，概括文中的基本观点。

【课时二】

1. 交流阅读王小波文章的心得体会，师生讨论其观点。

2. 学生分组讨论，"你认为这两篇文章的观点截然对立吗？为什么？"一石激起千重浪，学生们热烈讨论，最后形成共识——年代不同、写作对象不同、写作目的不同，因此两篇文章的侧重点也不同。

3. 然后提出第二个思考讨论题："你认为当今社会个人与集体应该是什么关系？"各小组认真讨论后，推举代表发言。

4. 留作业《个人与集体新说》，"再一次品尝思想收获的喜悦"。

这是一堂成功的阅读教学课，在热烈的讨论活动中，学生们学习了互文阅读，认识到议论文论题的针对性，并真切地感受到了要理解议论文，必须将它们放到特定的背景当中，而不是对其"观点"正误进行抽象的评判。

（五）把课文当"引子"教

把课文当"引子"教，特指"由节选引向长篇作品""由选篇引向整本书阅读"。

语文教科书中的课文，有些是长篇作品的节选，有些是出自名家的作品集。这些课文往往被处理为相对独立的单篇，在教学中除了加上一点关于作家、作品的背景性介绍之外，其他方面与单篇作品几乎没有什么差别。这可能是有问题的。

长篇节选的作品，其基本的教学指向应该是立足这一节选，引导学生更好地阅读长篇作品或整本书。

对长篇作品的阅读、整本书的阅读，在小学语文教学中取得了显著的进展，这从窦桂梅老师执教的"《西游记》之《三打白骨精》"中可见一斑。

《西游记》之《三打白骨精》

教学思路

1. 利用小说中"环境"的描写，渗透《西游记》中的环境描写。
2. 借助小说中"情节"的研究，探究《西游记》的写作特色。
3. 通过小说中"人物"的评价，导读《西游记》的意义主题。

但在中学，这方面的可观课例并不多。在中学阶段，语文课程标准中的"课外推荐读物"与课内的阅读教学基本上是隔绝的，这种情形需要改变。把课文当"引子"教，有助于打通课内阅读教学与课外阅读的链接，应积极提倡。

选文功能或课文类型，除了上述理论研究之外，还有一种实践的表达，体现为语文教科书的编撰，其中"精读课文""略读课文""自读课文"的做法较为通行。但关于这三类课文的教学路径研究目前较为缺乏，实际的做法主要是与"课时"挂钩——通常的情况是，"精读课文"2～3课时，"略读课文"1课时，"自读课文"不占课时，往往被理解为"不用教"的课文。

三、"读写结合"的路径

"读写结合"，包括远距离的"结合"，所谓"熟读唐诗三百首，不会作诗也会吟""读书破万卷，下笔如有神"。但语文教学中所讲的"读写结合"主要是"近距离"的，体现在一篇课文的教学中。"读写结合"根据教学的主要目的，可以分为以下两条路径。

（一）写作介入阅读（以写促读）

教学的主要目的是学习阅读。在阅读教学中，语文教师穿插图表、摘要、提要、概述、摘抄、缩写、改写、扩写、续写、读后感、评论等写作活动，以促进学生更好地理解和感受课文。

比如教学《包身工》时，教师就可以设计下面这些写作活动。

（1）写出本文的摘要，或缩写，或概述。

（2）根据课文的情境，就"芦柴棒"的命运续写一段文字，预测一下"芦柴棒"的结局。

（3）就《包身工》的语言特色、人物性格、写作特点进行鉴别判断，写出一篇文章。

（二）阅读延伸写作（以读促写）

教学的主要目的是学习写作，主要包括以下三种情况。

- 课文是写作的材料来源。比如课文《包身工》，如果教学目的是学会图表、摘要、提要、概述、摘抄、缩写、改写、扩写、续写、读后感、评论等写作样式，那么这篇课文仅仅是写作的材料来源，换成另一篇课文，比如《范进中举》，一般不会影响教学活动的开展。
- 课文是写作命题的触发点。有时相当于"话题作文"的材料，一般是在阅读教学之后，延伸出相应的写作活动。比如，根据《假如给我三天光明》（海伦·凯勒）拟题："海伦·凯勒说，'一旦失去了的东西，人们才会留恋它。'请以此为话题，写一篇作文，题目自拟。"又如，根据《爱莲说》拟题，"你最喜爱哪一种花？为什么？请描写它的特色。"
- 课文是仿写的对象。相当于前文所说的把课文当作学习写作的"例文"。

拓展阅读

[1] 叶圣陶. 叶圣陶语文教育论集[M]. 北京：教育科学出版社，1980.

[2] 叶圣陶，夏丏尊. 国文百八课[M]// 叶圣陶. 叶圣陶教育文集5. 北京：人民教育出版社，2003.

[3] 章熊. 思索·探索：章熊语文教育论集[M]. 北京：人民教育出版社，

2002．

[4] 章熊．中国当代写作与阅读测试[M]．成都：四川教育出版社，2000．

[5] 王荣生．语文科课程论基础[M]．北京：教育科学出版社，2014．

[6] 王荣生．语文课程与教学内容[M]．北京：教育科学出版社，2015．

[7] 王荣生，倪文尖．高中语文实验课本(试编本)[M]．上海：上海教育出版社，2007．

[8] 钱理群，孙绍振，王富仁．解读语文[M]．福州：福建人民出版社，2010．

[9] 陈日亮．如是我读：语文教学文本解读个案[M]．上海：华东师范大学出版社，2011．

[10] 孙绍振，孙彦君．文学文本解读学[M]．北京：北京师范大学出版社，2015．

第三章

教学内容的选择与教学环节的展开

语文教师备课,关注点主要是两个:第一,合宜的教学内容。教学内容要正确,要适合学生的学习需要,要给学生学习较大的帮助。第二,有效的教学设计。教师所设计的教学环节、教学方法,要有效地使学生达成教师设定的教学目标。

第一节 依据文本体式确定教学内容

文本体式即语篇类型、篇章类型，大致相当于体裁。

"体裁"，即读者的语篇类型的图式；将语篇类型的图式作为阅读的首要因素，古今中外几乎没有例外。"任何阅读对作品的具体理解都与体裁的限制密不可分，读者假设他手上的文本属于某一体裁，该体裁所特有的种种规范让读者有可能对文本所提供的资源进行筛选和圈定，然后通过阅读使之现实化。"[1]

一、概念：阅读、阅读能力与阅读教学

这里有必要重温几个概念：阅读、阅读能力与阅读教学。应该说，这几个概念语文教师都非常熟悉，但是笔者觉得有必要重新梳理一下。因为这几个概念是我们讨论、研究阅读教学的起点。

阅读，指的是阅读的活动。"从稍微狭窄的意义上来说，阅读意味着对某一特定文本进行解码和解释的具体而自愿的行为。"[2]在这段话里，我们应该特别关注"某一特定文本"这几个字。

笔者把这段话转化成图3-1。

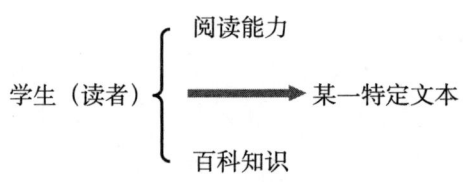

图3-1 解读"阅读"的概念

图的左边是学生——特殊的读者；学生面对某一特定文本，如诗歌、小说、戏剧等。学生运用他已经具备的阅读能力和百科知识（生活经验），理解、感受文本，

---

[1] 孔帕尼翁. 理论的幽灵——文学与常识[M]. 吴泓缈，汪捷宇，译. 南京：南京大学出版社，2011：148-149.

[2] 迪克. 作为话语的新闻[M]. 曾庆香，译. 北京：华夏出版社，2003：145.

也就是上面所说的"解码""解释"。

举一个例子。有这样一张便条:

"亲爱的,你放在冰箱里的两颗葡萄,我把它吃了。"

现在如果由一位小学生来读这张便条,那么要理解它,就得依赖两个方面:

(1)阅读能力。比如识字,如果不认识"冰箱""葡萄"几个字,就难以理解这个便条所说的内容。

(2)生活百科知识。如果学生不知道什么是"冰箱",什么是"葡萄",如果学生连"吃"的意思都不了解,那么这个便条也是无法理解的。学生要运用已有的阅读能力和生活百科知识来理解文本。

现在把这个便条稍加变形,成为如下文本。

亲爱的
你
放在冰箱里的
两颗葡萄
我
把它吃了

便条变成了诗歌。现在学生怎么来读呢?很显然,学生不可能把它当作便条来读,而要依据其诗行的排列方式,也就是说,依据其已有的阅读能力,把它当作诗歌来读。

从这个例子可以看得很清楚,阅读是对某一种特定体式和特定文本的理解、解释、体验、感受。阅读是一种文体思维——阅读便条是一种方式,阅读诗歌是另一种方式。阅读能力是具体的——阅读便条是一种能力,阅读诗歌是另一种能力。

（一）阅读能力

什么是"阅读能力"呢？我们把它区分为两个方面。

1. 阅读取向

阅读取向即"哪一种阅读"，它由读者的阅读目的决定。比如，以考试为目的与以研究为目的，因其不同的取向，就会有很不相同的阅读姿态和阅读样式，这是阅读主体的"哪一种阅读"的差异。

有段时间，语文教学中有个错误的口号，"不要把语文课上成文学课"。意思是说，教材里的一篇篇文学作品，不能把它当作文学作品来理解、感受、欣赏，而要把它当作学习读写记叙文的材料。这种特殊的阅读取向形成了一种奇怪的阅读姿态和阅读样式。

2. 阅读方法

阅读方法和文本体式关联密切。阅读诗歌、戏剧、小说有不同的方法；阅读古典小说、现代小说也有不同的方法。也就是说，每次阅读都是运用适合于这种体式文本的阅读方法。

我们可以回头去读一读刚才给出的两则材料。一则材料是便条，我们采取什么阅读取向呢？实用取向。我们使用什么阅读方法呢？信息获取的方法。另一则材料是诗歌，我们采取文学欣赏的取向，要运用适合于诗歌的阅读方法。阅读方法简单地说就是，对于这种体式的文章应该看（注视点）什么地方，从这些地方能看出（解码和解释）什么来。

概括起来讲，"阅读能力"约等于"阅读取向"+"阅读方法"。

第一，抱着什么样的目的、以怎样的姿态看待文本。是实用的目的，还是文学欣赏的目的，抑或是研究的目的呢？

第二，在这个文本的什么地方看出什么东西来。是从一张便条看出它的基本信息，还是从诗歌中看出它的诗意和诗味？

（二）阅读教学

什么是"阅读教学"呢？笔者把图3-1改造成图3-2。

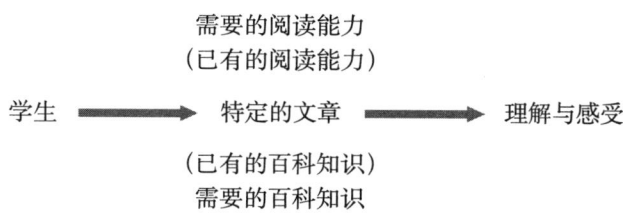

图3-2 解读"阅读教学"的概念

中间部分,是学生阅读特定的文章后,产生了自己的理解与感受,这是一条主线。对阅读教学来说,这条主线非常重要,是学生的理解与感受,是具体的学生同特定的文本相遇后所产生的理解与感受。

理解与感受如何产生呢?是依靠他(她)已经具有的阅读能力,比如对文字的理解、对诗歌这种文学体式的认识等,还有相应的百科知识,也就是我们平常所讲的"生活经验"。学生凭借他的生活经验、百科知识和已经具有的阅读能力,阅读一个作品,产生了自己的理解与感受。这就是上面说过的"阅读""阅读活动"。

现在之所以需要语文课,之所以要用阅读课来教学生阅读,是因为学生的理解需要提升、感受有待丰富。那么如何来提升和丰富学生的理解与感受呢?从图3-2来看,大致有以下三条路线。

- 提供学生理解、感受所需要的百科知识。
- 帮助学生增进对文本的理解与感受。
- 指导学生形成所需要的阅读能力。

第一条路线,从图3-2的下方看,学生可能缺乏必要的生活经验、百科知识,即缺乏必要的背景知识。所以他对文本的理解出现了一些障碍,对文本的感受产生了一些隔阂。"阅读教学"要提供帮助学生理解、感受文本的百科知识和背景知识。

第二条路线,看图3-2中间这部分,学生阅读特定的文本,形成自己的理解、感受。教师通过讲授、问答、讨论等,让教师和学生、学生和学生相互交流,以突破个人理解的局限,丰富对特定文章的理解与感受,帮助学生增进对文本的理解与感受。

第三条路线是语文教师最为关注的，在图3-2的上方，教师培养学生"需要的阅读能力"，即他（她）此前尚不具备的阅读能力。

此前尚不具备的阅读能力是什么呢？我们刚才把"阅读能力"区分为两个方面：第一个方面是阅读取向，即"哪一种阅读"。第二个方面是阅读方法，即"如何阅读"，应该看这个文本的什么地方并看出什么东西来。培养学生"所需要的阅读能力"，实际上要做以下两方面的工作。

- 指导学生抱着合适的目的去看待特定的文本。比如说，按照诗歌的方式去阅读诗歌，按照小说的方式去阅读小说，按照文学欣赏的方式去阅读文学作品，等等。
- 指导学生在特定体式的文本里，能从重要的地方看出所传达的意思和意味来。比如，教师在指导学生阅读时常说："要解题，题目是文章重要的地方。"在教散文时常说："夹叙夹议，议论的部分是重要的部分。"题目、议论的地方等就是需要看到的地方，从文本中看到这种体式应该看到的地方。

我们再把几个概念归纳一下。

- 阅读，就是对某种特定体式文章的阅读，对具体作品的阅读活动。
- 阅读作品，抱着什么样的目的、持什么样的姿态，称为"阅读取向"。在这种体式的文本里看什么地方，从什么地方看出什么东西来，称为"阅读方法"。
- 阅读教学有三条线路，其中最主要的是指导学生形成"所需要的阅读能力"，这实际上要求教师做两件事：第一，培养学生用合适的方式看待特定的文本；第二，指导学生在这种文本中去看什么地方，从什么地方看出什么东西。

二、文本的教学解读：依据体式

通过对上面三个概念的梳理，我们形成了这样的认识：对一个具体作品、具体文章的理解，要依据它的文章体式。

第三章 教学内容的选择与教学环节的展开

什么是合适的文本解读呢？即要符合下面两个要求。

- 对这种特定体式的文本，阅读取向要"常态"。也就是说，像正常人、像能读这样作品的人那样去阅读。
- 要运用符合特定的文本体式的阅读方法。比如，以符合诗歌阅读的方式、符合戏曲阅读的方式等来阅读。

当下，语文课堂教学中存在的问题主要是教学内容的问题，而教学内容的问题往往根源于教师的文本解读。也就是说，教师在解读文本时出现了一些问题和偏差，正是这样的问题和偏差导致了教学内容的失误甚至错误。比如教学《背影》，却没有按照散文的体式来阅读散文作品，类似的状况大量存在。

许多人都在讲，进行阅读教学，教师的文本解读能力是关键。而这并不是说语文教师的文本解读能力差，更多的情况是语文教师自觉或不自觉地采取了不合适的解读方式，导致解读的偏差或错误。

下面举一个教材的例子。

在教学郭沫若的作品《天上的街市》时，教师要学生思考下边的问题：
(1) 诗中哪些是写实的句子，哪些是想象的句子？它们各起了什么作用？
(2) 诗中怎样由联想进入想象？想象又是怎样逐步展开的？
(3) 诗中牛郎、织女的命运和传说中有什么不同？作者为什么这样写？

这些思考题出得合适吗？阅读一首诗歌从这些角度入手、关注这些地方，正确吗？假如你现在正远离家乡在外地，在花好月圆的夜晚，你独自漫步在校园，由于思乡心切，你不知不觉想起李白的诗："床前明月光，疑是地上霜。举头望明月，低头思故乡。"你沉浸在自己的思绪中，沉浸在李白的诗境和诗意当中，感动不已。这时候，突然背后出现了一位语文老师对你说："请问，这首诗哪些是写实的句子？哪些是想象的句子？它们各起了什么作用？"试想，你当时会有怎样的感受？从来没有人这样阅读诗歌。然后，你从外面回到屋里，诗兴勃发，开始写诗，摊开纸，提笔之际，你想："我第一句要写实，第二句写想象，第三句逐步进入。"似乎也没有人这样写诗歌。

阅读诗歌不是这种方式，写作诗歌更不是这种方式。那么，我们在教什么东西呢？我们教的东西合适吗？

这就是过去进行阅读教学时，教学内容大范围、长时期、集体性地出现问题的根由。语文教师在备课时往往以一种很特殊的阅读取向，采用很特殊的阅读方法。

笔者经常对语文教师讲，拿起一篇课文的时候，最好先不要把自己当"语文教师"。意思是我们首先应该把自己当成读者，去阅读，去理解，去感受。如果从一开始就把自己当成语文教师，很容易堕入"语文教师备课"这种特殊的阅读取向中。

比如阅读小说《药》，我们教师对这篇小说太熟悉了，一看到标题，自然就会想到它的主题、它的明暗两条线索等。但正常的小说阅读恐怕不是这样的程序，很少有人先明确了主题和结构，然后再去读小说。正常的程序应该是先对小说的情节、人物、细节等进行理解、感受，然后慢慢地形成对主题的认识。

阅读，是对某种特殊体式的具体文本的阅读。在备课时，教师的文本解读要依据这种体式的特性。合适的文本解读有以下两个特征。

● 阅读取向常态，也就是像正常人（具有较高阅读能力的人）那样来读一个作品。

● 阅读方法要契合这种文章体式本身的要求。这种体式的文章要读什么，读哪些地方呢？要合法度，要有理有据。

依据文本体式确定教学内容，教师可参考钱理群、孙绍振所写的一系列解读文章，如钱理群的《名作重读》、孙绍振的《名作细读》。孙绍振曾批评过某高考卷中的一道"诗歌鉴赏"题。该题要求学生指出对一首诗解释不恰当的一项。"标准答案"是："'金黄的稻束站在割过的秋天的田里'，从全诗看，涉及的时间除了'秋天'外，还隐指暮色降临以前。"孙先生说："显然，这是超越了时间和场景的具体性，确定时间根本没有意义，暴露出命题者对诗歌理念上的外行：抒情诗与散文不同之处，就是它是高度概括的，超越具体时间的确定性，有利于它的深邃概括。"[1]

---

[1] 孙绍振. 直谏中学语文教学[M]. 广州：南方日报出版社，2003：14.

这里所说的"诗歌理念",实际上就是诗歌的"读法"——在诗歌的"时间"里读出什么东西来。

《语文建设》2009年第4期上有一篇钱理群先生解读《走向虫子》的文章——《说什么"理",如何"说理"》。文章开宗明义:"要读懂并讲清这篇文章,关键在要弄清其文体:这是一篇说理的散文,而不是描写、纪实的散文,更不是抒情的散文。"因此,文本解读就应该从"说什么'理',如何'说理'"来展开。

好的阅读教学,往往基于合适的文本解读;不那么好的阅读教学,往往是不顾文本体式,采用了莫名其妙的解读方式、阅读方法。比如,不少语文教师不管面对什么体式的散文,都一律采用"整体感知""重点段分析""词语揣摩"的模式,这样的"文本解读"方式不出问题才是怪事。

三、名课研习:支玉恒《只有一个地球》

下面我们来研究一堂课。这堂课虽然出自小学语文教师,但是我觉得对中学语文教师也很有意义。本节课由支玉恒老师施教,支老师本来是教体育的,后来因为身体原因改教语文,一不小心就教出个特级教师。在这里特意介绍支老师的背景是有用意的。我们先看这堂课。

《只有一个地球》这篇文章在教材里被编在说明文单元。课文的内容大致是三点:第一,地球很美丽,是我们人类生活的家园;第二,现在地球受到了摧残,环境污染严重;第三,唤起学生热爱地球、保护环境的意识。

上课起始部分有三个步骤。首先是解题,支老师在黑板上写下"地球"两个字,问:"地球在哪里呀?""今天我们上课坐在什么地方啊?"引导学生把这个看起来抽象的话题和自己的现实生活、感受关联起来。

接着是朗读课文。然后转入学生的默读。支老师说:"大家读的时候思考一个问题:'猜猜待会儿老师会问大家一个什么问题?'"支老师这堂课是在舞台上讲的,支老师说:"今天我豁出去了,如果我要问的问题被你们这么聪明的学生猜到了,我决心从舞台上滚下去!"这进一步激起了学生"猜"的热情。

学生看课文,猜老师可能要问的问题。一个学生站起来,问:"老师是不是要问地球有多美丽啊?"支老师说:"这,教材已经写明白了,我不会问的。"又一个学生问:"老师是不是要问地球受到了什么样的环境污染啊?"支老师说:"这,教材也写明白了,我也不会问的。"一个学生好像恍然大悟:"哦,老师要和我们一起讨论怎样保护地球、怎样保护环境?"支老师说:"我今天上的是语文课,我没有能力讨论这个。"在这段师生对话当中,支老师表演得相当精彩。有好几次,他的一只脚已经站在了舞台的边缘,意思是"同学,再加一把劲儿,你就能够猜到了,我就要掉下去了"。但是没有学生能够猜到。

支老师问的问题是:"读了这篇课文,你心里是什么滋味?——酸甜苦辣中的哪一味?"他没有问这篇课文讲了什么,而是问学生读了这篇课文有什么感受。对小学生来说,"感受"这个词抽象了一些,他就具体化到"滋味",是"酸甜苦辣"中的哪一味。

这样就打开了学生的思路。学生读课文,去感受自己读到的味。有学生说:"我读到了甜味。""为什么是甜味啊?""你看,地球多美丽啊!""读读看,把你读到的甜味读出来。"有学生说:"我读到了苦味。""读读看,把你读到的苦味读出来。"有个学生很有意思,说:"我读到了涩味。""读读看,可以把你感受到的涩味读出来吗?"还有学生说:"我是先甜、后苦、转辣,最后是涩。"就这样,学生们把对课文的理解和自己的感受在课堂上进行了充分的交流。

以上是这堂课的第一个核心教学环节。

第二个环节,支老师要求学生针对课文的五段"分别写一个抒情的句子"。老师做了示范,写在黑板上:"啊,美丽的一叶扁舟!"也就是说,刚才是学生各自谈了自己的感受,是口头的、即兴的交流。现在支老师想用这样一个环节,把刚才交流的成果转化成书面的文字表达。

学生去看课文,分别写下抒情的句子,相互进行交流。然后,支老师用了"发表权竞标"的方法:自荐或者推荐10位同学,依段落分别在黑板上写下一个"抒情的句子",然后署上自己的姓名。

支老师很有才,对这10个句子稍加增删,去掉几个重复的词语,添几个关联词,对个别地方进行了语序的调整。而后在黑板上呈现的,就是由10个句子组成的一段抒情散文。这段散文,就是这个班学生在理解、感受、交流的基础上形成的班级共同的学习成果。

支老师这堂课，核心的教学环节是两个。

（1）引导学生体验被课文唤起的情感。
（2）指导学生使用抒情的句子，将所体验到的情感表达出来。

我们感兴趣的是，支老师在说明文单元教《只有一个地球》，不是像有些老师那样教说明的对象、说明的方法、说明的顺序等，而是去教阅读的感受。什么道理？

笔者刚才介绍过，支老师原来是教体育的。从语文的专业角度来看，他受到了一些局限。支老师是这样说课的："这是一篇说明文，但这不是一篇普通的说明文，是一篇饱含情感的说明文。"一方面说是"说明文"，一方面又说"不是普通的说明文"，而是"饱含情感"的说明文。从"一般"的语文教师来看，支老师这话是有点问题的。语文教师会凭其"专业知识"，讲解说明文的"知识性""客观性""科学性"等。所谓"客观"云云，也就是非主观，也就是较少感情色彩，因而"饱含情感的说明文"听起来就不那么通顺。

但是，支老师的语感是对的。也就是说，这篇课文在很大程度上是不能当作说明文来解读、理解、感受的。

说明文是介绍读者未知的知识，但这篇课文所"说明"的事实，其实学生原本都是知道的：第一，地球很美丽，是我们的家园；第二，现在环境受到了严重的污染，地球受到了摧残；第三，要保护环境，爱护地球。在某种程度上，所有人都知道这些事实。这篇课文的重点，主要不是描述我们大家都知道的事实，而是唤起我们的情感，把看起来与我们的生活没什么关联的保护环境，和我们的现实生活关联起来。

支老师的语感是对的，是一种正常的阅读方式。接下来是"抒情的句子"，这个说法也很不专业。语文教师一定会说"感叹句"。但是支老师的语感又是对的，感叹句的叹号表示什么？就是强烈的情感。

用正常的方式进行正常的阅读，我认为对语文教师的备课、对文本解读都是至关重要的。一个"体育老师"凭语感就能做对的事，我相信受过中文教育的广大语文教师一定能做对，但前提是不要把自己当成"语文教师"，一定要先当正常的"读者"。

笔者相信，受过中文专业训练的语文教师在备课之外，自己拿起一个作品、一篇文章时多数会自然地依据文本体式去阅读、去做文本解读。

四、课例讨论：《蝶恋花（柳永）》《七根火柴》《清塘荷韵》

笔者曾和上海市浦东新区的两所学校合作，进行了主题教研活动。一所学校是"共同备课"，一所学校是"观课评教"。由此教师很受教育，也觉得很有收获。

在"共同备课"时，我们一起讨论过几篇课文。第一篇是柳永的《蝶恋花》，"衣带渐宽终不悔，为伊消得人憔悴"。

在备课的时候，笔者提出：据我对课堂的观察，现在我们老师教"词"和教"诗"差不多，而教"诗"，往往又像教散文，一句一句解释诗句的意思。我们今天备课，能不能把柳永这首词教出一点词的味道、词的特色来？笔者的意思是：按照词这种体式，最需要读什么地方呢？

老师们一听，觉得很对，是要教出词的味道。但是，词的味道是什么呢？怎么才能教出词的味道呢？笔者建议老师们找一些词学专家的著作来看一看，比如夏承焘、沈祖棻、叶嘉莹的著作，看看研究词的人是怎么讲词的、讲词的什么地方；看看研究柳永词的人是怎么讲柳永词的。老师们做了一些努力，上了几堂课。尽管教学效果未必很好，但是力求在词上讲出词的味道这样的教学方向，是值得肯定的。

接下来是第二篇课文《七根火柴》。上什么呢？一开始，他们当然是按照语文教师的套路：小说教学，当然是教小说的三要素——人物、情节、环境。可是，用这样一种固定的、几乎僵化的模式对付所有的小说，合适吗？

于是我们进行了讨论。《七根火柴》是一篇什么样的小说？是一篇什么体式的小说呢？它是一篇革命现实主义小说，通俗地讲，就是"主题先行"的小说。从人物上说，人物很单薄、概念化。一位是牺牲的红军战士，在艰苦的环境——雪地里被冻死了，手里高举着一本党证，里面有七根火柴；另外一位是受伤的卢进勇——掉队的战友，遇到这位牺牲的战友，很受感动和鼓舞，拿上党证，一定要把这七根火柴交给党，交给前方的队伍。人物形象很单纯，情节其实很简单，好像都不需要教。有老师提出，那只有教"环境"了。老师所指的"环境"，主要还不是小说所描写的环境，即起着推动情节发展、丰富人物形象作用的"环境"，而是指红军长征爬雪山、过草地这个"背景"。理解课文，需要学生具备相应的生活经验、百科知识，这当然很重要，但这还不完全是教小说，教阅读小说。人物、情节、环境，哪个都套不上，那应该教什么呢？

笔者刚才讲，这是一篇革命现实主义小说，它的主要亮点是主题的表现。后来老师们把教学内容聚焦在"七根火柴"上，让学生感受、理解这篇小说所表现的主题。以往在课堂里，就有学生提出过这个问题："冻死的那位战士，手上有七根火柴。为什么不点燃一根，生个火堆，先救活自己，然后再把六根火柴交给前方的队伍呢？"学生的这个疑惑帮助我们打开了这篇小说的主题：那七根火柴，是党的财产；党的财产任何人无权动用。

接下来，是季羡林的《清塘荷韵》。开始的时候，几位老师的想法很一致：这篇课文教什么呢？当然是使学生理解课文。

笔者追问："理解课文的什么？"因为"理解课文"的说法隐含着一个观念：对这篇散文似乎有一种"正确的理解"，有一个学生必须达到的"顶点"。老师们担忧，这篇课文对学生来说比较难，自己想要教的东西，想要学生达到的"顶点"，可能与学生的生活经验和经历都有距离。

我们讨论：老师们想要学生达到的"顶点"是什么呢？它是从哪里来的呢？我们正常阅读时，会如何理解《清塘荷韵》这样一篇散文呢？

于是，我们讨论对主题的理解、对表现方式的理解。一位老师根据教材，说是"顽强的生命力"；一位老师根据自己的体认，说"这篇课文主要表达了作者季羡林超凡脱俗的韵味——荷韵"；一位老师研究了季羡林的相关材料，说"这篇课文，实际上是作者自己一生的写照、一生的追求"；还有一位老师联系了文化传统，说"这篇文章表达了我们传统的一种文化精神——荷的精神"。对这篇课文所表达的主题思想，参与备课的老师，人人都有自己的体认和感受。那么，凭什么要规定学生们"正确的理解"呢？我们在教学生的时候，为什么要事先主观地规定一个所要到达的"顶点"呢？

这是篇散文，散文是文学作品，我们都知道，对文学作品的理解是多元的。于是，笔者提出：能不能充分相信学生，从学生的理解与感受出发来设计这篇课文的教学？能不能像读散文那样来教这篇散文？能不能像我们老师备课所经历的那样，让学生也能经历文学作品多元理解的阅读过程？老师们做了尝试，取得了很好的效果。

依据体式来阅读，是阅读的通则；依据文本体式来解读课文、把握一篇课文的教学内容，是阅读教学的基本规则。

第二节 根据学生学情选择教学内容

"备课备两头"，在相互关联中打量阅读主体和阅读对象。一头备教材：读什么？要面对特定的文本，研读这篇课文，确定文本的关键点。一头备学生：谁读？要关注学生的具体学情：课文的哪些地方，他们自己能理解、能感受、能欣赏？哪些地方或许理解不了、感受不到、欣赏不着？研究显示：学生的疑难处（出问题的地方）往往恰在课文的关键点。

学生的疑难处有两种性质：①阅读时有困难的地方，学生能自我感觉到并提出来，如"这个词是什么意思？"往往是表层的，通过查阅词典或了解背景（生活经验）就能解决。②阅读时出问题的地方，学生自以为读懂了实际上却没有，因而学生不能自我感觉到，需要教师分析问题出在哪里、是什么原因导致了这种问题。阅读教学面临的疑难处主要是后者。对学生的表层提问，也需要分析学生为什么会提这个问题，从而找到真正的问题所在。

一、教学内容与学生的学习经验

一篇课文的教学内容，从学生的角度讲可以归结为以下三句话。

- 学生不喜欢的，使他喜欢。
- 学生读不懂的，使他读懂。
- 学生读不好的，使他读好。

也就是说，教师要教的，是学生不喜欢的地方、是学生读不懂的地方、是学生读不好的地方。

不喜欢的地方,使他喜欢;读不懂的地方,使他读懂;读不好、欣赏不了的地方,使他读好,能够欣赏。这是我国优秀语文教师成功的经验。

钱梦龙老师采用的是"导读法",蔡成清老师是"点拨法",段力佩先生所主持的是茶馆式"读读、议议、讲讲、练练"。以往,我们对优秀教师的成功经验,往往是从教学模式、教学方法的角度去学习、提炼和归纳,现在我们知道,这是远远不够的。"导读",在哪里导,导的是什么?"点拨",在哪里点,点的是什么,拨的是什么?"读读、议议",是学生读和议,"讲讲"是老师讲,讲什么呢?这就牵涉很多教学内容问题。

钱梦龙老师曾经说过一段很能体现语文教学真谛的话。他说:

我是初中毕业生,我的语文水平不高,我备课的时候,自己觉得理解起来有点难度的地方,我想,学生可能也会较难理解;我自己看了好几遍才看出来好处的地方,我想,学生也很难看出它的好处来。我就在这些地方导一导。

换句话说,"导读"导的是什么呢?导的就是学生读不懂的地方、学生读不好的地方。曾经有人问,钱老师上课时为什么学生总能和他配合得那么默契呢?钱老师回答说:

因为首先我考虑的不是学生将会怎样配合我的教,而是自己的教学怎样去配合学生的学。因此,仔细体察学生认识活动的思路和规律,是我备课的一个重要内容。

备课,文本的教学解读,要依据体式,正确地解读课文。但更为重要的是,要根据学生阅读的实际情况,来选择适合学生学情的,对学生读不懂、读不好有切实帮助的教学内容。

《语文学习》2006年第6期曾经发表过董水龙老师的文章《只教不懂的,不教已懂的——〈背影〉教学案例》。这个标题很明确。语文教学、阅读教学要教什么呢？什么是需要在课堂里组织学生讨论，需要老师来讲授的呢？董老师的答案是"教学生不懂的"。

《背影》教什么呢？董老师设计了三个问题：①"文章有一条分界线，分开了回忆与现在两个部分，你能把它找出来吗？"这是关于文章结构的，与理解文章的主旨有直接的关系。②"为什么说我与父亲'不相见已二年余了'，而不是说我与父亲没有见面已二年余了？"试图通过"不相见"和"没有见面"这两个不同点，探讨朱自清父子的关系，体会朱自清所感受到的父爱。③"为什么说我最不能忘记的是他的背影？只是背影，而不是其他像外貌、体态或品德之类呢？"

教《背影》，这三个问题是不是最关键？这可以继续讨论。但董老师这种努力的方向，无疑是正确的：教学生不懂的，从学生学情出发，选择适合学生学情的教学内容。

二、课例讨论：《百合花开》

从当前教师的教学实践、备课行为来看，关注学生、关注学生的学情，还存在较大的问题。

我们来研究一个课例：《百合花开》。这个课例是笔者和上海市浦东新区罗山中学老师观课评教活动中的研讨课。施教的老师都很优秀。

《百合花开》是林清玄所写的一篇散文，选为初中预备班的课文。课文大体上可以分为两个部分。

第一部分有点类似于童话。在一个偏僻、遥远的山谷里，有一个高达数千尺的断崖，不知什么时候，断崖边长出了一株小小的百合。百合刚刚诞生的时候，长得和杂草一模一样。百合知道自己是百合，"我是一株百合，不是一株野草。唯一能证明我是百合的办法，就是开出美丽的花朵。"百合努力吸收水和阳光，慢慢地长出了第一个花苞，百合心里很高兴。但是，周围的野草却很不屑。在私底下，它们嘲笑百合，这个家伙跟我们长得一模一样，偏以为自己是朵花，只不过头上比我们多了一个瘤（也就是那个花苞）罢了。在公开场合，它们讥笑百合，说："你不要做梦了，即使你真的会开花，在这荒郊野外，你的价值还不是跟我们一样？"偶尔飞过的蜜蜂、麻雀等抱着鄙夷的态度，也劝百合，"你呀，不要这么辛苦，在这断崖边上，纵然开出世界上最美的花，也不会有人来欣赏呀"。但是百合知道，它是一株百合，它要努力开出属于自己的花来。终于有一天，百合开出了艳丽的花朵。这是课文的前半部分。

课文的后半部分是百合开花以后。百合花一朵一朵地盛开，它把自己的种子撒向四方。现在这个荒山野岭，漫山遍野都开满了百合，许多人到这里来，被眼前这从未见过的美感动。然而，不管别人怎么欣赏，百合们都谨记着第一株百合的教导："我们要全心全意，默默地开花，以花来证明自己。"

教师备课很努力，搜集了不少和这篇课文相关的材料，精心设计了教案。

上课时，在学生阅读这篇课文的基础上，教师从中间打开这篇课文，也就是百合花开了的那一段。

在野草和蜂蝶的鄙夷下，野百合努力地释放着内心的能量。有一天，它终于开花了，它那灵性的洁白和秀挺的风姿，成为断崖上最美丽的颜色。这时候，野草与蜂蝶再也不敢嘲笑它了。

师生对这一段进行了文字的品读："灵性的洁白""秀挺的风姿""最美丽的颜色"。

然后，教师用一个主问题打开课文的前一部分："那么，百合在开花的过程中，遭受了哪些困难和挫折呢？"学生根据课文进行讨论、回答。有的学生说，环境很恶劣，荒山野岭；也有学生说，它在成长的过程中受到各种各样的打击，比如说，野草的嘲讽、讥讽和鄙夷的劝说。于是，教师围绕着私底下"嘲讽"、公开场合"讥讽"以及鄙夷地"劝"这几个关键词，指导学生进行辨析，并分角色朗读，分别读出"嘲讽""讥讽"和鄙夷的"劝"的味道。

接下来，教师用一个问题打开课文的后半部分："那么，百合开花之后，还可能遭遇哪些困难和挫折呢？"学生们根据自己的理解甚至联想发表了一些意见。教师做了简要的小结："在备课的时候，我读这篇课文很感动。我写了自己的感想，现在和同学们分享。"教师朗读了一段自己写的文字优美的感想。按照教师的设想，课上到这里就该结束了。

也许是上第二轮课的原因，教师的进程稍微快了点儿，离下课还有两分钟。教师很有经验，启发学生质疑："这篇课文你们还有什么觉得难懂的、不明白的地方吗？"

次第站起来四位同学。

第一位同学问："老师，百合花以自己的开花来证明自己的存在，那么，我们人呢？"

第二位同学问："什么是'极深沉的欢喜'？"（课文中有这样一段话："百合花一朵朵地盛开着，它花上每天都有晶莹的水珠，野草们以为，那是昨夜的露水，只有百合自己知道，那是极深沉的欢喜所结的泪滴。"）

第三位同学问："什么是'纯洁温柔的一角'？"（课文中写道："现在这里漫山遍野都开满了百合，这里被称为百合谷，无数的人到这里来观赏，无数的人看到这从未有过的美，感动得落泪，触动内心那纯洁温柔的一角。"）

第四位同学表达了自己的疑惑："现在这里漫山遍野都开满了花，无数的人到这里来欣赏，被它感动。为什么漫山遍野的百合还要默默地开着花呢？"

离下课的时间不多了，教师显然没办法处理学生的疑难，只潦草地应对了一个问题，在我看来，还是个相当草率的应对。教师说："百合以开花证明自己的存在。我们人呢，当然是以自己的成功来证明存在的价值。"不知道对初中预备班的同学来说，"成功"意味着什么？或许会理解成考试的前三名——前三名之后，莫非都是"野草"？

课后，笔者和罗山中学语文组的老师们共同研讨了这堂课，讨论它的教学内容及其合宜性。

首先，是任课教师的说课。从说课中，反映出教师对这篇课文的体式把握有点偏差。她说，这篇课文是一篇托物言志的文章，类似于《陋室铭》《爱莲说》。说这篇课文"托物言志"，大的方向没有错；但它和《陋室铭》《爱莲说》有一个很大的不同点，它的前半部分是个故事，从前、然后、后来，一个类似于童话的故事。说"类似于童话"，是想表明这样一个意思：课文的前半部分，学生应该是读得懂的。事实上，在课堂教学中，学生也表明他们是读得懂的。在这堂课的最后，学生所提的四个问题，都指涉课文的后半部分，表明学生读懂这后半部分有较大的困难。

在评课的时候，笔者说，这篇课文的前半部分，是学生能读懂但可能读不好的；后半部分，学生的提问表明他们读不大懂。因此，前面那部分的教学任务，是要学生读好，读好的标志是感动；后面那部分，则是要学生读懂，读懂的标志是理解。

感动，就是移情。如果这篇课文由小学二、三年级的学生读，很可能前面部分他们能读得好，也就是说，小孩子会把类似于童话的故事当作真的故事来感受。但初中预备班的学生对事物有了自己的认识，很可能他们一看到这篇课文，就会想：咦，这是假的嘛！百合说、野草说、蜂蝶说，都是假的！如果学生认定前面那部分是假的，那么就很难把自己的情感投入进去，也很难去体验百合的精神。

前面部分要使学生"读好"，后面部分要使学生"读懂"。从这样的要求来看这堂课，教师在教学内容的选择和教学时间的安排上，都有值得反思、值得改善的地方。这堂课的大部分时间，放在课文的前半部分，让学生去读他们本来就能读懂的部分。而且，着力点也不对，学生的注意力被引到野草和鸟雀蜂蝶上，通过分角色朗读让学生体验"嘲讽""讥讽""鄙夷"心情下"劝"这几个词语的细微差别。在讨论的时候我建议，如果要让学生分角色朗读和表演，学生应该朗读的是百合的那部分，让学生通过表演来体验百合的精神。

我们再来看这堂课，学生已经读懂的，教师花了大量的时间；学生读不好的，教师没有关注；学生读不懂的，教师没时间处理。这种现象，在我们目前的课堂教学中十分常见。在备课的时候，了解学生的学情；在上课的时候，关注学生的学习状态；在上课之后，通过了解学生的学习样本来探测学生的学习经验。这些道理好像并不复杂。然而，能有意识地去做这些事情，能有意识地依据学生的学情来选择教学内容，我们还有相当长的路要走。

三、文本的教学解读：根据学情

教学内容的选择要根据学情，而根据学情选择的前提是了解学情。应该说，了解学情的提法并不是完全新的。在以往，教师对了解学情的重要性或多或少是有所认识的。语文教师的备课，过去也有"三备"的说法——备教材、备学生、备教法。

但是，在以往的教学设计和教学中，教师是怎么了解学情的呢？了解的是什么样的学情呢？所了解的学情，与教学设计、教学内容的选择、教学方法的组织和课堂教学发生了怎样的关联呢？应该说，关于这方面的研究，我们以前做得比较少，也不太了解。

现在情况有了一些改善。上海师范大学博士生陈隆升的博士学位论文《语文课堂教学研究——基于"学情分析"的视角》（2009）中有一节是研究当前语文教师如何进行学情分析的。笔者在此进行简要的介绍。首先，他选取了1999—2008年发表在语文教育五大杂志（《语文教学通讯》《中学语文教学》《语文学习》《中学语文教学参考》《语文建设》）上的相关资料，涉及教学设计、课堂实录、教案说课备课等方面的内容共605个样本。其次，他对这605个样本进行了分析，把材料里提到"学情"或者学生情况的内容筛选出来，共计115个。也就是说，在605个教学案例当中，提到学生情况的只有115个样本。最后，他对这115个案例进行了比较详细的分析，得出了以下四个结论。

（1）做过学情分析的教学案例不多，在备课中进行学情分析的教师，从总体上来说不是很多。

（2）了解学情的手段比较简陋，基本上是一种经验似的判断。

（3）学情分析的过程比较粗糙，基本上是三言两语，只见判断、不见分析，只见结论、不见过程。

（4）学情分析的深度不够，很多学情分析是一种浅度的描述，是一种印象的判断。

这样的学情分析是很不够、很不到位的，很难同一篇课文的具体教学内容联系起来，也不易根据学生的具体情况组织有效的教学活动。在和教师的接触中，很多教师都说："我们的学生很差。"笔者往往就会问："差在哪里呢？表现在什么地方呢？对这篇课文来说，学生的差是什么意思呢？"教师们往往语焉不详，很难说出个一二三来。

如果不能具体分析对于每篇课文学生所具有的学习经验，比如，他们已经懂了什么，已经读出了什么，还有哪些不懂，还有哪些读不好、感受不到，那么实际上等于没有做过学情分析。

下面再来看一份资料。《语文学习》2008年第10期上有一篇很好的文章，是邹兆文的《我们的教学离学生的期待有多远——关于〈猫〉的教学设计与学生的"期待视野"的相关度调查》。邹老师选取人教版的一篇课文《猫》作为样本，揭示了语文教师在备课中，教学内容的确定和学生学情之间的关系。研究的方法是这样的，邹老师选取两所学校各一个班计115位学生，进行问卷调查。问卷内容是如下两道题。

（1）读了这篇文章，你最突出的感受（感想）是什么？你能联想到社会生活中的哪些现象？

（2）在内容和写法方面，你还有什么疑问吗？请提出来交流。

第一道题，了解学生在独立阅读（预习）时，对课文内容的理解，对主题思想的把握；第二道题，具体地了解学生阅读《猫》这篇课文，还有哪些困惑、困难、需要老师在课堂上进一步指导的问题。最后一共回收了113份有效问卷。从学生的答卷来看，对《猫》这篇课文的结构、内容和主题思想，绝大部分学生基本上是能读懂的。

邹老师对第二道题的答卷进行了分析和归纳，按照提问人数多少的排序，一共列出9个主要问题，问题集中在前5个上，比如，"课文为什么要写三只猫，而且都是详写？"共有36个学生提出这个问题，学生对文章的写法有疑惑，表明学生尚不能理解《猫》这篇文章的内涵。这是一份材料，关于学生学情的问卷调查。

第二份材料是邹老师收集的教师的教案或教学设计。《猫》是一篇比较新的课文，网上的参考材料不是很多，作者选取了12份教学设计进行分析，发现这些教学设计（教案）无一例外，都把教学目标、教学重点、教学难点放在课文的内容、主题、社会意义上面，即学生本已理解的内容。而学生提出的问题，在12份教案中，只有零星的回应。也就是说，学生在预习时已经掌握的东西，教师在课堂上反复讲；而学生的疑惑处，几乎没有教师关注到。

上面介绍的两份资料，一个是面上的情况分析，一个是点上的具体案例，应该说，比较真实地反映了语文教师在备课时、在课堂教学中是如何关注学情的。

一方面，教师知道要"备学生"，要了解学情；另一方面，在实际的教学设计、具体的课堂教学中，教师又对学情了解得很不够，把握得很不充分。这中间有一个巨大的落差。正是这种落差，造成了语文课堂教学的很多问题，造成了语文课堂教学的无效性。要想把关注学情、了解学情，变成教师在进行教学设计、组织课堂教学中的实际行动，还有很长的路要走，还有很多的工作要做。

了解学情，并不是对学生的情况泛泛而论，而是要针对某一篇具体的课文，去探测学生的学习经验：哪些地方读懂了，哪些地方没读懂；哪些地方能读好，哪些地方可能读不好。叶圣陶先生说过一段话，道出了阅读教学的真谛。

知识不能凭空得到，习惯不能凭空养成，必须有所凭借。那凭借就是国文教本。国文教本中排列着一篇篇的文章，使学生试着去理解，理解不了的由教师给予帮助（教师不教学生先自设法理解，而只是一篇篇讲给学生听，这并非最妥当的帮助）；从这里，学生得到了阅读的知识。更使学生试着去揣摩它们，意念要怎样结构和表达，才正确而精密，揣摩不出的，由教师帮助；从这里，学生得到了写作的知识。

也就是说，关于阅读教学的内容，语文教师在备课中应该关注的地方，就是学生在预习时"理解不了的""揣摩不出的"。

四、名课研习：钱梦龙《死海不死》

依据学生的学情来确定教学内容，是优秀语文教师成功的经验。下面来研究一堂课——钱梦龙老师施教的《死海不死》。

学习这篇课文之前，学生并没有预习，钱老师让学生猜，今天要上什么课文，条件是一看到课文的题目就有阅读的欲望、阅读的兴趣。同学们一猜就猜到了《死海不死》。这样顺势就把"死海"和"不死"两个词语的差异解释清楚了。

然后钱老师问同学们:"看过这篇课文吗?"学生说还没有看。"知道死海吗?"学生说知道,在地理课上学过。于是,钱老师给学生一个梳理的框架,按照地理位置、得名的原因以及海水趣事,回忆所学的地理知识。钱老师说:"关于死海,你们知道得很多,看来我可以不教了。"

"这篇课文是说明文,同学们在以前接触过不少说明文,如果是你们已经知道的东西,老师还要教,那还有劲吗?"学生说:"那就没劲了。"于是钱老师就和学生们商量:"关于说明文有什么是可以不教的?"有学生说,说明的方法,在这里具体是列数字的说明方法,可以不教;有的学生说,这里有三个死,"死海不死"以及结尾处"死海真的要死了",练习题里有这个题目,我们已经知道了,这个也可以不教了。钱老师说这里有两个难词,同学们不需要教,因为下面有注释。

钱老师说,那我们换一个角度,"哪些知识是需要老师教的?"学生面面相觑。钱老师启发学生:"你们知道这篇课文是什么文体吗?""说明文。"钱老师进一步延伸一下,说明文中的"知识小品"。关于知识小品,学生有哪些了解呢?于是在和学生的交流和探讨中,学生归纳出知识小品的三个特点,也就是知识性、科学性和趣味性。钱老师说我们这堂课时间有限,关于知识性、科学性和趣味性,只能研究一个方面,我们要确定学习的重点——趣味性。这是这堂课的重心,等会儿我们会做一点研究。

趣味性讨论得差不多了,钱老师又提出一个他认为是"高难度的问题",即学生在阅读课文时可能想不到,但老师在备课时觉得很重要的问题。课文最后一段说,死海数百年后可能干枯,作者推断的依据是什么?也就是说,对这篇课文的科学性提出了某种质疑。在钱老师的引导下,学生对作者分析的方法、数据得出的过程进行了讨论,确认作者的这种判断可能是有所疏漏的。最后,钱老师布置了一个作业,在刚才讨论的基础上,进行"让死海继续活下去"的写作练习。

关于钱老师的这堂课,我们重点研究两个方面:第一个方面,核心教学内容的确定;第二个方面,教学内容的具体展开。

这堂课的核心教学环节是以下三个环节。

第一,在复习了地理知识之后,具体到说明文的学习,钱老师和学生一起商量"关于说明文有什么是可以不教的"。

第二，换一个角度，看"有哪些知识是需要教的"，具体到"知识小品"，聚焦到这堂课的核心内容——"知识小品的趣味性"。

第三，在讨论、学习知识小品的趣味性之后，钱老师提出了一个高难度的问题，《死海不死》最后一段说死海数百年之后可能干涸，作者推断的依据是什么？

上面三个环节，思路非常清楚：学生已经知道的，是可以不教的；学生认为需要的，是这堂课重点要教的；学生不一定能发现的，但老师认为对理解这篇课文，对培养阅读习惯和阅读能力非常重要的，是应该提出来教的。钱老师这堂课有许多值得我们学习的地方，也有许多值得我们深思的地方。我觉得最重要的地方，就是依据学生的学情来选择合宜的教学内容，确定这堂课学习的重点，组织这堂课的教学环节。

教学环节其实就是教学内容的展开。关于知识小品的"趣味性"，这节课学习得比较充分。师生从"标题""故事""设问句""关联词语""材料的组织"等方面，对"趣味性"进行了多角度的、比较深入的讨论。

开始的时候，学生从课文的标题"死海不死"，从课文所列的民间传说，谈它的趣味性。

钱老师说，这几个同学说得都很好，但他们说的，都是比较明显的趣味性表现，有些趣味性要用心体会才能发现，建议大家从材料的组织上和语言表达上好好琢磨，指明了学生进一步学习的方向。

议论之后，有的学生从语言表达的角度有所发现："那么，死海的浮力为什么这样大呢？""死海是怎样形成的呢？"这些引起了读者的思考。文章还注意前后呼应，如文章前面说"真是'死海不死'"，结尾却说"那时，死海真的要死了"。前后两个"死"字互相呼应，可是意思却不一样。这些都会使读者觉得很有趣味。

在钱老师的鼓励下，有的学生从语言表达方面做了进一步的补充：作者连续用了一些表示转折的词，还用了表示出乎意料和惊讶的词，比如，第一段里"但是，谁能想到……竟……甚至……连……"，第二段里"然而，令人惊叹的是……竟……即使……也……"。钱老师肯定了学生学习的成果，请两位同学分别把这两小段读一遍，第一位同学把刚才找出的一些词语略去不读，第二位同学着重读这些略去的词语，把那种出乎意料的惊讶语气读出来，然后让学生比较两者语言表达的效果。

接着，钱老师引导学生注意，除了语言表达，材料的组织也很有关系，哪些先写、哪些后写，也往往会影响读者阅读的兴趣。结合课文，钱老师让学生就此展开学习和讨论。在教师的引导下，学生与学生之间、学生与教师之间相互交流，最后形成了对知识、课文的理解和认识。

从钱老师的这个课例也能看出，依据体式和根据学情这二者有密切的联系。

培养学生的阅读能力，实际上是要做下面两件事情。

(1) 指导学生能带着正确的目的，合适地看待特定的文本。

(2) 指导学生能在文本的重要地方看出作者所传达的意思和意味来。

学生理解力不强、感受力不足，是理解不了、感受不到这种体式和这种文本的紧要处、关键处的。实际上他们"理解不了的""揣摩不出的"，往往是这些紧要处、关键处所表达的意思和意味。

比如，作为散文的"知识小品"(科普文艺)，其最要紧处，除了传播知识之外，就是语言的表达艺术，也就是钱老师在这节课中作为教学重点的"要用心体会才能发现"的"趣味性"。

换言之，学情的研究——这篇课文，学生什么地方读不懂、什么地方读不好，在很大程度上可以通过体式的解读来实现——这种体式的课文，应该按照什么阅读方式、从文本的什么地方读出什么东西来。

学生的学情并不是不可捉摸的，除了可以采用调查等途径了解之外，通过这种体式的文章应该怎么读、读什么的文本分析，也可以在备课时事先估量。

第三节 教学环节就是组织"学的活动"

阅读教学的环节实质是教学点的合理分配：在这一教学时段解决这个（或这几个）教学点，下一时段解决那个（或那几个）教学点，最后解决这个（或这几个）教学点。教学步骤是教学活动的实施步骤。从教学方法角度概括的"步骤"，其实就是教学内容的学习过程。

教学活动设计主要是设计"学的活动"，而不是"教的活动"。"学的活动"围绕教学点展开,力求丰富、多样。

一、概念:"教的活动"与"学的活动"

一堂语文课,是由教师和学生的互动构成的。我们观察一堂语文课,既可以从"教的活动"来观察,也可以从"学的活动"来观察。"教的活动"与"学的活动"是两种既有联系又有区别的活动。

(一)"教的活动"与"学的活动"二者之间的关系

在《从教学内容角度观课评教》一文中,笔者曾提出一堂好的语文课的四个标准,其中的"较高标准"是这样表述的:"想教的内容与实际在教的内容一致""教的内容与学的内容趋向一致"。

想教的内容与实际在教的内容一致,也就是说,教师在备课、进行教学设计时所确定的内容,要能够在课堂教学中比较充分地加以体现。在进行教学设计时确定了教学重点,那么课堂教学就应该紧紧地围绕教学重点展开。

什么叫"紧紧地围绕教学重点"呢?就是有较充分的教学时间。有时候看教师的教学设计,然后去听课,发现其确定的教学重点在课堂上实际只有几分钟。如果教学重点在课堂上只占用了三四分钟的时间,那么还有三十几分钟在干什么呢?在教什么呢?不是在教"非重点"吗?

教的内容与学的内容趋向一致,也就是说,学生在课堂上所学的,正是教师在这堂课上想教的、在教的。一方面我们看到,"教的活动"与"学的活动"是两种有区别的活动;另一方面我们又看到,"教的活动"要与"学的活动"发生关联,教是为了帮助学生学。

什么叫趋向一致呢?什么叫发生关联呢?教师"教的活动",比如"讲",讲授,讲解;比如"问",提问,启发。那么教师"讲",学生在干什么呢?或者可以这样问,在阅读教学当中,教师为什么要"讲"呢?有很多教师认为,如果教师讲,那么学生就是听。这种认识是很成问题的。在阅读教学中,教师之所以"讲",是为了引发学生更好地理解、感受课文。教师"讲",效果在哪里呢?效果不在学生的听,而在于引发学生更好地、更充分地去感受、理解课文。教师"问",学生干什么呢？我们看到在很多课堂上，教师问、学生答，这也是有问题的。在阅读教学中，教师为什么要问呢？教师的"问"，是促使学生思考问题，促使学生去探究课文的意思和意味。

"教的活动"与"学的活动"有密切的联系。但是，我们首先要把它们区别开来，尤其不能以"教的活动"来代替学生"学的活动"。

（二）通过课例研究来看"教的活动"和"学的活动"

我们来研究一堂课——魏书生老师执教的《统筹方法》。

《统筹方法》是著名数学家华罗庚所写的一篇科普文章。开始上课时，魏老师在黑板上用隶书写了"统筹方法"的题名，然后问学生："你们知道什么叫'统筹方法'吗？"学生没有看过书，因此不知道。于是，他让学生猜，让学生打开书，找到说明"统筹方法"的定义，用一分钟时间记住、背熟。然后，提议男女生各派一名代表，到黑板上来进行"统筹方法"的默写比赛。

魏老师执教《统筹方法》时实际的教学内容如下。

（1）学习教材里面的两个成语："万事俱备，只欠东风""不无裨益"。用的办法也是一分钟，一分钟记住两个成语，采用自己说、相互说、自问自答等方式。

（2）学习说明方法，拆开来，可以细分为三个环节。第一个环节，是让学生记住教材中"烧开水泡茶"的例子。在课文中，"烧开水泡茶"共介绍了三种可能的方法：甲方法、乙方法、丙方法。课文里用图表表示的是甲方法，所以在第二个环节，魏老师请学生把教材里所说的乙方法、丙方法也转化为图表。第三个环节，要求学生用语言来转述甲方法的图表。这是在学习图表说明的方法。

（3）魏老师指导学生阅读全文，重点是读课文结尾的一段，进入会说、会用的阶段。会说，也就是学生用自己的话来复述教材中烧开水泡茶的例子；会用，也就是请学生联系实际，说说在生活中应用统筹方法的例子。

我们把上述内容转化为一个表（见表3-1）。

表3-1　《统筹方法》的教与学

实际的教学内容	教的活动	学的活动
1. 记住"统筹方法"的概念。	让学生猜，要求1分钟记住；提议男女生代表进行默写比赛。	学生齐读，男女生代表进行默写比赛。
2. 阅读两个成语的注释。	创设高效记忆的氛围。	学生自看注释，自问自答。
3. 记住"烧开水泡茶"的例子。	同上，按内容提问和纠正。	学生问答，复述相关内容。
4. 把乙方法、丙方法转化为图表。	提议男女生代表进行画图表比赛。	男女生画图表，学生评议修改。
5. 用语言转述甲方法的图表。	提出尝试性任务。	一学生转述，师生评议。
6. 阅读全文，重点读结尾一段。	指导学生行为。	学生自读。
7. 复述"烧开水泡茶"甲方法。	鼓励学生七嘴八舌大声说。	学生七嘴八舌大声说甲方法。
8. 讲述生活中应用统筹方法的实例。	等待学生思考，评价和引导学生思考的方向。	学生思考或讨论，主动发言讲述。

魏老师上课时的具体环节如下。

(1) 教师提出任务，让学生在一分钟内记住"统筹方法"的定义；学生开始齐读，自己背诵。然后，教师提议，男女生代表上讲台默写；学生推举代表。男女生代表上来默写，其他学生在观看的同时复述、背诵。

(2) 教师提出记住两个成语的要求，创设高效记忆的氛围，要求学生一分钟记住。学生自己看注释，自问自答，互问互答。

从上面这两个环节可以看到，学习是学生自己在学习。教师的任务是引领学生学习，是触发学生学习。学生的活动和教师的活动，两者之间既有区别又有联系。

(3) 进入"学习说明方法"这个部分。同样，教师先让学生记住"烧开水泡茶"这个例子。教师创设环境，学生自己看书，试着自己记、自己说。教师对此进行适当的点拨，对学生说得不充分的地方做一些补充和纠正。

(4) 把乙、丙两个方法转化为图表。教师提出了转化图表的任务,提议男女生上讲台,在黑板上进行画图表的比赛。男女生代表上讲台画,下面的学生边看边议论。有兴趣的教师可以看一看魏书生老师这堂课的教学实录。在这一环节,魏老师处理得相当精彩,上面两位学生在画,下面的学生在魏老师的指导下,对黑板上所画的图表进行评点,提出修正、补充意见。这一段的教学活动开展得相当有效。

(5) 接着用语言转述甲方法的图表。老师提出了尝试性的任务,让学生试着自己转述。请一位学生转述,老师和学生一起对他的转述加以评议。

(3)、(4) 和 (5) 是"学习图表说明"的三个环节。通过这三个环节可以看到,记住"烧开水泡茶"的例子,是让学生记住;尝试把乙、丙两个方法转化为图表,是让学生进行尝试;用语言转述甲方法的图表,是学生在转述、师生在评议。在这里,教师做什么、学生做什么,显然是有很大区别的。当然我们也可以看到,它们之间趋于一致的关联。也就是说,学生的行为是在教师的促动、指引下进行的。

同样,会说会用这个阶段,"教的活动"和"学的活动",教师做什么和学生做什么,教师怎么做和学生怎么做,是有很大区别的。教师是鼓励,等待学生思考,评价和引导学生思考的方向;学生是自读齐读,七嘴八舌大声地说甲方法,联系生活进行讨论,是主动的发言。

从魏书生老师的这堂课,至少可以看出以下三个要点。

第一,对课文的理解,是学生的理解,教师并没有直接讲述文章的内容。

第二,教师"教的活动"与学生"学的活动"是两种不同性质的活动。教师的责任是创设积极的学习氛围,有效地组织学生的学习;教师的教学语言是简洁的、生动的,指示或指引学生全身心地投入学习活动。

第三,班级学生积极地进行着目标指引的学习活动,"学的活动"占用了课堂的大部分时间,而活动的落脚点是在阅读和思考上。

时下许多语文教师在教学说明文、议论文时,沉迷于对课文内容的自我阐释,语文教师的教学语言正在滑向抒情化乃至煽情,致使学生在大部分时间里只是听老师讲或看老师的活动。对这些教师来说，实在有必要研习魏书生老师执教的《统筹方法》。尽管笔者也认为，魏老师这堂课在教学内容的合宜性上，尤其是它的正确性上还存在一些疑问。

二、问题症结：以"教的活动"为基点

刚才在分析魏老师执教的《统筹方法》这堂课时，笔者将魏老师上课的内容转化成了一个表。建议教师在备课时采用这个表作为教案形式之一，也建议教师在听课时用作听课笔记的样式。也就是说，备课的时候，要把"教的活动"与"学的活动"区分开，并关注它们的联系。

把"教的活动"与"学的活动"混淆，往往导致教师以自己"教的活动"来代替学生"学的活动"，这是当前语文课堂教学普遍存在的问题。而问题的症结是长期以来我们习惯于以"教的活动"为基点。

以"教的活动"为基点，表现在教师的备课方式为：

"我就是要教这些。"
"我就是要这样教。"

教师整个的备课活动乃至课堂教学，是站在"教"的立场上，站在自己的立场上来确定、设计的。

笔者曾经和上海市浦东新区罗山中学的教师一起研讨过一堂课——《秋天的怀念》。上课的是一位很有经验的女教师，听课的教师也感觉这堂课上得不错。在这堂课里，教师一共说了12段抒情的话语。或者用"节"来说，这堂课可以分为12节，在每一节里，教师都用一大段抒情的话语阐释课文，讲述自己的感受。

比如，一开始，教师就用了一段抒情的话语来充满激情地导入，然后指示学生阅读课文。学生阅读课文后，教师又来一段激情的话语。然后进行提问，几个学生发言之后，教师又对学生的发言做小结、做阐发，又是一段抒情的话语。一直到这堂课结束，教师说了相当多的抒情的话语。教师的12段话组织、推进、形成了这堂课的整体结构。

下课之后，我们一起讨论。笔者说：如果我们把教师的12段话全部抽掉，这堂课会成为什么样子？笔者的意思是说，学生根本就不知道教师说过12段话——对于学生来说，教师说的12段话在课后大部分都烟消云散了。我们从"学的活动"来看，学生在这堂课上经历了哪些"学的活动"呢？除了听教师一段又一段的阐发、抒发，学生的学习活动只是在教师阐发的间隙偶尔发一个言，回答教师问题，偶尔地进行一些前后并不连贯的小组讨论。

我们发现，目前的语文课堂教学中出现了以下两种奇怪的现象。

（1）教师"教的活动"结构完整，学生"学的活动"非常零散、没有结构。

就像《秋天的怀念》那堂课，教师的12段话前后之间有结构的关联，最后构成了一个完整的课堂教学陈述。教师"教的活动"看起来是有结构的，看起来有导入、有过程、有小结。那么从学生学的角度来看呢？学生"学的活动"非常零散、没有结构。

在课堂上学生也发言了，但是前一个学生的发言和后一个学生的发言相互没有关联。教师也组织学生进行了四人小组讨论，但是前一次四人小组的讨论和后一次四人小组的讨论几乎没有关联。从横向来说，不同学生之间的发言没有关联；从纵向来说，学生一次一次的学习活动相互之间也没有关联。学生只是在"教的活动"的间隙，零星地、零散地、不成结构地进行了一些"学的活动"。就像我们刚才所讨论的《秋天的怀念》那样，假如这堂课把教师所讲的12段话全部抽掉，也就是说，从"学的活动"来看，这会成为一堂什么样的课呢？

（2）教师"教的活动"相对丰富、多样，学生"学的活动"非常呆板、单调。

比如，教师有激情地导入，使用了多媒体，有一些拿手好戏（如使用拓展性资源），等等。但是，从学生学的角度来看呢？学生"学的活动"可以说是非常机械、呆板、单调。在一堂课上，学生基本上有三个活动：①教师讲、学生听——听的活动。在《秋天的怀念》课堂上，学生"被听"了教师12段话。②教师问、学生答。③教师播放多媒体课件，学生观看。在整个课堂教学中，大部分学生在十几年的语文学习中，所经历的"学的活动"就是听教师讲，回答教师的问题，观看教师制作的多媒体课件。这样的课堂教学是很难有成效的；这样的语文课堂很难引发学生的学习兴趣，很难唤起学生的效能感。

过去教师也讲教学"环节",甚至把它提高到"环环相扣"那种精致的水平。但是,教师所讲的"环节"是谁的环节呢?是教师主观设定的环节,是需要学生来跟进、来配合甚至来当道具的环节。这样的"教学设计"到了亟待变革的时候了!

三、解决途径:转向以"学的活动"为基点

语文课堂教学的改善取决于基点的改变,也就是说,要将以"教的活动"为基点逐步地转变为以"学的活动"为基点。

以"学的活动"为基点,也就是在确定教学内容的时候,着重考虑学生需要学什么;在设计教学环节的时候,着重考虑学生怎样学才好。

- 学生需要学什么。
- 学生怎样学才好。

"学生需要学什么",主要关乎教学内容的选择——依据学生的学情选择教学内容;"学生怎样学才好",则主要关乎教学环节的设计——教学环节就是组织"学的活动"。

前面我们分别研究过支玉恒老师和钱梦龙老师的课,现在从教学环节的角度,从教师"教的活动"与学生"学的活动"的区别与联系的角度再来温习一下。

支玉恒老师执教的《只有一个地球》,核心的教学环节是以下两个。

(1)读了这篇课文,你心里是什么滋味?——酸、甜、苦、辣,你是哪一味?
(2)让学生就课文的五个方面分别写一个抒情的句子。

教师的"教的活动",主要就是提一个问题、提一个要求。在课堂的大部分时间,学生在教师"教"的启动下,沿着教师所设定的走向,展开比较充分的"学的活动"。酸甜苦辣,由学生来谈、来交流,由学生来朗读、表达。从这个例子我们可以看明白,所谓教学环节,是在教师的启动下,组织学生而形成的"学的活动"。

钱梦龙老师执教的《死海不死》,核心的教学环节是三个。

(1)请同学们讨论:"什么是可以不教的?"

(2) 换一个角度:"哪些知识是需要老师教的?"

(3) 提出高难度问题:"课文最后一段说死海数百年后可能干涸,作者推断的依据是什么?作者说得对不对?"

在教师启动之后,这里的每个环节都是学生较充分的"学的活动"。有什么可以不教?学生相互交流,实际上是复习了数字说明的方法。哪些知识还需要教?学生实际上是归纳梳理了关于"知识小品"的知识,聚焦在其中的"趣味性"上,从内容、语言表达、材料的组织等方面进行了充分的讨论和学习。对于高难度的问题,学生和教师、学生和学生相互交流,取得了基本一致的意见。

优秀教师的成功课例,包括下面要研究的课例,无不向我们显示:教学环节,其实就是教师组织学生进行充分的"学的活动"。

新课程其实是呼唤这样的课堂:使学生的"学"相对丰富、多样,使学生的"学"比较有结构、完整。换句话说,就是要把以"教的活动"为基点的课堂教学,转变为以"学的活动"为基点。优秀语文教师的课堂,正是这样的课堂。

根据对优秀课例的分析,我们初步认定课堂教学应进行如下安排。

(1) 语文课堂教学,一堂课的教学环节,以2~3个为宜(即每个环节15~20分钟)。

(2) 教学环节,就是组织学生进行较充分的"学的活动"(即每个环节的大部分时间是"学的活动")。

语文教师的备课功夫,要花在学生学习起点的辨认上,要花在学生学习重点,即一节课最终所形成的学生学习经验的确定上,要花在2~3个环节的把握上,要设计2~3个能够使学生充分展开学习的教学环节。

换言之,语文教学设计主要不是设计教师做什么、怎么做,主要不是设计"教的活动",而是设计学生做什么、怎么做,设计"学的活动"。

四、名课研习：宁鸿彬《皇帝的新装》、郑桂华《安塞腰鼓》

下面从教学环节的设计，从教师的教来启动、组织学生的学这样的角度，来研究两堂课。

（一）宁鸿彬老师执教的《皇帝的新装》

先大致描述一下宁老师的课。

第一个环节先是解题，宁老师指导学生默读教材的提示，引导学生注意抓住五点来理解课文的题目。之后，宁老师用一个语文界"著名的提问"来启动第一个环节："读课文之后，请给这篇童话加一个副标题——'一个＿＿＿＿＿的皇帝'。"也就是说，让学生在阅读之后，根据自己的理解和感受，用一个词在副标题的横线上填空。8个学生按座次逐段地朗读课文，宁老师做了点正音的工作，然后学生进行默读，进行拟副标题的"学的活动"，进行交流的"学的活动"。有学生说，是一个"爱美"的皇帝；有学生说，是一个"虚伪"的皇帝；还有学生说，是一个"不可救药"（或"昏庸""无能""无知""不称职"……）的皇帝。学生抒发他们的见解，同学之间相互触发、相互补充、相互丰富。宁老师适时地对学生进行启发、帮助以及必要的纠正。这是从人物入手。

接着，宁老师从情节入手，又启动了第二个环节："下面我们再来探究一下这个故事的情节，谁能用一个字来概括这篇童话的故事情节？或者说，这个故事围绕哪个字展开？"学生根据刚才的阅读体验，结合对人物的理解，提出了各自的见解："蠢""骗""伪""假""傻""装""新""心"。宁老师指导学生先用"排除法"，学生一下就发现，"蠢""伪""假""傻"是针对人物的，对情节来说不那么贴切。然后，宁老师指导学生进一步用"检验法"，去掉了"装""新"两个字。最后，对剩下的"骗"和"心"两个字，宁老师指导学生用"比较法"鉴别，学生形成了共同的认识：课文是围绕"骗"来展开的。

第三个环节实际上是一个小结：请学生说说，文中的各个人物是怎样围绕"骗"字进行活动的。

上面是第一节课的三个环节，核心是其中的两个环节。第二节课是两个环节：

①这些人上当的原因是什么?结合课文,谈谈自己的见解。②这个小孩为什么说实话?然后是宁老师的小结,从读法上来做小结,复习这篇课文中要学的五个重要词语。

我们重点来研讨宁老师的第一堂课,把教师"教的活动"和学生"学的活动"分开来看。

教师"教的活动"在这里主要体现为两个方面。

第一,核心教学环节的启动。两个著名的问题,一个是针对人物的,一个是针对情节的。

第二,在学生交流研讨过程中,教师适时地进行启发、补充、引导乃至必要的纠正。这堂课的大部分时间,是学生自主地、有结构地进行着"学的活动"。学生朗读课文、阅读课文、拟副标题、相互交流,学生提出对情节的不同概括,在教师的指导下运用排除法、检验法、比较法来逐步聚焦、归纳,最后,学生用自己的话对故事的人物、情节进行梳理。

与前面讨论过的支玉恒、钱梦龙、魏书生三位老师的课一样,在这堂课上,宁老师并没有大讲自己对课文的理解、阐释、感受,而是把自己的感受凝聚成教学的核心环节,组织学生有效地学习,由学生来阅读,谈他们的理解、他们的感受,相互交流、相互丰富、相互补充,这样来完成整个课堂的学习。这是以"学的活动"为基点的一堂课。

(二)郑桂华老师执教的《安塞腰鼓》

我们也对这堂课先进行一下描述。

先是教学起点的确认。郑老师问:"同学们预习了吗?对课文有感受吗?"一看学生的反应不积极,郑老师认为直接进入课文的教学可能会有点困难。于是郑老师说:"让我们来看一段录像,也就是《安塞腰鼓》的场景。"看完后郑老师提问学生:"有感受了吗?"学生现在有感受了,谈的是对录像的感受。于是郑老师请学生自由朗读课文,试图把看录像的感受迁移到对课文的阅读和理解中。自由朗读之后,再请学生谈感受,发现他们所谈的感受和刚才看录像时的感受基本相似,换句话说,学生没有从文本的阅读中获得一种新的理解和体认。

郑老师启动了这堂课的第一个核心教学环节："有没有发现有些句子传递这种感觉更强烈一些？能不能独立地把它们圈出来？"这样，组织学生进行第一个有结构的、相对比较充分的"学的活动"。学生们阅读、圈自己感觉更强烈的一些句子；之后朗读、交流，相互补充、丰富、触发。在这一过程中，郑老师引导学生相互学习，指导学生把发言的要点、关键词记录下来。

在这个教学环节比较充分地展开之后，郑老师又启动了第二个核心教学环节："能不能把我们的思考推进一步？想一想，为什么是这些句子？它们在句式上有哪些特征？"学生觉得这个问题有点难，于是郑老师就组织学生讨论，给学生以较充分的学习时间，五六分钟后，郑老师请小组代表发言，小组的其他同学补充。郑老师不断地调节学生发言的方向，使学生的交流更加充分，并不断增加交流的角度。在充分的交流之后，学生再自由地朗读，在新的学习经验基础上感受、理解《安塞腰鼓》这篇课文。

也许有些人会以为，这只是在教修辞手法。郑老师在这个时候介绍了作者刘成章，介绍了作者与陕北的关系、对黄土精神的敬仰，引导学生认识到"语句是传递精神的"。

教师们可以借助表3-2，进一步研究《安塞腰鼓》这堂课的教学实录。

第一栏，包括"教学的起点"、两个"核心教学环节"和"教学的终点"。

第二栏，学生的状况，也就是"学的活动"。

第三栏，教师的调节，也就是"教的活动"。学生的状况、教师的调节，表明了教师的"教"和学生的"学"之间的相互关联。

经常听教师们抱怨，说学生学习不主动，发言不积极，讨论不投入。按照正常的逻辑，在课堂教学中学生大范围地出现问题，一定是教师的"教"出了问题，一定是教师没能很好地组织"学的活动"。

教师们可以进一步探讨刚才介绍的两个课例。看一看：教师是怎么启动一个环节的？提了什么问题？为什么这样的问题会激发学生积极的学习活动？为什么这样的活动会引导学生充分地进行交流？然后，教师应该把自己的研习结果转化为自己的行动，落实在教学设计和课堂教学中，尝试以"学的活动"来组织课堂教学的核心环节。

表3-2 《安塞腰鼓》教学实录

流向	学生的状况	教师的调节
起点	对课文缺乏感觉。	播放大约2分钟的录像。
从对事的感受转移到对文的感觉	感受了"安塞腰鼓"。	请学生自由朗读课文。
	说不出新的感受,即没有把关注点从事件转移到文本上。	启发:有没有发现有些句子传递这种感觉更强烈一些?能不能独立地把它们圈出来?
	学生自己感受句子;有学生想讲;学生朗读,交流自己感受深的语句。	引导学生相互学习。
延伸到感受精细化	没有学生想讲了,课文的语句学生基本上梳理了一遍。	延伸:能不能把我们的思考推进一步,想一想:为什么是这些句子?它们在句式上有哪些特征?
	有学生觉得难。	组织小组讨论;调整:也可以表现在词语的选用上。
终点	学生小组讨论约5分钟;小组推举代表准备发言。	小组讨论,教师巡回;提议小组代表发言,再等1分钟。
	小组代表发言,其他成员补充;各小组交流。	教师不断调节学生发言的方向,使交流更加充分,并不断增加交流的角度。
	学生再自由朗读。	让学生感受刚才的交流成果。
	可能会以为言辞表达只是"修辞手法"。	再延伸:从写作对象引到作者,引导学生意识到"语句是传递精神的"——点到为止。

第四节　教学流程就是"学的活动"充分展开

从静态的教案到动态的教学，教学环节和教学步骤演化为教学流程，好的教学流程有三个标志。

- 学生的"学的活动"有较充分的展开。
- 学生的学习经验有较充分的表达与交流。
- 班级的每个学生都能获得共同的学习经验。

上述三个方面是密切联系的，因为"学的活动"有较充分的时间保证，学生的学习经验才能较充分地表达和交流。而学生经验的表达与交流，目的是形成新的学习经验，收获他们在这堂课之前可能不具有的语文学习经验。

一、概念：教学内容与教学方法

一堂语文课，既可以从教学方法的角度，从"怎么教"的角度去观察、认识和讨论，也可以从教学内容的角度，从"教什么"的角度去观察、认识和讨论。从教学方法的角度，就是关注这堂课"先怎么教，再怎么教，后怎么教"；从教学内容的角度，就是关注这堂课"先教学什么，再教学什么，后教学什么"。

教学方法和教学内容是课堂教学的两个维度。教学方法的角度和教学内容的角度，其实是对同一堂课的描述和分析。从教学方法角度概括的步骤——"先怎么教，再怎么教，后怎么教"，其实就是教学内容的安排——"先教学什么，再教学什么，后教学什么"。

我们主张从教学内容的角度观课评教。也就是说，首先要从教学内容的角度来看一堂课："先教学什么"，教得合不合理？教得正不正确？"再教学什么"，教得通不通顺、合不合适？等等。

为什么主张从教学内容的角度观课评教呢？专门研究教学方法的专家告诉我们："是教学目的和内容选择方法，而不是与其相反。"

怎么理解教学方法呢？怎么讨论教学方法呢？讨论教学方法至少要有两个基准。

第三章　教学内容的选择与教学环节的展开

- 合理与否。比如教授法、讨论法等，针对某个具体的内容，用这种或那种教学方法，是否合理？
- 合适与否。这是从学生的适应性来讲的，面对这样的学生，面对这样的学情，针对这样的学习目标，用这种或那种教学方法，比如讲授法、讨论法等，是否合适？

换言之，判断合理与否、合适与否，基准在教学内容。对语文教学方法的讨论，如果不从教学内容的角度切入，而单从教学方法着眼，就无从评价教学方法合理与否，也无从说明教学方法不同的原因。是否合理、是否合适，只有与具体的教学内容相联系，只有与具体的教学目标相联系，只有与具体的学情相联系，才能够加以判断。

语文教学方法有许多种，而大大小小的方法在教学中是被统一地组织起来的，它们按照课堂教学活动的顺序被组织成"步骤""环节"。步骤的行进、环节的展开，从动态的角度来说，就是"教学流程"。究其实，教学流程就是教学内容的具体展开过程。因此，正如讨论教学方法一样，讨论教学流程，也必须从教学内容入手。

二、课例学习：认识"教学流程"

下面先来研究一堂课，认识什么是"教学流程"。这堂课是杭州市采荷实验学校汪胡英老师的课例，运用解读知识"点评"阅读《风筝》。

正如汪老师指出的："点画评注，不仅仅是阅读方法、教学方法的问题，在哪里点，在哪里画，在哪里评，在哪里注，关乎阅读的内容、教学的内容。"

这堂课的教学设计分为两个部分。

（1）教学的起点：初步阅读课文，把握全文的大意。这可以分为两个方面，因此教师设计了两个问题：①课文讲了一件什么事？②你觉得作者是带着什么情感来写这篇文章的？这一部分的教学，用教师熟悉的话来说，就是初步感知文章。

（2）这堂课的重点：用点画评注的方法，把握作者的情感，即把握作者依附于具体的言辞，通过具体的语句表达出来的思想情感。汪老师为此设计了两个环节。

第一个环节，学生根据自己的感受，借助点画评注，体会文中所表达的作者的情感。先是一个示例,《风筝》开头一句,有几处画线并附有评注。

【示例1】

北京的冬季,地上还有积雪,灰黑色的秃树枝丫杈于晴朗的天空中。

【评注】晴朗的有积雪的冬季,是一幅色彩明丽的画面,让人感受到冬之美,但"灰黑色的秃树枝"却使这幅画面的色彩陡然变得黯淡,这个词语在一开头就为文章添上灰色沉重的一笔,使得晴朗的有积雪的冬季变得寒气四射,作者感受的不是"冬日暖洋洋"的舒适,而是冬季的肃杀和寒威。这种情感作者在后面一句直接点出了,即"在我是一种惊异和悲哀"。正所谓景为情生,一句写景的话蕴含着作者沉重、悲哀的情感。

作者的情感在什么地方呢?存在于"灰黑色的秃树枝"与"积雪""晴朗"的强烈反差中。接着教师又出示了第二个示例。

【示例2】

他只是很重很重地堕着、堕着。

【评注】"重""堕"用了反复的手法,与前面"心变成了铅块"相照应,可见作者当时的心情是多么沉重,这沉重是由于虐杀了弟弟游戏的童心造成的,因为一直无法补过,所以这块铅始终压在心上,很重很重,堕着堕着。"重""堕"是第四声,读起来就有沉重的感觉。

作者的情感在哪里?在情感所依附的词语里,"重""堕"的重复,第四声表达的是沉重的声音。接着,学生在两个示例的启发下,自主地进行点画评注,与同伴交流。在自主阅读、与同伴交流的基础上,几个学生在班上进行重点交流发言。这是第一个环节,学生根据自己的语感,根据自己在阅读时形成的理解,运用点画评注,把握作者的情感。

第二个环节,教师提供五则资料,即拓展性材料。这五则资料都是关于鲁迅的语言风格和人格精神方面的评论。举例如下。

（1）鲁迅先生创作态度严肃认真，语言准确精练，逐渐形成了自己独特的语言风格，有人把它叫作"鲁迅风"。我们阅读任何一篇鲁迅作品，都会强烈感到它的语言简洁、明快、直白、洗练，既冷隽又犀利，既深刻又辛辣，具有强烈的嘲讽色彩，富于节奏感和音乐美。

（2）善于通过"白描"和"画眼睛"手法塑造人物形象，展现人物性格，是鲁迅作品语言的一大显著特点。鲁迅最善于运用"白描"手法塑造人物形象。"白描"是我国古代小说创作中常用的艺术表现手法，它要作家用最精练、最节省的文字，不加渲染、烘托，刻画出鲜明生动传神的艺术表现手法。在他的笔下，常能够准确地把握人物最主要的性格特征，不加染、铺陈，用传神之笔加以点化，犹如芙蓉出水，朴实自然。

（3）准确地运用动词、形容词也是鲁迅作品比较突出的语言特色之一。古今中外任何一个伟大的作家，对词的运用都是非常重视的。法国作家莫泊桑曾说过："不论人家所要说的事情是什么，只有一个字可以表现它，一个动词可以使它生动，一个形容词可以限定它的性质。因此。我们寻求着，直到发现了这个字，这动词和形容词才止，决不要安于'大致可以'。"鲁迅对遣词用字的要求也很严。他曾说过：文章"写完后至少看两遍，竭力将可有可无的字、句、段删去，毫不可惜"。因此，在他的作品中，无论是叙事状物还是写景抒情，所用的动词、形容词都是非常鲜明生动的。

（4）鲁迅的散文不仅话题独特，更有其独特的话语方式。在他的散文中，虽然时时可以感受到他的深邃、冷峻，但绝无居高临下、盛气凌人之态。他总是将自己在探索过程中的矛盾、困惑展示给读者。他的目的是要诱发读者更多地联想、发现、议论与诘难，他对读者的要求是精神的互补而非趋一，是对自我的严厉解剖。鲁迅先生曾说过："我的确时时解剖别人，然而更多的是更无情地解剖我自己。"

（5）《风筝》有一个突出的特点，就是通过联想注入作品生活的情趣，把抒情与叙事紧密地结合在一起。联想的手法在《风筝》一文中也有所表现。他由北方的春想到南方的春，又由春想到南方的故乡。从写风筝落笔，引出了一段极具生活情趣的事件，阻止兄弟做风筝。文章既有景物描写，又有叙事抒情，把孩提时代的那种童真之趣写得活灵活现，栩栩如生。

五则材料为学生的理解提供了新的平台，使学生将感受到的作者的思想情感提升到一个新的高度。教师又出示了一个示例，要求学生"在文中找到与这些评价相一致的地方并加以评注，评注时要学会运用这些资料中的重要信息"。

【示例3】

又将风轮掷在地上，踏了。

【评注】一个短句，两个动词"掷""踏"就把当时"我"粗暴地毁坏了弟弟的风筝的情景生动地再现出来，让人体验到第一则资料中说到的"鲁迅风"的语言：简洁、明快、直白、洗练。同时，"掷在地上"和"踏了"之间用了逗号。这里可以不用逗号，如果比较阅读一下，我们能感到两个动词之间用了逗号之后，减慢了动作的过程。为什么要减慢动作的过程？我们可以想象作者当时在毁坏弟弟风筝时是快意解恨的，这两个动作是一气呵成、快速有力的。那么二十多年后回忆这一幕时，作者带着深深的内疚、自责，似乎不愿意相信曾有过的事实，于是，记忆在作者的痛苦中慢慢展开，回忆这精神虐杀的一幕也恰如第四则资料中鲁迅先生所说的，"我的确时时解剖别人，然而更多的是更无情地解剖我自己"。

作者的情感在哪里？就在这个逗号里！在拓展性资料新的平台上，在示例的启发下，学生进行了第二轮的点画评注，联系鲁迅的思想、鲁迅的精神、鲁迅作品的风格，更深入地感受作者的思想情感。

这是一个相当精彩的教学设计，起点和终点非常清晰，两个方面、三个环节，聚焦在核心的教学内容上。每一个环节就是一个台阶：第一步，学生自主阅读，了解作品所叙的事实，初步感受作者的思想情感；第二步，在教师的引领下，学生揣摩作品的语句，具体地感受作者的思想情感；第三步，学生利用拓展性资源更深入地把握作者的思想情感。

从起点（学生学习这篇课文之前的学情状态）到终点（学生要达成的教学目标），设计两三个教学环节，安排两三个台阶，从而组织起"学的活动"。将起点和终点连贯起来，动态地构成"教学流程"。

教学流程，就是依据学生的学情和要达成的教学结果的需要，从起点到终点的过程。

流程是有流向的,学生开展着有指向、有组织、有结构、有可见成效的学习活动。这一过程可以分为几个阶段,一个阶段也就是一个环节,从上一个环节流向下一个环节,一步一个台阶,最终抵达课堂教学的终点,即教案所设定的教学目标。

换句话说,教学流程讲的是环节与环节之间的关系。教学环节,就是组织"学的活动";教学流程,就是"学的活动"的充分展开。

下面结合之前研习过的名课,从三个方面来揭示"教学流程":"学的活动"的充分展开;教学内容确定性与生成性的统一;形成班集体共同的学习经验。

三、名课经验:"学的活动"的充分展开

(一)宁鸿彬老师执教的《皇帝的新装》

先说"学的活动"的充分展开。我们来温习宁鸿彬老师执教的《皇帝的新装》。《皇帝的新装》第一堂课,重点展开的是两个环节,也就是"两个著名的问题"启动的环节。

(1)读课文之后,请给这篇童话加一个副标题——"一个_____的皇帝"?
(2)谁能用一个字概括这篇童话的故事情节?或者说这个故事是围绕哪个字展开的?

我们做一道简单的算术题:假如前面的解题花掉2分钟,后面小结性的陈述花掉5分钟。那么在课堂上重点展开的两个环节,各占多少时间呢?大约15分钟,或20多分钟。所谓"学的活动"的充分展开,首先是保证学生在课堂上有相对完整的、比较充分的学习时间。

我们曾提出,要改善语文课堂教学,"教学内容的相对集中"是一个关键。教学内容相对集中,或者教学重点要突出,意思是说,教学要注重核心的环节,要聚焦于核心的教学内容,要引导学生充分地展开"学的活动"。

换言之,教学重点在教学中占据较多的时间,一个核心教学内容的学习,要

占据课堂的15分钟、20分钟,而在这15分钟、20分钟的教学时间里,主要是"学的活动",包括学生的自主阅读、学生之间的相互交流以及在教师的引导、启发、点拨下的多种学习活动。这是"学的活动"充分展开的第一个要点,"学的活动"要有较充分的时间保证。

第二个要点,学生的学习经验要有较充分的表达和交流。

看宁鸿彬老师这堂课,在第一个环节中(拟副标题"一个_____的皇帝")中,学生们纷纷提炼出不同的词,包括"爱美""虚伪""不可救药""昏庸""无能""无知""不称职",等等,从多个方面揭示了人物的特点,从不同角度认识和评价了"皇帝"。在这个环节中,学生发表了自己的见解,陈述了自己的观点,同时又聆听了其他同学的见解和观点,在交流中丰富了自己的认识和对作品的感受。

第三个要点,学生在学的过程中形成了新的学习经验,包括对作品的理解以及对阅读方法、阅读方式的把握。

如果说宁鸿彬老师的第一个教学环节,重在对作品的理解、对人物的理解、对透过人物所表达的主题思想的理解,那么第二个教学环节,对情节的梳理用一个字来概括,就更侧重于阅读方式、阅读方法的学习。学生对情节的初步概括,形成了八个字——"蠢""骗""伪""假""傻""装""新""心",其中有不切题的、不适用的,有两项选择取其一的。从八个字变成四个字,从四个字变成两个字,从两个字最后集中到一个"骗"字。这个过程,实际上就是在引导学生学习把握作品的故事情节,把握情节的关键处,用情节的聚焦点来理解和分析一个作品。

上述三个要点是密切联系着的:因为"学的活动"有较充分的时间保证,学生的学习经验才会有较充分的表达和交流;而学生经验的表达与交流,目的是形成新的学习经验。

(二)钱梦龙老师执教的《死海不死》

我们再来看钱梦龙老师执教的《死海不死》。

这堂课重点学习知识小品的"趣味性"。首先是教学时间,可以估摸一下,这个重点环节在课堂教学中占了多少时间,也可以从教学实录中看出,在这段相对较长的时间里,学生"学的活动"所占的时间比例。第二个要点是学生的学习经验有较充分的表达与交流。在这个环节里,学生从标题、故事这些比较显而易见的"趣味性"入手,在教师的引导下,关注语词语句,又关注到材料组织的顺序等。学生从不同的角度发表自己探究后的心得,又从别人那里获得启示,丰富了对作品的感受,提升了对语言文字的敏感性,提高了对知识小品"趣味性"的理性认识,从而体现了"学的活动"充分展开的第三个要点,形成了新的学习经验,收获了他们在这堂课之前可能不具有的学习经验。

四、名课经验:教学内容确定性与生成性的统一

接下来研究第二个方面,教学内容确定性与生成性的统一。还是先看钱老师的这堂课。从这堂课不难感受到钱老师对课文的钻研功夫,不难感受到钱老师对学生学情的思量和估摸。正是在这样的基础上,这堂课形成了三个核心教学环节。

(1) 请同学们讨论:"什么是可以不教的?"
(2) 换一个角度:"哪些知识是需要老师教的?"
(3) 提出高难度问题:"课文最后一段说死海数百年后可能干涸,作者推断的依据是什么?作者说得对不对?"

在这里,核心的教学环节是确定的;教学环节之间的关联,也就是教学流程的流向是确定的;主要的教学内容——关于知识小品的趣味性是确定的;最后一个"高难度问题"在很大程度上也是确定的。尽管在别的班级上课的时候,根据学生的学情,钱老师不一定非得把这些内容全部拿出来教。

从理论上讲,上述种种确定的环节、流向、教学内容、高难度问题,在课堂上似乎都有被改变的可能性。比如,学生不认为有可以不教的东西;比如,有一个学生提出说明方法,数字说明方法是重点要教的东西;比如,从知识小品归纳出的"三性"当中,学生没有选择趣味性,而强烈要求选择科学性或知识性。但实际上,上述种种假设、种种比如,在课堂教学中是很少会出现的。为什么呢?教师们可以探究。

也就是说，大的教学环节、基本的流程流向、核心的教学内容，在课堂里出现大的变化，需要做颠覆性的调整，这应该不是语文课堂教学的常态。

有一段时间，我们对一种现象深感疑惑：一个优秀教师的课，在这个地方上是这样，在那个地方上还是这样，基本上是按照预设的流程进行的，教学的效果依然相当好。现在我们明白了，就应该是这样的。因为一篇课文依据体式，它的核心教学内容大致是确定的；因为同一个年龄段的学生，学习经验大致是相同的；因为依据学生学习的逻辑来设计的教学流程，在具备确定性的同时又为生成性留下了广阔的空间。

教学内容的确定性体现为教学环节，体现为教学流程，体现为教学重点。但这又不是僵硬的确定性，它蕴含着生成性。钱老师的这堂课处处体现了生成的活力。碰巧有这么一位学生，率先提出数字的说明方法，顺势讨论到数字说明的确数、约数——假如换一个班级，率先提出的不是数字说明，而是说明的顺序问题，那么教师就要和学生对话，解答这个问题，顺势去讨论说明的顺序。碰巧是这么一个班级，有学生敏锐地感受到说明文语言表达的趣味性、语言表达的魅力。假如换一个班级，没有学生能感受到，没有学生能提出来，那么教师就要想办法引导；如果有一位更聪明的学生，率先提出了材料组织的顺序问题，那么关于知识小品趣味性的讨论、课堂教学的章法就要进行相应的改变。

郑桂华老师执教的《安塞腰鼓》，核心的教学环节有两个：一个是让学生"圈出传递这种感觉更强烈一些的句子"；一个是启发学生"把思考往前推进一步，发现句式或词语的特征"。我们来研究其中一个教学片段。

小组讨论之后，由小组代表举手发言。

有学生说："第十八节，用了排比，语气非常强烈，有递进的意思。"学生找到了特征，但感觉是粗浅的。

教师正在写板书，把学生刚才提到的"排比"两个字写上去，回过头来问："怎么排比的？"试图调整学生思考的落点。学生说："第一个有力地搏击着，第二个急速地搏击着，第三个大起大落地搏击着，意思一个比一个强烈。"意思一个比一个强烈，也就是他前面所说的"非常强烈，有递进的意思"，很显然学生的思考方向开始发生转变，由抽象的归纳返回到了具体的语句。

教师进一步调整，换一个角度启发："它跟下面的排比一样吗？——它震撼着你，烧灼着你，威逼着你。"换一个角度启发，给学生提供了思考的台阶。学生说："一样，一个比一个幅度大，都是越来越强烈。"学生换了一个词——"幅度"，但是总体上还是概括的描述，也就是说，这个学生只能从"力度"这一个维度去感觉这里的排比。

教师进一步调整："用词上呢？我们再来看一遍。"教师范读了课文的这一句："后生们的胳膊、腿、全身，有力地搏击着，疾速地搏击着，大起大落地搏击着，它震撼着你，烧灼着你，威逼着你。"通过范读，让学生自己去体会。"这三个词都说明了幅度。"学生还是刚才那个词的简单重复。

这时，教师看到这个学生所在的小组有人举手："你们小组成员想帮助你一下。"举手的学生站起来说："'有力地搏击着'是力度，'疾速地搏击着'是速度，'大起大落地搏击着'是幅度。"你看，从学生的发言中，从学生与教师的交往中，其他学生受到了新的启发。刚才的那个学生是代表他们小组发言的，说明他们小组在讨论的时候还没有达到这种水准、这种精度。现在，经过教师和学生的讨论，其他学生也受到了新的启发，形成了新的理解和认识。

笔者在评论郑老师的《安塞腰鼓》这堂课时，说过下面的一段话。

郑桂华老师的课有这样一个特点，比如《安塞腰鼓》这节课，不同的学生甚至不同的年级，她都可以上。我以为诀窍在课堂教学流程的疏导处，比如圈出"传递这种感觉更强烈一些"的句子这一处，比如"发现词语和句式的特征"以体会"感情与形式表达之间的关系"这一处。感觉强烈的句子，有的班级可能圈得多一些，有的少一些；词语和句式的特征，有的学生发现得少一些、浅一些，有的多一些、深一些，这里有很大的调节余地。教学的具体内容是根据学生的情况来调节和生成的，比如《安塞腰鼓》的句式，可以是排比、反复这样的程度，也可以是句式视觉美感这样的程度。在某班的一堂课，教学内容具体落在哪个点呢？要看情况，看学生能不能发现，看教师的引导能不能奏效，看学生相互之间能不能触发，看学生在与课文、与教师的对话中能不能生成。

这段评论，就是对教学内容的确定性与生成性统一的具体阐释。教学内容是在对话中生成的，而教学内容的生成是在教学流程的调控下生成的，是朝着流程终点生成的。流程的走向是预设的，但又为教学内容的生成留下了广阔的空间。不同班级、不同学生都按照流程的方向在学习，都经历了学习的过程，都能获得不同程度的成果，但他们所获得的就是他们能获得的，而不是教师硬塞给他们的。

教学内容的确定性，大致相当于时下流行的话语"预设"。抽象地讨论"预设与生成"的关系、"预设与生成"的一致或者矛盾，根本就是虚假的话题。

语文教学的问题，不是要不要预设的问题，而是根据什么来预设的问题。预设了什么，是如何预设的？是以"教的活动"为基点来预设，还是以"学的活动"为基点来预设？这些问题的讨论必须具体到某一篇课文的教学，必须具体到某一个教学设计，必须具体到某一堂课。

五、名课经验：形成班集体共同的学习经验

我们再来研究第三个方面：形成班集体共同的学习经验。还是从刚才研习过的片段入手。

在那个片段里可以看到：教师问、学生答，这二者到底是一种什么样的关系？或者这样说：在课堂上学生站起来发言，是说给谁听的？

我们发现在许多课堂上，学生站起来发言，是说给教师听的，而且仅仅是说给教师听的。前面曾经提到，我们的语文教学中有两种怪现象，其中之一就是"学生的学很没有结构、很不完整"。这个学生的发言和那个学生的发言，相互之间并没有关联。也就是说，虽然在一个班级的共同体中，但这个学生和那个学生之间，没有构成一种学习上的关联。几个学生的发言，都分别是说给教师听的。久而久之，学生也会形成这样的习惯，他们很难从同伴的发言中去学习、获得新的经验。

从课堂观察中，我们发现了一个有趣的现象：教师点名，学生回答，前排的学生回答得更轻一点，后排的学生回答的声音会稍重一点。为什么会出现这样的情况呢？很可能是这样的：学生的发言是说给教师听的，前排的学生距离教师近，他以教师听见为限来控制音量；后排的学生距离教师较远，为了使教师听到、听清，不得不提高音量。

有一些极端的例子,教师点名,学生站起来回答,学生的声音很低,缺乏经验的教师就会走近一点儿,其结果是,教师靠得近一些,学生的声音更低一点儿;教师再靠近一点儿,学生的声音更低一点儿。有时候我们看到,课堂教学中的"师生对话",变成了教师和学生之间的窃窃私语。

为什么要让学生站起来发言?或者这样问:学生发言在课堂教学中起什么作用?

按照我的理解,从很多优秀的课例中我们也能看到:教师请一个学生起来,实际上是请了一个教学的帮手。也就是说,原来教师一个人在从事教的活动,现在请了一个帮手,教师和这个学生一起形成了一个教的关系,学生的发言、教师和学生的对话是说给全班听的。比如刚才那段关于排比的讨论,尽管那个学生最终没有达到教师希望的那种理解的水准,但这个学生为课堂教学做出了贡献——正是从这个学生与教师的对话过程中,其他学生受到了启发,形成了新的理解、新的认识。

班级的课堂教学,一个教师不是面对四十几个、五十几个个体学生,而是面对四十几个、五十几个学生所组成的学习共同体,与班集体发生着交往与对话。从教学内容和学生学习结果的角度来看,班级的课堂教学就是要形成学生共同的学习经验。

在郑老师的这个教学片段中,学生从"力度、速度、幅度"这三个维度来体认课文中排比的句子,就不仅仅是某一个学生的体认,而是由这个学生所揭示出的班级全体学生共有的体认。

再来看支玉恒老师执教的《只有一个地球》。

第一个环节:"读了这篇课文,你心里是什么滋味?——酸、甜、苦、辣,你是哪一味?"从个别学生来说,从学生学习的起始状态来说,学生从不同角度谈论自己体会到的味——酸、甜、苦、辣、涩,经过这样的交流,班级同学所形成的,就不是也不应该是一己的感受,而是融汇了酸、甜、苦、辣多种感受的某种综合体。正因为如此,所以才需要同学之间交流,才需要教师去引导学生们的交流,同学之间的交流才有教学的意义。

第二个环节:"让学生就课文的五个方面分别写一个抒情的句子。"10位同学板书发表他们的作品，与教师一起构成了一个教的团队。黑板上由10个句子构成的学习成果就像是一首抒情诗，这是全班同学经过四十几分钟学习之后，形成的共同学习经验的印记。每个学生在班级教学的共同语境中，在与同学、教师的交往中，逐渐形成、获得共同的学习经验，就是"学的活动"充分展开要达到的最终目的。

以上从三个方面讨论了"教学流程"，择其要归纳为以下三句话。

- 学生的"学的活动"有较充分的展开。
- 学生的学习经验有较充分的表达与交流。
- 班级的每个学生都能获得共同的学习经验。

需要说明的是，一堂优秀的课，上述三个方面都会得到充分的展现，只是为了研究的方便，我们才侧重从某一方面来讲。教师们不妨选择另一个角度再研习这些名课，从而对"教学流程"有更深刻的把握。

第五节　营造以"学的活动"为基点的课堂教学

"教的活动"与"学的活动"是两种有区别的活动。"教的活动"是教师的行为，是教师做什么、怎么做；"学的活动"是学生的行为，是学生做什么、怎么做。"教的活动"与"学的活动"要发生有教学价值的关联：教师的"教"是为了帮助学生的"学"。

以"教的活动"为基点：我就是要教这些，我就是要这么教。以"学的活动"为基点：学生需要学什么，学生怎么学才能学得好些。以"学的活动"为基点，还是以"教的活动"为基点，这就是"新课程"与"旧课程"的分野。

一、语文教学立足于"学的活动"

语文课堂教学流弊甚深。语文课堂教学的改善，很大程度上就是语文课堂的重建。语文课堂重建的关键点，是将课堂教学以"教的活动"为基点，逐步转变为以"学的活动"为基点。

研习名课，我们往往惊叹：优秀教师的课堂教学似乎处处都做得很对——从教学内容到教学环节，从教学组织到教学方法。

就我们所做的教学观察，包括对教学设计的分析和课例研究，可以发现，有些教师上的课似乎招招都错——教学内容不正确、不合适；教学环节散乱、无来由，教学方法不讲究理路、不符合学情；教学的组织与应达成的教学目标不相关联，有时甚至与课堂教学的有效性背道而驰。

这让人感到很疑惑：为什么优秀语文教师的课堂教学，似乎处处都能做对？而不那么妥当的课堂教学，又似乎招招都做不对呢？

现在我们明白了，这是因为基点的根本不同：对语文课程的理解不同，对语文教学的理解不同，对语文教学内容的理解不同，对语文课堂教学设计的有效性理解不同。

换句话说，并不是语文教师不能把语文课堂教学做好，而是以"教的活动"为基点的这种立场，使课堂教学很难做好，甚至会做得很糟糕。

- 营造以"学的活动"为基点的课堂教学，把以"教的活动"为基点的课堂教学转变为以"学的活动"为基点，这里有许多工作要做。研究亟待跟进，对有些教师来说，可能还要经过一个艰苦的磨砺过程。
- 营造以"学的活动"为基点的课堂教学，意味着语文教学形态的变革。其中包括以下内容：语文教师备课形态的变革，转移备课的关注点，改造教案的叙写样式；语文课堂教学形态的变革，树立一种家常味的、在对话中帮助学生有效学习的课堂观念；作业形态的变革，使语文课堂教学在课外、课后得以拓展、深化、延伸。
- 营造以"学的活动"为基点的课堂教学，按照笔者的理解，就是课程改革主导理念的具体化。新课程所追求的课堂，简单地说，无非就是这么两点：第一，使学生"学的活动"更有结构一点、更完整一点；第二，使学生的语文学习方式更丰富一点、更多样一点。

也就是说，以往孜孜以求的教师"教的活动"有结构、相对完整，甚至"环环相扣"，但是走错了方向——我们本应该追求的是学生"学的活动"有结构、相对完整；以往孜孜以求的教师"教的活动"丰富多样，甚至花样百出，但是搞错了地方——我们本应该追求的是学生"学的活动"丰富多样。

这就是语文课堂教学形态的变革，这就是语文课堂的重建，这就是为什么在观课评教的时候要更加关注学生的学——学生学的状态、学的过程、学的方式以及学习的成效。

换言之，研究教师的教，目的是要改善学生的学。语文课堂教学的有效性，归根结底是学生学的有效性；语文课堂教学的活力，归根结底是学生在语文课堂教学中的活力。

二、关于以"学的活动"为基点的课堂教学之若干建议

那么如何才能营造以"学的活动"为基点的课堂教学？如何才能做到根据学情选择教学内容，如何才能设计出富有活力、有成效的"学的活动"并使之充分展开？

我们会从下面这两份表格中受到很多启示：对课程和教学的理解，在备课中将立足点放在哪里，备课时的线路怎么把握，等等。这两份表格是美国一些州的某些学校正在实施的，内容为正式观察前的准备工作表和观察后的反思表。

（一）正式观察前的准备工作表

所谓"正式观察前的准备"，在某种程度上相当于我们为校内公开课所做的准备。在公开课之前，任课教师需要准备一张工作表。工作表（见表3-3）一共有10项内容。

表3-3　正式观察前的准备工作表

1. 对该班学生进行简要介绍（包括有特殊需要的学生）。
2. 该课的教学目标是什么？也就是，学生在这堂课上将会学到什么？
3. 为什么教学目标是适合这些学生的？
4. 这些目标是怎样支持学区课程以及内容标准的？
5. 这些目标是怎样与更广泛的课程目标相联系的？
6. 计划怎样调动学生参与到教学中？你怎样做？学生怎样做？
7. 在这堂课上学生面对的主要困难是什么？你打算怎样克服这些困难？
8. 你上课需要哪些教学器具？请列举。
9. 你打算怎样评价学生？你的评价标准是什么？
10. 你如何处理评价结果？

第一条——对该班学生进行简要介绍（包括有特殊需要的学生）。比如，今天学习一首诗歌，学生对诗歌的理解是怎样的呢？不是笼统的、概念性的、主观想象的描述，而要联系到具体的学生。再比如，有几位学生是理科尖子，对诗歌不感兴趣；有几位学生家教很好，今天这首诗歌他们很可能在课外阅读中已经读过了；还有几位学生可能家里有点事情，上课时对什么都不感兴趣，什么都不想学。总之，第一条，落脚点是学生，目的是明了在学习一篇课文前，学生先前具备的学习经验。

第二条很重要，即：该课的教学目标是什么？该课的教学目标，也就是学生在这堂课上将会学到什么，在这堂课的进行过程中，直到这堂课结束时，学生所形成的新的学习经验是什么。这一点也很清楚，落脚点在学生身上。

第三条、第四条，是要求说明的。你的教学目标确定了，合适吗？你在今天的诗歌课上教这个内容，为什么呢？从学生的角度来说说其合理性。这些目标是怎样支持学区课程以及内容标准的？用我们的话说：和语文课程标准哪一条有关联？发生了怎样的关系？

第五条——这些目标是怎样与更广泛的课程目标相关系的？用我们的话来说：你在今天的诗歌课上教这个内容，对学生的人文素养的养成有什么切实的作用？

前面五条确定教学目标、教学内容的基点是学生，是课程标准。

第六条——计划怎样调动学生参与到教学中？这一条是考虑教学方法的。方法是什么呢？就是调动学生参与到教学中："你怎样做？学生怎样做？"这条很关键，我们在前面曾专门进行过论述，教师"教的活动"和学生"学的活动"，教师怎样做、学生怎样做，这是两件有联系但更有区别的事情。在语文课堂教学中，千万不能用"教的活动"代替"学的活动"。

第七条——在这堂课上学生面对的主要困难是什么？你打算怎样克服这些困难？关注点还是学生。

第八条——你上课需要哪些教学器具？用我们的话说：你需要用哪些课程资源？

第九条——你打算怎样评价学生？你的评价标准是什么？

第十条——你如何处理评价结果？也就是说，你怎么知道学生有没有学到你要教的东西呢？你怎么知道有没有达成你的课程目标呢？用什么办法来知道、用什么办法来获取、探测学习经验。最后，你要对学生的学习结果、学生的一些作业样本进行分析研究，提出进一步改善或补救的教学措施。

这是正式观察前的准备工作表。我们从中可以看到，关注点始终都是学生，备课的线路从教学内容到教学方法，其要点都是关注学生的学情，关注学生学习的结果、学习的收获。

（二）课后反思表

下面再来看"课后反思表"。一堂课上完后，该反思什么呢？（见表3-4）

表3-4　课后反思表

1.学生在多大程度上参与了教学活动？ 2.学生都学到我想要教给他们的东西了吗？我的教学目标达到了多少？ 3.我在教学中是否改变了自己的教学计划？如果改变了，为什么？ 4.如果有机会再次给同样的学生上同样的课，我会在教学时进行哪些调整？为什么？ 5.提供学生的作业样本，怎样才能反映本班学生的能力水平以及我对学生的反馈？

第一条——学生在多大程度上参与了教学活动？这是在关注学生。

第二条——学生都学到我想要教给他们的东西了吗？这也是在关注学生。

第三条——我在教学中是否改变了自己的教学计划？如果改变了，为什么？教学计划的改变当然包括教学方法的改变，但教学方法的改变主要缘于教学内容的改变。教学内容的改变和教学方法的改变，是为什么呢？这里隐含着一个结论：是为了学生更好地学。

第四条——如果有机会再次给同样的学生上同样的课，我会在教学时进行哪些调整？为什么？其中包括教学内容的调整、教学方法的调整。请大家注意，这里有个条件——再次给同样的学生上同样的课。

第五条——提供学生的作业样本，要能够反映学生在课堂上所达到的效果，真实反映学生的学习经验。

对照这两份表格，反思我们的教学设计和课堂教学，有什么启示呢？

这两份表格很有启发性，建议教师打印之后把它们放在自己的工作台板上。借鉴上述的工作表，围绕前边讨论过的两个关键点——选择合宜的教学内容和设计有效的"学的活动"，我们提出以下一些建议。

1. 在备课中关注学生的学习经验

关注学生的学习经验，对阅读教学来说，就是探测课文的哪些地方是学生读懂了的，哪些地方是他们没有读懂的；哪些地方是学生能够读出好处的，哪些地方很可能是他们欣赏不了、感受不到的。

在备课中关注学生的学习经验，体现在教学设计或教案上。建议语文教师备课时重点做以下工作。

- 了解学生学习某一具体内容之前的语文经验，也就是学情。
- 根据文章体式和学生的学情，选择合宜的教学内容。在本章第二、第三节中谈到，这两方面其实是一致的。理解和欣赏某种体式文章的要点，往往就是学生理解和欣赏的盲点，因而也就是教学的重点，要占用课堂教学的大部分时间。
- 设计牵引教学内容的主问题，使教学内容相对集中。
- 设计两三个清晰简洁的教学环节，以"学的活动"来组织教学，使"学的活动"得以充分展开。这是本章第四节、第五节中重点讨论的问题。
- 预想教学中可能出现的种种情形及应对办法。在本章第四节中，曾专门讨论过课堂教学中教学内容确定性与生成性的统一。要实现这种统一，需要在教学设计中预想可能出现的种种情形，准备在各种情况下可能的应对办法，是非常重要的。
- 设计多种形式的、可以即时反馈的课堂作业。也就是表3-3中"你打算怎样评价学生？你的评价标准是什么"。这样一份完整的教学设计，应包括能探测学生学习成效的课堂作业，而多种形式的课堂作业也是"学的活动"的有机组成部分。

以上这些建议，实际上是许多优秀语文教师共同的经验。优秀语文教师在备课时着重考虑的是以下三个方面：第一是教学的起点，对学生学情的估摸；第二是教学的终点,也就是这堂课要达成的课程目标;第三是从起点到终点的两三个教学环节的设计,也就是前面所说的组织"学的活动",包括刚才讲到的构成"学的活动"之一的课堂作业。

2. 在教学中关注学生的学习状态

在教学中关注学生的学习状态,包括学生的发言、学生之间的交谈以及种种学习的迹象,表明他们是理解了还是没理解、感受了还是感受不深。在这方面,亟待发展一系列的观课技术。

在教学中关注学生的学习状态,体现在对课堂教学的把握。建议语文教师上课时重点关注以下几个方面。

(1) 把教案中的"教学目标"转换为课堂教学的结果。这可能涉及教案叙写样式的改变。我们认为,目前通行的语文教案,其分条叙写的教学目标与语文教学的特性并不相吻合。建议语文课的教案尤其是阅读课的教案,用一条描述性的话语来表述即可,描述学生在这堂课的学习中将会形成什么新的学习经验。之所以强调"教学结果",是因为在我们的语境中,"教学目标"这四个字的含义逐渐被虚化了。"教学结果"是具体的、可见的,至少是可被感觉到的,通过适当的方式多数是可测量的。转变为教学的结果,就是要具体地描述学生在这堂课的学习过程中以及学习之后"将成为什么样子"。

(2) 采用与教学内容相匹配的教学策略与方法。

(3) 注重语文学习中的多元理解,尤其是文学阅读教学中的多元理解,营造对话的学习气氛。关于这方面,建议教师再次温习我们在这个专题中研习过的几堂名课。"营造"首先体现为核心教学环节的设计,即启发学生思考、探究的"主问题"的设计。例如,宁鸿彬老师执教的《皇帝的新装》,其主问题是:"这是一个什么样的皇帝?故事情节围绕哪个字来展开?"支玉恒老师执教的《只有一个地球》,其主问题是:"读了这篇课文,你心里是什么滋味?——酸、甜、苦、辣,你是哪一味?"郑桂华老师执教的《安塞腰鼓》,其主问题是:"能不能把我们的思维往前推进一步,为什么是这些地方感受更强烈一点?它们在词语和句式上有什么不一样的地方?"这些核心环节的设计,打开了对话的广阔空间。营造对话的学习氛围，不仅关乎教学方法、教学策略，而且关乎教学内容，尤其是核心教学环节的设计。

我们经常遇到这样的情况，某位优秀教师借班上课，原任班语文教师一个劲儿地解释："我们班的学生学习欠主动，发言不积极。"结果借班老师上课后，发现学生的课堂表现很好。于是，听课的老师都十分钦佩这位优秀教师的教学才能、教学艺术。优秀教师有较高的教学才能，这在情理之中。然而，关键点并不在这里，而在他所确定的教学内容，在他所设计的教学环节，在这种环节所组织起来的有效的"学的活动"。

（4）关注学生的学习表现，利用现场的课程资源。现场的课程资源，最重要的是学生的资源，他们的理解、他们的感受以及在这个过程中出现的种种状况。关于这方面，也请教师们再次温习前面研习过的几个优秀课例。

（5）根据学生的学习进程安排时间，控制教学节奏。

这里强调根据学生的学习进程控制教学节奏。在听课中经常看到这样一种现象：教师组织学生的学习活动，比如阅读、讨论，有一部分学生还没有读完甚至有相当一部分学生还没有读完，有一些小组还在讨论甚至大部分小组还在讨论，教师就说"好，由于时间的关系……"然后直接进入下面的教学环节。在与教师讨论的时候，笔者经常问："你的教学任务是从哪里来的？你的教学时间是根据什么来确定的？课堂上的教学时间应该花在什么地方？"由于受到公开课的不良影响，许多教师在备课、教学的时候，从"教的活动"出发单方面设计了一系列所谓的环节或板块，1分钟干什么，2分钟干什么，似乎"环环相扣"，搞得像精致的艺术，这是很有问题的。

控制教学节奏，要点不在"教"的节奏，并不是依照教师事先设定的"教师做什么"的步骤，按1分钟、2分钟的时间表来进行。控制教学节奏，主要指控制、调节"学的活动"的节奏。前面曾经谈到，以"学的活动"为基点的课堂教学，就是要使学生在课堂上的"学的活动"相对更完整一点、更有结构一点。这里隐含的意思，是教师"教的活动"应该更为随机一点，尤其是在教学环节的展开过程中，在教师和学生的交往中，甚至不妨散漫一点。这也就是我们通常所说的具有"家常味"的课堂教学。曾有从香港到内地来观摩我们语文课堂教学的教师反映,我们的语文课堂"教师上课千篇一律",其实是在批评我们的语文教师普遍地"装腔作势"。"装腔作势"的教学是需要我们引以为戒的。

3. 在反思中关注学生的学业样本

在反思中关注学生的学业样本,这涉及作业样式的变革,也涉及我们对作业功能的重新界定。教师批改学生的作业,不仅仅是给学生打一个分数、判一个成绩,更重要的是,通过学生的学业样本来检验自己课堂教学的效果,来探测学生学习的经验,为以后课堂教学的改善寻求切实的落脚点和入手处。正如在备课中为了关注学生的学习经验,我们亟待发展一系列的技术,在反思中关注学生的学业样本,我们也需要寻求种种办法。

这里特别强调课堂作业,尽管这个作业也可能在课后完成。香港教师的做法可供我们借鉴,在课堂教学中他们较频繁地使用一种"工作纸",设计了针对某堂课核心教学内容的作业和各种学习活动。也就是说,把课堂作业变成教学环节充分展开的组成部分,或者作为教学环节充分展开的方式之一。现在我们的学生作业量很大,有不少语文教师反映,学生没有时间做作业或者根本不重视语文作业,这样我们就要想办法,一方面改善作业本身,另一方面要把原来放在课外做的作业纳入课堂教学中。

拓展阅读

[1] 王荣生. 听王荣生教授评课——从教学内容角度观课评教[M]. 北京:中国轻工业出版社,2020.

[2] 陈隆升. 语文课堂"学情视角"重构[M]. 上海:上海教育出版社,2012.

[3] 宁鸿彬. 语文教学的思考与实践[M]. 北京:教育科学出版社,1998.

[4] 钱梦龙. 导读的艺术[M]. 北京:人民教育出版社,2000.

[5] 余映潮. 余映潮阅读教学艺术50讲[M]. 西安:陕西师范大学出版社,2005.

[6] 薛法根. 薛法根教阅读[M]. 北京:文心出版社,2014.

[7] 沃恩,汤普森.教会学生阅读:方法篇[M].顿祖纯,译.北京:教育科学出版社,2008.

[8] 坦珂斯莉.教会学生阅读:策略篇[M].王琼常,古永辉,译.北京:教育科学出版社,2008.

[9] 罗宾逊.如何学习:用更短的时间达到最佳效果和更好成绩[M].林悦,译.北京:中国青年出版社,2016.

[10] 梅耶.应用学习科学——心理学大师给教师的建议[M].盛群力,等译.北京:中国轻工业出版社,2016.

第四章

阅读教学设计实务

成功的课堂教学依赖优质的教学设计。基于长期的理论和实践研究，我们将阅读教学设计的要领提炼为两个方面、四个要点：第一个方面是"教什么"，有确定教学目标和选择教学内容这两个要点；第二个方面是"怎么教"，有组织教学环节和设计学习活动这两个要点。

本章介绍能够较容易把握阅读教学设计要领的两种教案样式及其备课模板，并展示应用备课模板进行散文、小说、诗歌、实用文章和文言文阅读教学设计的实例。所展示的实例虽以中学阅读教学为主，但体现阅读教学设计要领的备课模板，同样适用于小学阅读教学。

第一节　阅读教学设计模板

为了帮助中小学语文教师更好地把握阅读教学设计的要领，我们研发了两种教案样式，并提供相应的备课模板。这两种教案样式及其备课模板，在我们实施的"国培计划"语文教师培训中取得了较好的效果。建议中小学语文教师在日常备课时采用下述两种教案样式，按模板提供的操作步骤有序地进行阅读教学设计。

一、阅读教学的台阶状教案样式

（一）确定教学点（教学目标）的备课模板

教学目标，是教学中教师要引领学生去的目的地；课文阅读教学目标，当然在课文里，在这篇课文的一些具体语句中（如图4-1所示）。

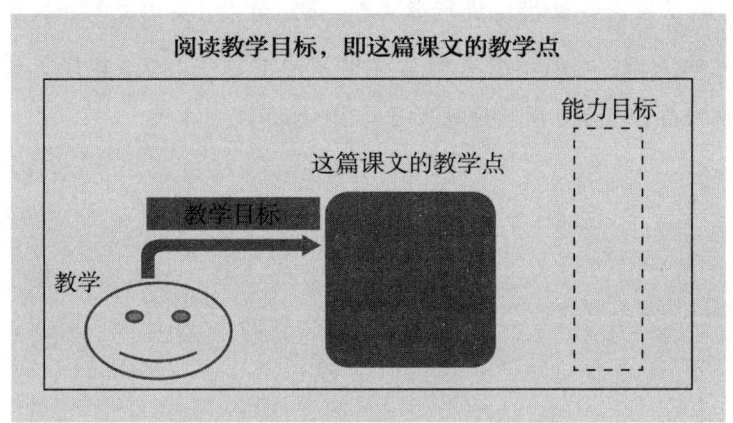

图4-1　课文的教学点即课文教学目标

这篇课文有哪些教学点？即教学目标的所在。答案来自课文的教学解读——课文关键点和学生疑难处的重合就是这篇课文该教的地方，即教学点，也就是教学目标。

确定教学点（教学目标）的方法是：备课两头，一头"备教材"，循文本体式抓住课文的关键点——关键语句、具有意味的语言形式等,在备课实践中建议教师在关键点画上黄颜色;一头"备学生",根据学生的学情推测学生的疑难处,在备课实践中建议教师在疑难处画绿颜色。黄颜色与绿颜色重合的地方——既是课文理解和感受的关键点,又是学生理解和感受的疑难处,就是课文的教学点,即课文的教学目标。

确定课文教学目标的备课模板如图4-2所示。

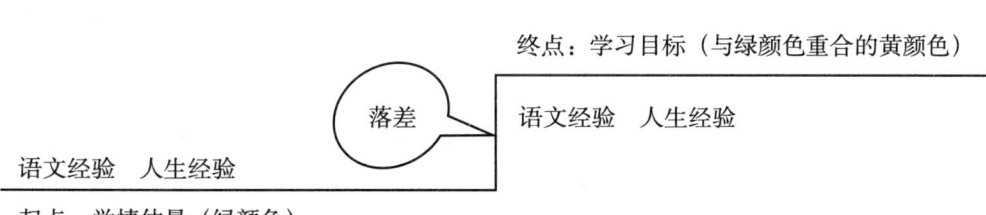

图4-2 确定课文教学目标的备课模板

(二)选择教学路径和安排教学环节的备课模板

阅读教学是帮助学生理解疑难处。根据学生疑难的主要原因选择基本路径:如主要是受生活经验的制约,则"唤起、补充学生的生活经验";如因缺乏相应的阅读能力,则"指导学生形成新的阅读方法",这是阅读教学的最主要路径。根据课文与学生语文经验的落差大小:如落差较小(最近发展区),则"组织学生交流和分享语文经验";如落差较大,凭学生的现有语文经验难以理解和感受,则"借助教师的眼睛看课文"。

阅读教学的环节,即教学的先后次序安排。阅读教学的环节,实质是教学点的合理分配:在这一教学时段解决这个(或这几个)教学点,下一时段解决那个(或那几个)教学点,最后解决这个(或这几个)教学点。

根据对阅读教学的名课研习可知,一节课(一篇课文)通常是三个环节,环节之间(教学流程)按学习逻辑(即若干教学点的相互关系)呈台阶状(即三个台阶),或发射状(从三个方向生发),聚焦到带有统摄性的核心教学点。

备课模板以"台阶"表示,意在说明教学流程是逐层递进、逐步深入的。换言之,教学环节是有梯度的,从学生学习的角度讲学习经验逐渐丰富。一个台阶就是一项"学的活动",每项"学的活动"都围绕一个教学点展开,需要选择、运用与教学内容相匹配的教学策略和方法。一般说,40～45分钟一节课,一个主要教学环节的用时应在15～20分钟。教学环节就是组织学生开展较充分的"学的活动",即每个环节的大部分时间是"学的活动"。

选择教学路径和安排教学环节的备课模板如图4-3所示。

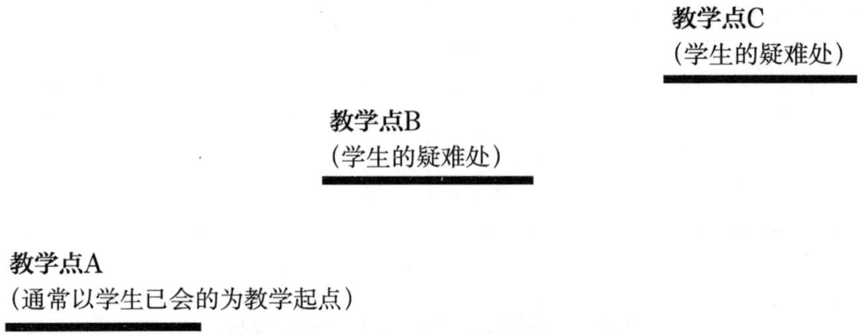

教学点C
(学生的疑难处)

教学点B
(学生的疑难处)

教学点A
(通常以学生已会的为教学起点)

图4-3 选择教学路径和安排教学环节的备课模板

(三)选择教学内容(语文知识)的备课模板

要学生能达到这些目标、能解决教学点的问题、能理解和感受这些他们原本理解不了和感受不到的语句,需要教学哪些语文知识呢?这就是教学内容的选择。答案来自语文学科知识和教师的学科教学知识,语文教学界以往称之为"知识点",即帮助学生解决教学点问题或困难的语文知识。

选择教学内容的备课模板如图4-4所示。

学生不是为语文知识而学语文知识。只有促进学生理解和感受文本的语文知识才是阅读教学内容。语文知识"因文而教""随文而教",是叶圣陶发现的阅读教学原理。当今研究进一步揭示,"因文而教""随文而教",实质是"因教学点而教""随教学点而教",解决特定教学点(学生有疑难的文本关键点)需要什么语文知识,就应当教学什么语文知识。在语文教学中,学生学习语文知识,不是按学科(系统)的逻辑,而是按学习(应需)的逻辑。

第四章 阅读教学设计实务

教学点C
（学生的疑难处）

知识点
（可用电报式的语句列举）

教学点B
（学生的疑难处）

知识点
（可用电报式的语句列举）

教学点A
（通常以学生已会的为教学起点）

知识点
（可用电报式的语句列举）

图4-4　选择教学内容的备课模板

（四）设计教学活动的备课模板

每一个教学环节，要分解为具体的教学步骤（通常是三个）并设计合适的教学活动。

教学步骤是教学活动的实施步骤。从教学方法角度概括的"步骤"，其实就是教学内容的学习过程。按步骤设计教学活动并安排相应的教学时间。

教学活动，是学习方式的具体体现。教学活动，主要是"学的活动"，即学习和运用相应语文知识以解决教学点问题的学习活动。

设计教学活动的备课模板如图4-5所示。

注意"设计教学活动的备课模板"与"选择教学内容（语文知识）的备课模板"的差别，在选择教学内容（语文知识）的备课模板中的电报式的"语文知识"，在设计教学活动的备课模板分别转化为学习和运用相应语文知识以解决教学点问题的学习活动。

在阅读教学中，语文知识不是按学科的逻辑系统学习，而是为了解决"教学点"的问题，学生学习并运用相应的语文知识作用于文本关键点的理解和感受。

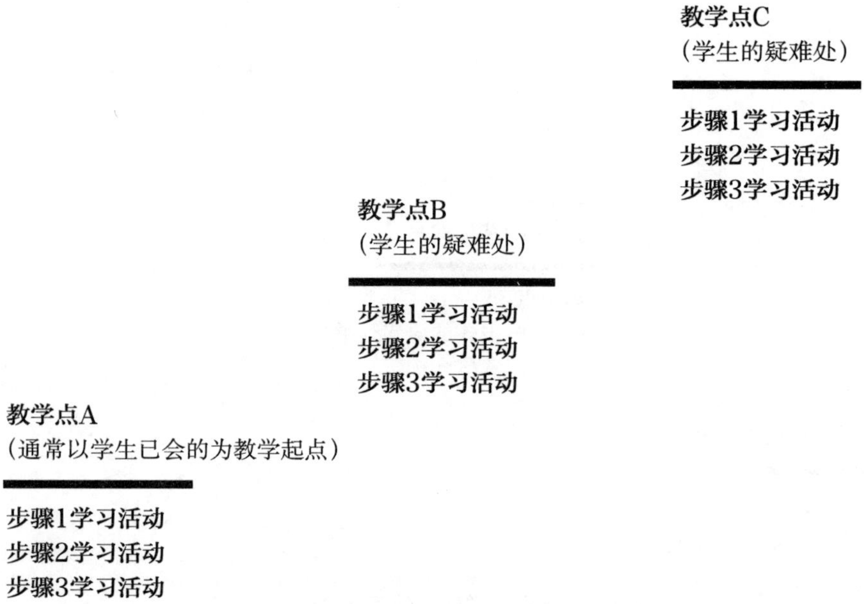

　　　　　　　　　　　　　　　　　　　　　　　　　　　教学点C
　　　　　　　　　　　　　　　　　　　　　　　　　　（学生的疑难处）
　　　　　　　　　　　　　　　　　　　　　　　　　　─────────
　　　　　　　　　　　　　　　　　　　　　　　　　　步骤1学习活动
　　　　　　　　　　　　　　　　　　　　　　　　　　步骤2学习活动
　　　　　　　　　　　　　　　教学点B　　　　　　　步骤3学习活动
　　　　　　　　　　　　　　（学生的疑难处）
　　　　　　　　　　　　　　─────────
　　　　　　　　　　　　　　步骤1学习活动
　　　　　　　　　　　　　　步骤2学习活动
　　　　　　　　　　　　　　步骤3学习活动
教学点A
（通常以学生已会的为教学起点）
─────────────────
步骤1学习活动
步骤2学习活动
步骤3学习活动

图4-5　设计教学活动的备课模板

中小学教学，尤其是小学教学，语文知识的教学往往是"教师心中有知识，口中无术语"，转化为具体的学习活动方式，体现为蕴含特定语文知识的"学的活动"。

（五）备课的综合模板

综合模板，即上述四个备课模板的综合，合成为一个简易的备课模板。

综合模板延展到课前预习和课后作业。课前预习，与课堂教学直接相关；课后作业，是课堂教学的延续（如图4-6所示）。

　　　　　　　　　　　　　　　　　　　　　────── 终点 ⟶ 课后作业

　　　　　　　　　　　　　　──────

　　　　　──────

课前预习 ⟶ 起点

图4-6　阅读教学设计的综合备课模板

应用综合模板备课,有助于中小学语文教师不断提高阅读教学设计的关键能力。

- 能依据文本关键点和学生疑难处,明确课文的教学点,确定阅读教学目标。
- 能比较课文若干教学点的教学价值,明确教学重点。
- 能预估学生自读状况,把握学生的学习起点,明确课文教学难点。
- 能分析学生的学习起点与教学目标的落差,选择相应的阅读教学路径。
- 能针对课文教学点,选择促进学生理解和感受文本的语文知识,确定阅读教学内容。
- 能根据课文若干教学点的相互关系,合理安排教学环节和流程。
- 能采用便于学生理解和运用的方式呈现语文知识,围绕课文教学点设计教学活动。
- 能将教学活动分解为若干步骤,按步骤选择具体的学习方式。
- 能根据教学活动的需要,合理利用文本、图片、影视等多种教学资源。
- 能设计与课文教学点有内在联系的课前自学活动或预习任务。
- 能联系所学语文知识的运用,设计课后作业或课外拓展学习活动。

综合模板可转换为多种样式。比如"工资条"样式(见表4-1)。

表4-1 "工资条"样式

课前预习	教学起点	环节一	环节二	环节三	教学目标	后续活动

二、综合模板的应用样例:《生命,生命》

《生命,生命》,入选多个版本的语文教科书,本案例选用某版语文教科书,课文比较接近作者的原文。作者是台湾散文作家杏林子,她早年罹患类风湿导致残疾,发病时十分痛苦。

生命，生命

杏林子

夜晚，我在灯下写稿，一只飞蛾不停地在我头顶上方飞来旋去，骚扰着我。趁它停在眼前小憩时，我一伸手捉住了它，我原想弄死它，但它鼓动双翅，极力挣扎，我感到一股生命的力量在我手中跃动，那样强烈！那样鲜明！这样一只小小的飞蛾，只要我的手指稍一用力，它就不能再动了，可是那双翅膀在我手中挣扎，那种生之欲望令我震惊，使我忍不住放了它！

我常常想，生命是什么呢？墙角的砖缝中掉进一粒香瓜子，隔了几天，竟然冒出了一截小瓜苗。那小小的种子里，包含了一种怎样的力量，竟使它可以冲破坚硬的外壳，在没有阳光、没有泥土的砖缝中，不屈地向上，茁壮生长，昂然挺立。它仅仅活了几天，但是，那一股足以擎天撼地的生命力，令我肃然起敬！

许多年前，有一次，我借来医生的听诊器，静听自己的心跳，那一声声沉稳而有规律的跳动，给我极大的震撼，这就是我的生命，单单属于我的。我可以好好地使用它，也可以白白糟蹋它；我可以使它度过一个有意义的人生，也可以任它荒废，庸碌一生。一切全在我一念之间，我必须对自己负责。

虽然肉体的生命短暂，生老病死也往往令人无法捉摸，但是，让有限的生命发挥出无限的价值，使我们活得更为光彩有力，却在于我们自己掌握。

从那一刻起，我应许自己，绝不辜负生命，绝不让它从我手中白白流失。不论未来的命运如何，遇福遇祸，或喜或忧，我都愿意为它奋斗，勇敢地活下去。

（一）文本的关键点

首先引我们注意的，是全文23个"我"，以及明显指向自我的2处"我们"。很显然，本文讲述的是作者"我"对独特的人生经历的感悟。

本篇课文有五个关键点。

1. 标题"生命，生命"

标题有两种：一种是普通文章的标题，或提示主题，或标明论题，可以按字面理解，在教学中通常可先解题，再按标题的预示阅读理解课文。另一种是"文学性的标题",不能仅按字面来理解,作家赋予它独特的内涵,只有在深入理解课文之后,我们才能把握作者所赋予的含义;在教学中通常要求读完全文之后回到标题,理解标题在课文语境中的独特含义。

2. 作者杏林子

正如有研究者指出的:"散文研究的核心工作,应该是人的研究,即散文家的研究。""'顾及作者的全人',这在研究小说与戏剧时,也是需要的;但对于散文研究来说,则应该是'必须'的了。"[1]诗歌、小说、戏剧以及大多数实用文章,作者的信息只作为我们阅读理解的背景,了解作者有助于更好地理解课文,但作者的信息是不直接介入阅读理解的。但散文,作者的信息往往要直接介入我们的阅读理解;离开了对作者的了解,散文中的一些语句,或者无法理解,或者只能停留在字面的理解而与作者所意欲表达的有较大隔膜甚至相距甚远。如果不了解杏林子的身世,这篇课文中的有些语句,是很难理解到位的。比如"虽然肉体的生命短暂,生老病死也往往令人无法捉摸,但是……"这一句或许会被当作泛泛的议论之辞;但了解作者的身世之后,我们就能明白,它讲述的是作者的人生遭遇——活得好好的,突然患上了在当时的医疗条件下不能治愈的类风湿,只能眼睁睁地看着病情越来越严重,以致浑身上下的关节都不能动了,"生老病死也往往令人无法捉摸"。再比如全文最后一句,也是全文最重要的震撼人心的一句:"……我都愿意为它奋斗,勇敢地活下去。"离开了对作者信息的了解,读者对"勇敢地活下去"很可能就不知其所云。事实上,如果不能从文字中分享作者的人生经验,《生命,生命》这篇散文通篇都难以理解,或者只能做类似把英文语句译成中文那样的解码水平的字面理解。

3. 课文前三段中的三个句子

课文前三段中直接表达作者主观感受的语句有:"那种生之欲望令我震惊""那一股足以擎天撼地的生命力,令我肃然起敬""那一声声沉稳而有规律的跳动,给我极大的震撼"。散文记人、叙事、写景;但散文的要点不在所写的人、事、景,而在于作者对人、事、景的内心反应。在我们常人眼里的那些"小事"——手心中的

---

[1] 刘绪源. 今文渊源[M]. 上海:上海文艺出版社,2011:221.

飞蛾的挣扎，冒出的一截小瓜苗，自己的心跳声，怎么在"我"（杏林子）内心产生这么大的反应呢？这正是这篇散文理解的关键点，也是学生乃至许多语文教师理解这篇散文时的大难点。"分享首先要区分人我"，这种散文阅读所必备的能力，是许多学生和语文教师所不具有的——笔者听过很多堂《生命，生命》的课，更在不同场合与近千名教师共同备过课，但我发现几乎所有的教师都是从章法技法的角度把这篇散文讲成"以小见大"。那么，散文讲述的是作者眼里的事，还是我们读者经验的事？许多学生和语文教师不会分辨，因而习惯地用自己的既成经验，去过滤、同化乃至顶替散文中作者的经验。杏林子所遭遇的哪里是"小事"？！飞蛾的挣扎，她感到的是"生之欲望"；冒出的一截小瓜苗，她看到的是"生命力"；自己的心跳声，她听到"这就是我的生命"。作者所遭遇的，分明是"足以擎天撼地"的、天大的事，是"活着"的可贵，是生命的力量，是"自己掌握"并"愿意为它奋斗"的"我的生命"。所以"震惊"，所以"肃然起敬"，所以"极大的震撼"。至此，"生命，生命"这个咏叹式的标题，便有了着落——这篇散文不是"珍惜生命"的泛泛谈论，它讲述的是作者"勇敢地活下去"的信念和勇气，因此标题应理解为"生命的力量"或"活着的价值"。

4．倒数第二段

倒数第二段"虽然……但是……却"，落点在"却"——"却在于我们自己掌握"。这段是承上启下，引出下段的"应许"。

5．最后一段两句话

第一句是从反面说的"不应该怎样"，第二句是正面说的"应该怎样"，全段的重心应该落在正面说的第二句。第二句是全文最要紧的一句，关键点可细析为两点：第一，"不论……都"，在这里是很厉害的一个句式——"不论未来的命运如何，遇福遇祸，或喜或忧，我都……"相信世界上很少有人敢用这样的句式来负责任地期许自己未来的人生。第二，"我都愿意为它奋斗"与"勇敢地活下去"，是同位语；"我都愿意为它奋斗"，也就是"我都愿意勇敢地活下去"。这是全文的主旨，从作者杏林子的角度，或许标题应该理解为"活着，活着"。

（二）学生的疑难处

　　这篇散文解码水平的字面意思，学生不难理解。但上述课文的五个关键点，几乎每一个都是学生在自读时会出现困难或问题的疑难处。这篇课文对初中学生乃至许多语文教师都是一篇难度很高的课文——几乎课文的所有关键点，学生都理解不了、感受不到；几乎所有的关键点，在我所听的许多堂《生命，生命》的课里，教师都没讲到或者讲错了。

　　散文教学习惯于"走到课文之外""走到作者之外""走到语文之外"。这篇课文的教学通常有两个方面的内容：一是抱着"读写结合"意念试图教学生模仿章法（古今错乱），如"以小见大"，有的还"发明"了诸如"从动物、植物和人三个方面"取材的艺术或写作技法。二是在字面意思的解码水平上，师生说一通"鬼话"——由课文中割裂文脉而随意挑取的语句引发，比如"让有限的生命发挥出无限的价值""绝不辜负生命"，说一通连自己也并不相信的空洞大话。结果是这篇课文读如未读、教如未教、学如未学，甚至读还不如不读、教还不如不教、学还不如不学——不读、不教、不学，虽无缘感受、分享杏林子的人生经验，但尚可保有师生对自己思想言行哪怕是底线的自我尊重和体面。

（三）课文的教学点和教学内容

　　课文的教学点，即教学目标所在。教学点来源于两个方面：①文本的关键点，②学生的疑难处。研究表明：学生的疑难处往往恰在课文的关键点。关键点和疑难处的重合，就是这篇课文的教学点，也就是教学目标所在。围绕教学点选择教学内容，即帮助学生解决教学点问题的语文知识。

　　教学目标（课文的教学点）：理解三个事例给"我"带来的关于生命的震撼与感悟。

　　1. 了解作者，联系作者经历理解课文。

　　2. 从前三段中的"令我震惊""擎天撼地""给我极大震撼"感受作者的人生经验。

3. 从两段议论中体认作者对生命（活着）的理解。

4. 体会"生命、生命"这一标题的意味。

教学内容：体味散文精准的语言表达，分享作者感悟的独特人生经验。

1. 散文阅读，必须联系作者的背景。

2. 从反复出现的同类语句中感受作者的人生经验。

3. 分析议论语句的重心，在语境中理解这些语句的具体含义。

4. 文艺性标题（尤其是用了修辞格）往往有特殊意味，理解全文后回到标题。

（四）教学活动设计

对我国优秀语文教师的课例研究表明，一篇课文或一堂课的教学环节通常是三个，呈阶梯状。阶梯状教案的横线上方，是教学点；横线下方，是蕴含语文知识、运用相关资源的学习活动，按教学步骤排列。

1. 课前学习活动

(1) 画出全文中所有的"我"字。

(2) 在网上查阅资料，了解作者杏林子。

(3) 查阅词典，了解"震惊""肃然起敬""震撼"的意思。

2. 课堂学习活动

【第一课时】（如图4-7所示）

完成课文内容概述的课件：

请根据课文内容填空
作者从一只（　　）的飞蛾，一粒（　　）的香瓜子，一颗心脏（　　）的跳动，感悟到（　　）。

第四章 阅读教学设计实务

"它"
1. 画出全文中的"它"
2. "生之欲望"——"生命力"——"生命"
3. "这就是我的生命"
4. "我必须对自己负责"

"震撼"
1. 讲散文阅读:"令我震惊"
2. 体验"震惊"的感觉
3. 小组交流:"肃然起敬""震撼"
4. 讨论:小事还是大事?"擎天撼地"

"我"
1. 自由朗读全文
2. 自主完成填空
3. 交流画出的"我"
4. 交流查阅的作者资料
5. 讲散文阅读:作者("无法捉摸"句)

图4-7 《生命,生命》第一课时设计

介绍作者身世的课件:

> **杏林子**
> 　　杏林子原名刘侠,笔名杏林子(1942年4月12日—2003年2月8日),中国台湾登工组组长;台北市南机场社区发展实验中心辅导;伊甸残障福利基金会创办人;中华人民共和国残障联盟创会理事长。
> 　　12岁时罹患罕见的类风湿性关节炎,发病时手脚肿痛,行动不便,只有手指可以动。自此身心饱受病痛煎熬。杏林子是一个不向命运屈服的作家,虽然她已逝去十多年,但她依然活在读者的心中。

【第二课时】（如图4-8所示）

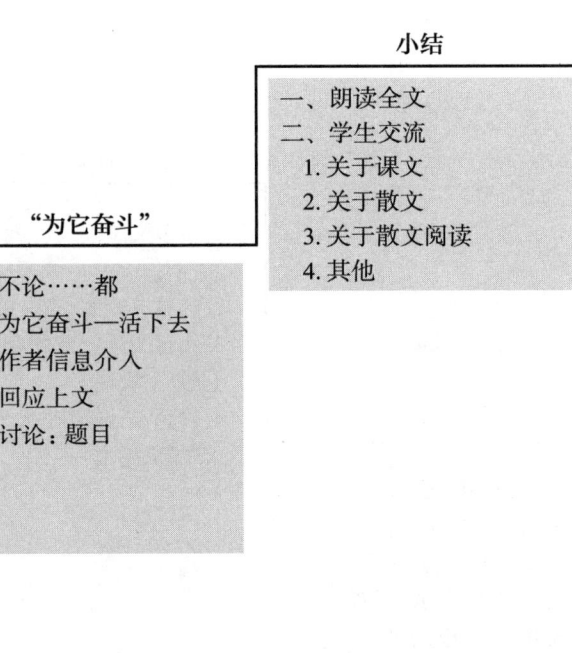

图4-8 《生命，生命》第二课时设计

3. 课后学习活动

参考以下评论，阅读杏林子的散文。

> ◎她的散文《杏林小记》《生之歌》《生之颂》几十年来都是台湾地区中学生假期指定读物，《另一种爱情》获文艺大奖。在当代的华人作家中，没有人比杏林子更能励志，除了她，没有人可以顶着一个毁坏的身体以文字见证生命的强韧、热情和美丽，历经二三十年而不辍。
>
> ◎《朋友与其他》带给我的震撼，不仅是作者杏林子的人格魅力，更重要的是，它引起了我对人生尤其是人生旅途中不可或缺的伴侣——"朋友"的再一次审思。

三、区分"教的活动"与"学的活动"的教案样式

区分"教的活动"与"学的活动"的教案样式，这也是上述"台阶状教案"的转换样式。

在教案中明确区分"教的活动"与"学的活动"，有利于语文教师在备课中自

觉辨别两者的差别,并寻求两者有教学价值的关联。

一方面,我们要认识到"教的活动"与"学的活动"是两种有区别的活动。"教的活动",是教师的行为,是教师做什么、怎么做;"学的活动",是学生的行为,是学生做什么、怎么做。

另一方面,又要使"教的活动"与"学的活动"发生有教学价值的关联:教师的"教"是为了帮助学生的"学"。

在阅读教学中,教师"讲"的价值,不是要学生"听",而在于引发学生去更好、更充分地理解和感受课文。教师"问"的价值,也不是要学生"答",而在于促使学生对问题的思考,促使学生去探究课文的意思和意味。

区分"教的活动"与"学的活动"的教案样式,举例见表4-2。

表4-2 《桃花源记》第二课时教学过程设计[1]

教学环节(落点)	教师的行为	学生的活动
台阶一 【落点】读"好"一 1. 出示《桃花源诗》与《桃花源记》的投影,明确诗与序的关系。 2. 出示《桃花源诗》诗句,让学生找出《桃花源记》文中的对应语句,初步体会本文的叙事特点。 【方法】投影展示,师生问答	1. 呈现投影,引导学生获得对于"诗""序"关系的清晰认识。 2. 引导学生初步体会《桃花源记》作为"序"在叙事上的特点。	1. 学生朗读投影中呈现的《桃花源诗》,知晓《桃花源诗》与《桃花源记》的"诗""序"关系。 2. 针对投影中的《桃花源诗》,学生从《桃花源记》文中找出与诗对应的相关语句,体会本文的叙事特点。
台阶二 【落点】读"好"二 1. 明确事件发生的历史情境、人物状况。 2. 采用提要钩玄的方法,把握叙事脉络。 【方法】默读,师生问答	1. 与学生一道回顾并明确相关信息,择机板书。 2. 全班巡视,了解学生在提取关键词方面可能存在的问题。	1. 全体学生一道合上书,回想课文当中出现的人物、课文的历史情境。 2. 学生结合课文,依次提取每个段落的关键词,并在纸上写出这些关键词。

---

[1] 设计过程及第一课时的教学设计,见本书第四章第六节"文言文阅读教学设计"。

（续表）

	3. 与全体学生一道听取个别学生的发言，并予以点评；根据需要投影展示相对清晰的关键词系列。	3. 结合关键词，请学生口头简述本文的主要事实经过。
台阶三 【落点】读"好"三 在诵读中体会本文叙事语言的简洁之美，感受陶渊明在文中所寄托的情怀。 【方法】朗读，师生答问。	1. 巡视，择机对学生进行个别指导。	1. 全体学生带着讨论之后所获得的新认识再来朗读全文，进一步体会语言的简洁之美。
	2. 投影呈现曹操《蒿里行》诗，结合"桃花源""世外桃源"的词典释义，引导学生把握陶渊明的情怀。	2. 结合曹操的《蒿里行》，感受当时的社会面貌，体会陶渊明用文字构建这样一个虚幻的理想社会的内心情怀。

第二节　散文阅读教学设计

散文是中小学阅读教学的主导文类，散文阅读教学占据了语文教学的大部分课时。[1] 散文也是阅读教学中存在问题最多的一个领域，这与散文的文类特征难以把握有直接关系。

一、不安分的"散文"文类

（一）在文类演变中"被剩余"

"散文并不是一种严格意义上的文体概念，它只是在文学实践过程中约定俗成的文类概念。"[2] "散文"的定义向来用"排除法"，也就是说，凡是在文体上说不

---

[1] 王荣生. 语文教学的主导文类何以是散文？[J]. 语文学习，2006（2/4）.
[2] 王景科. 谈散文理论研究之弱势现象[J]. 齐鲁学刊，2004（5）.

清、道不明的,就会被放进"散文"这个筐里。

在中国古代,骈文之外,便是散文;韵文之外,都是散文。在中国现代,小说、诗歌、戏剧等被称为纯文学,散文则被称为杂文学,文学作品中"除去小说、诗歌、戏剧之外,都是散文"[1](如图4-9所示)。

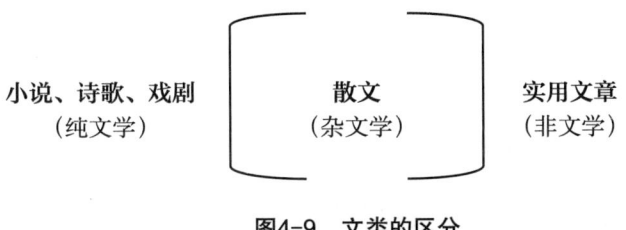

图4-9 文类的区分

在当代,散文的地盘被进一步挤压。凡是形成了文类规范,能指明文类特征的,逐渐从散文中分离出去,如通讯、特写、报告文学、报刊言论文章、传记、演讲词、科普小品、学术札记、寓言、儿童故事等。有些亚文类,如回忆录、序言、杂文等,尽管仍然赖在"散文"这个筐里,但因其文类规范和特征逐渐明朗,往往也被当作相对独立的文类来对待。

在中小学语文教学中,散文特指现代散文[2],它主要有两种所指(如图4-10所示)。

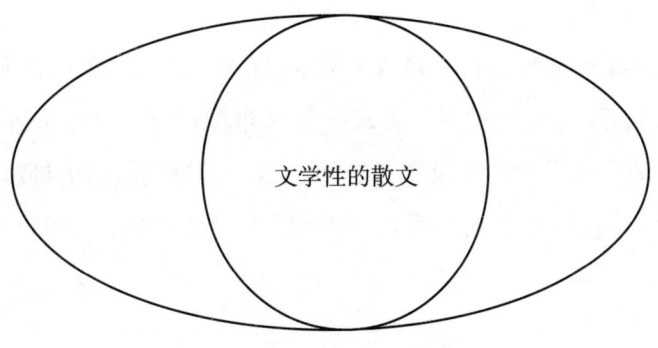

图4-10 散文的两种所指

---

[1] 叶圣陶. 关于散文写作[M]// 周红莉. 中国现代散文理论. 南宁:广西人民出版社,1983:156.
[2] 在中小学语文教学中,古代散文被称为"文言文"。

（1）宽泛的：散文是指除去诗歌、小说、戏剧等"纯文学"和实用文章之外的，并剔除通讯、特写、报告文学、报刊言论文章、演讲词、科普小品、学术札记等已经独立门户的亚文类之后，剩余下来的那些作品。

（2）紧缩的：在上述范围进一步圈出回忆录、序言、杂文、散文诗等文体特征已比较清晰的亚文类，所剩余下来的那些作品；或者只收纳其中"文学性"较显著的一小部分，与仍"被剩余"的合并，统称为"文学性的散文"。

（二）在"文学"中被另类

从中外文学实践来看，文学文类的划分，通常有二分法、三分法、四分法。二分法，指中国古代和古希腊分别出现的一种以有无韵律来划分文类的方法；三分法，指发源于古希腊，按言说方式加以分类的方法，如叙事类、抒情类和戏剧类，这种分类在西方发展为通行的小说、诗歌和戏剧三大文类[1]；四分法，如弗莱提出的喜剧、传奇、悲剧和讽刺作品四分法[2]。自晚清以来，参照西方的三分法，结合自身的传统，我国形成了独特的四分法：诗歌、小说、戏剧和散文。

将散文视作文学的主要文类是中国特色，也给我们的文学理论和语文教学造成了难题。

我国现当代文学理论建立在国外文学理论的基础上，与之大致相适应的文类是小说、诗歌、戏剧。

现当代散文研究向来少有人问津。[3] 早年多是散文作家（如周作人、郁达夫等）的经验谈或作品评论，这种情况一直延续到20世纪60年代（如杨朔、刘白羽等）。以现当代散文研究为学问的开风气者是林非（《中国现代散文史稿》，1981），后来者也多沿治史的路径，如范培松所著的《中国现代散文史》（1993）和《中国散文

---

[1] 艾布拉姆斯. 文学术语词典(中英对照)[M]. 7版. 吴松江，主译. 北京：北京大学出版社，2009：219.

[2] 艾布拉姆斯. 文学术语词典(中英对照)[M]. 7版. 吴松江，主译. 北京：北京大学出版社，2009：219.

[3] 陈剑晖. 断裂中的痛苦与困惑——20世纪散文理论批评评述[J]. 华南师范大学学报：社会科学版，2004（1）.

批判史》(2000)等。[1]《中国现代散文欣赏》(吴欢章)、《现代散文文体论》(陈剑晖)、《"五四"散文的现代性阐释》(丁晓原)、《昨夜星空——中国现代散文研究》(傅瑛)等，侧重于对现当代散文作家作品的理解与评价。

陈剑晖(2011)认为，中国散文理论话语的建构"是从20世纪90年代末到新世纪才逐渐形成的"。《中国当代散文审美建构》(李晓虹)、《真诚与自由——20世纪中国散文精神》(王兆胜)、《中国现当代散文的诗学建构》(陈剑晖)、《中国散文理论的现代性想象》(蔡江珍)、《嬗变的文体》(李林荣)等，是近年值得关注的论著。但诚如研究者所言："从整体上看散文研究还处在文学研究滞后的位置，亦步亦趋地跟随小说与诗歌研究艰难前行。"[2]我国香港和台湾地区研究散文的也屈指可数，较有影响的，如不算余光中的话，还有卢玮銮(《不老的缪思——中国现当代散文理论》)、郑明娳(《现代散文纵横论》《现代散文现象论》《现代散文构成论》《现代散文类型论》)、张瑞芬(《台湾当代女性散文史论》)。

王兆胜(2007)在《新时期中国散文的发展及其命运》一文中指出，"新时期中国散文的研究处于相当落后的状态"。中小学散文教学可资参考的，除孙绍振的《文学创作论》等少量论著外，主要是孙绍振、钱理群、王富仁等文学专家在解读一些散文文本时所展示的解读方式。一方面，散文是主导文类；另一方面，散文理论研究缺位，散文解读理论几近阙如。这就是我国中小学散文教学所处的困境。

二、现代散文的文类特征

散文的文类特征其实是"无特征"。即使不断清理门户，"文学性的散文"依然是一个庞大的家族，成员样式繁多、文体各异，其共性就是"散"。"散在骨子里"[3]，是现代散文的文类特征，也是现代散文区别于古代散文(文言文)的关键点。

---

[1] 如傅德岷所著的《中国现代散文发展史》，汪文鼎等编纂的《中国现代散文史》，沈义贞所著的《中国当代散文艺术演变史》，佘树森和程旭光合著的《中国当代散文报告文学发展史》，俞元桂主编的《中国现代散文史》。冠名为《中国当代散文史》的有5部，作者分别是张振金、徐治平、邓星雨、卢启元、王尧。

[2] 王雪. 论新世纪散文研究发展趋向[J]. 文艺评论，2009 (5).

[3] 忆明珠. 散文——散在骨子里[J]. 作家，1988 (5).

（一）现代散文不拘一格

现代散文不拘一格表现在散文的内容上，是"题材广泛多样"[1]。散文的内容，纵贯古今，横亘中外，包容大千世界，表现人生社会，寄寓人生百态、家长里短，取材十分广泛。[2]

现代散文不拘一格表现在散文的形式上，是"写法自由和体式不拘"[3]。"散文是没有一定格式的，是最自由的"[4]。散文无边界，可兼采诗歌、小说、戏剧和实用文章的要素；可混合多种成分，记叙、描写、说明、议论交织其中。散文的结构方式开放而无定态，无须遵循特别的章法和结构模式。[5]

正如有研究者所讲，散文无规范，一讲"规范"，散文就变得死板了："纯、正、高、雅，每个字都能将散文箍死。"[6]"对散文写法做任何规定，不管是老八股也好，洋八股也好，都会戕害散文的生命。"[7]

（二）现代散文张扬个性

不拘一格，也就是张扬个性。"'散'字的要义不仅在于'形散神不散'之类的命题，更重要的是自由精神。'散'字的内部神韵在于自由自在，无拘无束。"[8]"现代散文之最大特征，是每一个作家的每一篇散文里所表现的个性，比以前的任何散文都来得强……现代的散文，更带有自叙传的色彩。"[9]

散文抒写性灵，散文乃是个体情怀的见证。散文的第一要素，是"表现自我的

---

[1] 童庆炳．文学理论教程[M]．北京：高等教育出版社，2008：196．
[2] 贵志浩．话语的灵性——现代散文语体风格论[M]．杭州：浙江大学出版社，2010：51．
[3] 杨文虎．文学：从元素到观念[M]．上海：学林出版社，2003：135．
[4] 梁实秋．论散文[M]//周红莉．中国现代散文理论．南宁：广西人民出版社，1983：35-36．
[5] 贵志浩．话语的灵性——现代散文语体风格论[M]．杭州：浙江大学出版社，2010：5．
[6] 忆明珠．散文——散在骨子里[J]．作家，1988（5）．
[7] 杨文虎．文学：从元素到观念[M]．上海：学林出版社，2003：135．
[8] 徐泽春．散文的阅读和写作——南帆教授访谈[J]．语文学习，2012（1）．
[9] 郁达夫．中国新文学大系·散文一集导言[M]//周红莉．中国现代散文理论．南宁：广西人民出版社，1983：425．

真情实感"[1]。梁实秋深有感触地说:"一个人的人格思想,在散文里绝无掩饰的可能,提起笔便把作者的整个性格纤毫毕露地表现出来。"[2]

"对于散文来说,文类尺度的撤离几乎使个体特征成为唯一的依据。"[3]谈论散文的时候,人们更多想到的是某某人的散文:鲁迅的散文、周作人的散文、郁达夫的散文、沈从文的散文、汪曾祺的散文、蒙田的散文、尼采的散文等。不同时期的散文,是不同的样式;不同作者的散文,是不同的样式;同一位作者的不同散文,尤其是不同阶段的散文,往往也是不同的样式。

现代散文与古代散文既有传承关系,也有本质的差异。现代散文讲究"散",率性而为,以"无法"为冠冕。[4]

三、"文学性的散文"的着眼点

(一)"文学性的散文"的里跟外

"文学性的散文"介乎文学与实用文章之间,它既具有文章的特性,又体现着文学的特性。

具有文章的特性,主要指它的写实性。散文有"外在的言说对象":即使没有《荷塘月色》《幽径悲剧》,清华园里的荷塘、北大校园幽径旁的古藤萝,也是真实地存在着或存在过的。

有外在的、可以指认的言说对象,这是散文与诗歌、小说、戏剧等"纯文学"作品的差别。诗歌、戏剧自不必说,看起来是"写实"的小说,其实是"虚构"的产物。有记者问莫言:"(您作品的)外文版翻译者们为什么去访问高密?"莫言答:"大概都被我小说中的描写忽悠了。吉田富夫去高密,想去看我小说中的磨坊、河流、高粱地等场景,但只看到一条干涸的小河沟,根本没有我小说中那样的澎湃奔流的大河。他问我大河呢?我说,就是长江、黄河啊!森林呢?我说在长白山;

---

[1] 杨文虎.文学:从元素到观念[M].上海:学林出版社,2003:134.
[2] 梁实秋.论散文[M]//周红莉.中国现代散文理论.南宁:广西人民出版社,1983:36.
[3] 南帆.文学的维度[M].上海:上海三联书店,1998:278.
[4] 现代散文与古代散文(文言文)的分野,参见本书第一章。

沙漠呢？我说在内蒙古。"[1]其实，莫言的答语还是托词，小说中的磨坊、河流、高粱地，是小说家的语言所营造的世界。

散文体现着文学的特性，根由也在"语言所营造的世界"。散文不尚虚构，散文叙写作者的所见、所闻。但散文的写实也不是"客观的"写实。散文中的言说对象是个人化的言说对象，它唯有作者的眼所能见、耳所能闻、心所能感。在散文中呈现的是"这一位"作者极具个人特性的感官过滤后的人、事、景、物，散文对现象的阐释和问题的谈论也不是"客观的"言说。

换言之，《荷塘月色》中的荷塘，是朱自清眼中的荷塘，是朱自清心灵中独有的镜像，它是世界上任何人从未见，也是平日的朱自清所未尝见过的荷塘；《幽径悲剧》中对古藤萝的喜爱、对古藤萝被毁的愤慨，是90岁高龄的季羡林极具个人化的情怀和思绪。

高度个人化的言说对象，是"文学性的散文"与论文报告、新闻通讯等文章的差别。阅读论文报告、新闻通讯等，最终要指向文章的外面，指向客观的言说对象：它们所论述的道理是否成立？所报道的事件是否真如所言？而成立与否、是否如实，要有公认的判别依据。之所以写论文、发新闻，目的就在于要获得公认或成为公认。

散文不祈求成为公认，阅读散文也不是为了获取公认。作者写散文，是要表现眼里的景和物、心中的人和事，是要与人分享一己之感、一己之思；我们阅读散文，是要体认作者的所见所闻，分享作者的所感所思。阅读散文，从始至终都在"散文里"。外在于散文的客观的言说对象，不在散文阅读的视野里，或者说，与外在的言说对象发生这样那样的关联，是在阅读之后才发生的事。

（二）"文学性的散文"的主体与客体

高度个人化的言说对象，作者眼里主观的人、事、景、物，在散文中则是记叙、描写的客体。比如，《背影》中的"父亲"、《老王》中的"老王"、《荷塘月色》中的"荷塘"、《幽径悲剧》中的"古藤萝"、《安塞腰鼓》中的"打腰鼓场景"等。

---

[1] 舒晋瑜. 莫言：文学走出去是一个缓慢的过程[N]. 中华读书报，2010-08-25.

作者记叙、描写"父亲""老王""荷塘""古藤萝""打腰鼓场景",目的不是要向读者介绍那些人和事,描摹那些景和物,而是为了抒发作者的所思、所感,是为了表达作者这一主体对社会、对人生的思量和感悟。

散文的关键点不在所记叙、描述的客体,而在记叙、描述中所灌注的作者主体的思想、感情。《背影》的关键点,不在于"父亲对我的爱",而在于体认到"父爱"的心眼;《老王》的关键点,不在于"老王的善良",而在于作者能看出善良的那副心肠;《荷塘月色》的关键点,不在于"荷塘的景色",而在于发现景色的心境;《幽径悲剧》的关键点,不在于"古藤萝被毁的惨剧",而在于痛感惨剧的心灵;《安塞腰鼓》的关键点,也不在于"打腰鼓场景的威武、雄壮",而在于为威武、雄壮而奋发、激昂的心怀。

阅读散文,不仅仅是知道作者所写的人、事、景、物,而是要通过这些所写的人、事、景、物,触摸写散文的那个人,触摸作者的心眼、心肠、心境、心灵、心怀,触摸作者的情思,体认作者对社会、对人生的思量和感悟。

(三)"文学性的散文"的日常与独特

散文是日常的,用常态的心境叙写日常生活。[1] 散文记人,很少是大红大紫的人;散文叙事,很少是大起大落的事;散文描绘的景与物,绝非隔世之景、稀罕之物;散文中的谈资,也很少涉及大是大非。在散文中,人是普通人,事是平常事,景与物是平日里所能见的景物,谈论的多是大家在茶余饭后或许都会聊到的话题,所抒发的情感、所表露的情思,也多貌似我们所具有的,或与我们原已具有的情感、情思相类或相通。

因此,阅读散文,我们会有一种亲近感,往往会很自然地唤起相关的生活经历和人生经验,也很容易用自己的既成经验去过滤、同化甚至顶替散文中作者的经验,乃至忘记了去体察作者独特的情感和认知。

散文叙写日常生活,其实是作者以其独特的情感认知,叙写在日常生活中独特的发现和感悟以及独特的人生经验。

---

[1] 孙绍振. 文学创作论[M]. 福州:海峡文艺出版社,2009:373.

散文中叙写的所见、所闻，是"这一位"作者以其独特的感觉和知觉，对人、事、景、物及其意蕴的发现。散文中抒发的所思、散文中传达的所感，是"这一位"作者依其独特的境遇所生发的极具个人色彩的情思。

正因为经验之独特，正因为作者的经验与我们不同，我们才需要去读作品，才能够通过其散文去感受、体验、分享我们在日常生活中所没有、所不可能有的人生经历和经验，才能够通过阅读丰富和扩展我们的人生经验。

（四）"文学性的散文"的言和意

言承载意，意，是散文表现的内容，它主要指两个方面。

- 高度个人化的言说对象，作者眼里主观的人、事、景、物。
- 在散文的记叙、描述中所灌注的作者主体的思想、感情，他对社会、人生的思量和感悟。

这两方面归结为一点，就是作者独特的人生经验："这一位"作者依其独特感觉和知觉的所见、所闻，"这一位"作者依其独特境遇所生发的所思、所感。

而所见、所闻、所思、所感，落在"这一篇"，通过独抒心机的谋篇、个性化的言语表达、流露心扉的语句来充分表现。

作者的人生经验融会在他的语文经验里。"文学性的散文"尤其是优秀的散文作品，无不追求精准的言语表达——那些个性化言语所表现的，是丰富甚至复杂、细腻甚至细微的感官所触、心绪所至。

"文字里的思想是文学的实质。文字之所以佳胜，正在它们所含的思想。但思想非文字不存，所以可以说，文学就是思想。"[1]朱自清曾说过一段至今仍发人深省的话："只注重思想而忽略训练，所获得的思想必是浮光掠影。因为思想也就存在语汇、字句、篇章、声调里，中学生读书而只取思想，那便是将书中的话用他们自己原有的语汇等等重记下来，一定是相去很远的变形。这种变形必失去原来思想的精彩而只存其轮廓，没有什么用处。"[2]

---

[1] 蔡富清．朱自清选集：第三卷[M]．石家庄：河北教育出版社，1989：434-435．
[2] 朱自清．文心·序[M]//夏丏尊文集．杭州：浙江文艺出版社，1983：172．

综合上面的讨论,"文学性的散文"的着眼点总结为图4-11,左右两边是等值的。

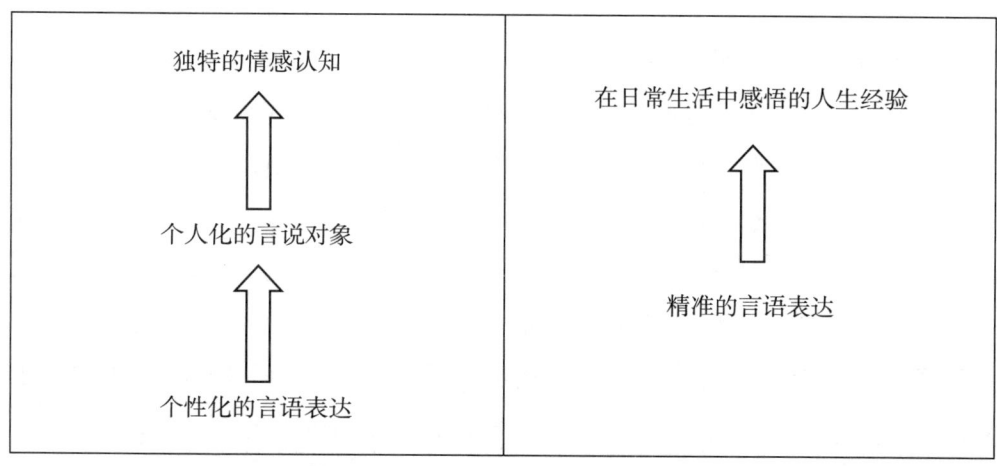

图4-11 "文学性的散文"的着眼点

四、散文阅读的要领

散文阅读,即鉴赏"文学性的散文",其要领可以归结为一句话:分享作者在日常生活中感悟到的人生经验,体味精准的言语表达。

(一)分享作者在日常生活中感悟到的人生经验

1. 分享首先要区分人、我

分享,是"和别人分着享受"[1]。分享的前提是区分人、我。

散文中的所见所闻,是别人的所见所闻;散文中的所思所感,是别人的所思所感。然而,正如前文所述,散文是与我们日常生活经验最为接近的文学样式,阅读散文很容易"人我不分",很容易用自己的既成经验去过滤、同化甚至顶替散文中作者的经验。

---

[1] 中国社会科学院语言研究所词典编辑室. 现代汉语词典[M]. 5版. 北京:商务印书馆,2007:404.

以己之心，揣度作者之念。这既是散文阅读所必需，也是散文阅读的陷阱。同我心者，赞之；异我心者，弃之；逆我心者，愤之。其结果，读却如未读，终究囿于自己的既成经验。

2．分享不是"占有""具有"

读者的经验与作者所传达的经验不同。这种不同，不仅表现在阅读的起点，也表现在阅读的终点。我们不能够占有作者的人生经验，换言之，我们不可能具有与作者等同的经验，无论是阅读之前、阅读之中还是阅读之后。在散文阅读教学中，语文教师似乎总有一种念头，希望学生"占有"作者的经验，这突出地表现在结课的"激情号召语"中。比如，"让我们带着安塞的精神走好自己的人生道路"（《安塞腰鼓》），"让我们带着百合的精神走好自己的人生道路"（《百合花开》），"让我们以一颗善良的心对待天下所有不幸的人们"（《老王》），等等。

所谓"分享"，是体察、认识和理解：世界上还有这样一种人，有这样一双眼睛，他们能看到这样的人、事、景、物；世界上还有一种人，有这样一腔情怀、一种情调，他们能有这样的感受、有这样的思量。在阅读中，我们突破自身直接生活经验的囿限；通过阅读，我们扩展、丰富对世界和他人的认识、理解；通过认识和理解，我们观照自我，触发或启迪对自己的生活和人生的思考。

（二）体味精准的言语表达

作者的人生经验通过精准的言语表达出来，也存活于这些言语中。唯有通过对言语的体味，我们才能把握作者的独特经验，才能感受、体认、分享散文所传达的丰富而细腻的人生经验。

1．体味必须细读

散文阅读，最忌浮皮潦草。浮皮潦草的结果，是不成熟的读者以自己的语文经验"篡改"作者的言语，把自己的经验"幻想"为作者的经验。

汪曾祺的《胡同文化》，不少读者以为它"抒发了对胡同和胡同文化的复杂情感"，尽管他们从这篇散文的大部分文字中找不到"情感"。笔者与语文教师一起备课时，他们拎出这一段，并揪出其中的"怀旧情绪"和"怅望低徊"。

看看这些胡同的照片,不禁使人产生怀旧情绪,甚至有些伤感。但是这是无可奈何的事。在商品经济大潮的席卷之下,胡同和胡同文化总有一天会消失的。也许像西安的虾蟆陵、南京的乌衣巷,还会保留一两个名目,使人怅望低徊。(《胡同文化》)

于是我们一起细读。"不禁"就是不由自主,"使人"中的"人",是看胡同照片的人,包括作者汪曾祺,也包括任何看过或可能看到这些照片的人。看这些照片的人都会不由自主地产生怀旧情绪。显然,这是客观的描述,而不是主观的抒情。接下来的"使人怅望低徊"也是如此。看到北京胡同遗迹的人都会不由自主地怅望低徊,这也是客观的描述,与试图感染别人的抒情无干。在被认为"最明显抒情"的段落和语句中,找不到"抒情",这样,所谓"抒发复杂情感"的谬解便轰然倒塌。

2. 体味是仔细领会[1]

仔细领会包括相辅相成的两个方面。

(1) 作者言语表达的功力。

优秀的散文作家,能够用语言精准地捕捉细微的感觉和知觉,能够用语言贴切地传达丰富而细腻的人生经验,尽管有时乍看起来是些很普通的语句。比如《散步》开篇的第一句:"我们在田野散步:我,我的母亲,我的妻子和儿子。"比如《藤野先生》开篇的第一句:"东京也无非是这样。"

对以言逮意的追求,对以言逮意的功力的敬重,可以说是语文学习的根本。阅读散文,不顾作者的言语表达,不能见识作者言语表达的功力,无异于买椟还珠。

(2) 精准的言语表达所蕴含的意味。

作者精准的言语,体现在对细腻的人生经验的贴切表达中。读者体会优秀散文的精准言语,落实在对作者感悟到的人生经验的领会中。

---

[1] 中国社会科学院语言研究所词典编辑室. 现代汉语词典[M]. 5版. 北京:商务印书馆,2007:1342.

品味语言,实质是挖掘文学作品中字里行间所蕴含的意思、意味,因而,散文的"文学鉴赏"不只是形式方面。

3．体味是体会、寻味[1]

散文阅读中的体会、寻味,也包括相辅相成的两个方面。

(1) 语言的滋味。比如《故都的秋》,体会下列加点词语的表达效果。

秋天,无论在什么地方的秋天,总是好的;可是啊,北国的秋,却特别地来得清,来得静,来得悲凉。我的不远千里,要从杭州赶上青岛,更要从青岛赶上北平来的理由,也不过想饱尝一尝这"秋",这故都的秋味。

(2) 作者的情调。尤其是所谓"闲话体"的散文,如周作人、林语堂、俞平伯、梁实秋等人的散文,体会作者"闲适"的情调,有时比了解他们所谈论的话题还要重要。作者的情调,其实就是作者的胸襟、情怀、气度,阅读优秀的散文作品,如果没有窥见作者的胸襟情怀,"无疑是重大的损失"[2]。

五、散文阅读教学的若干原则

散文阅读教学要遵循从散文的文类特征、"文学性的散文"的着眼点、散文阅读的要领等引申出来的一系列原则。

(一)"排除法"定义对散文教学的启示

散文用"排除法"定义,意味着最终留在"散文"这个筐里的,在文体上说不清、道不明。但教学必须以能说清、可道明为前提。从有利于散文教学的角度,我们建议在中小学语文教学中采用"紧缩的"散文定义,即"文学性的散文"。具体对策也可采用排除法。[3]

● 凡是体裁和文体特征认识比较清楚,已形成相应读法的,皆宜从"散

---

[1] 辞海编辑委员会．辞海[M]．上海:上海辞书出版社,2007:274．
[2] 徐泽春．散文的阅读和写作——南帆教授访谈[J]．语文学习,2012 (1)．
[3] 王荣生．中小学散文教学的问题及对策[J]．课程·教材·教法,2011 (9)．

文"中分化出来而专门对待,如通讯、特写、报告文学、报刊言论文章、传记、演讲词、科普小品、学术札记等。
- 有些体裁和文体特征有明确界说的,如回忆录、序言、杂文、散文诗等,也宜按独立小类专门对待。至于在大类上如何处理,对语文教学不具有实质性的意义。
- 对仍"被剩余"的"文学性的散文",要强化文体意识,根据文体特征,分野小类,力求形成可依循的解读理路。

孙绍振关于"审美散文""审智散文""审丑散文"的分别及其解读范例[1],钱理群关于"说理的散文""描写的散文""纪实的散文""抒情的散文"的分别及其解读范例[2],贵志浩关于"闲话体""独语体""倾诉体"的分别及其解读范例[3],还有在散文史研究和散文作家作品评论中提炼出的作家流派、风格等,均为分野小类提供了理论的依据。

(二)"不拘一格""张扬个性"对散文教学的启示

"不拘一格""张扬个性",是现当代优秀散文家刻意追求的散文境界。散文"无规范",但教学必须以明了规范为前提,对"无规范"的散文,也必须找到对应"无规范"的办法。

- 现代散文不拘一格,意味着在散文阅读教学中,绝不能用一种固定的套路去应对所有散文。
- 现代散文不拘一格,意味着绝不可以拿古代散文刻意考究的章法和技法,比如"以小见大""伏笔照应""一字之骨"等,去描摹、套用现代散文。
- 现代散文张扬个性,意味着在散文阅读教学中,必须找准这一位作者

---

[1] 孙绍振. 文学创作论[M]. 福州:海峡文艺出版社,2009:394-419.
[2] 钱理群. 说什么"理"?如何"说理"?[M]//钱理群,等. 解读语文. 福州:福建人民出版社,2010:241.
[3] 贵志浩. 话语的灵性——现代散文语体风格论[M]. 杭州:浙江大学出版社,2010:50-88.

散文的特质，必须找到这一篇散文的特质，包括所谈论的话题、所抒发的情思、所运用的语言。

（三）"文学性的散文"的着眼点对散文教学的启示

- 散文阅读教学，始终在"这一篇散文里"，要驻足散文里的"个人化的言说对象"；严防跑到"外在的言说对象"，演变为谈论"外在的言说对象"的活动。
- 散文阅读教学，要着眼于主体，揣摩作者的情思；要严防滞留在所记叙、描写的客体上，演变为谈论那人、那事、那景、那物的活动。
- 散文阅读教学，要关注作者独特的情感认知，引导学生走进"作者的独特经验里"；要严防受既成经验的遮蔽，演变为各抒己见的活动。
- 散文阅读教学，要由言及意，关注散文中的个性化言语所表达的丰富甚至复杂、细腻乃至细微处；要严防脱离语句，跑到概念化、抽象化的"思想""精神"中，演变为谈论口号的活动。

（四）散文阅读的要领对散文教学的启示

- 散文阅读教学，要引导学生学会区分人、我，引导学生体察散文中表露的、对学生来说很可能是陌生的经验。
- 散文阅读教学，要引导学生学会分享，在认识和理解别人的所见、所闻、所思、所感的过程中，观照自我。
- 散文阅读教学，要引导学生细读，体味作者言语表达的功力，体味精准的言语表达所蕴含的意味，体味语言的滋味和作者的情调。
- 散文阅读教学，要培养学生以言逮意的追求，要唤起学生对以言逮意的功力的敬重。

六、教学设计样例：《昆明的雨》

昆 明 的 雨

汪曾祺

宁坤要我给他画一张画，要有昆明的特点。我想了一些时候，画了一幅：右上角画了一片倒挂着的浓绿的仙人掌，末端开出一朵金黄色的花；左下画了几朵青头菌和牛肝菌。题了这样几行字：

昆明人家常于门头挂仙人掌一片以辟邪，仙人掌悬空倒挂，尚能存活开花。于此可见仙人掌生命之顽强，亦可见昆明雨季空气之湿润。雨季则有青头菌、牛肝菌，味极鲜腴。

我想念昆明的雨。

我以前不知道有所谓雨季。"雨季"，是到昆明以后才有了具体感受的。

我不记得昆明的雨季有多长，从几月到几月，好像是相当长的。但是并不使人厌烦。因为是下下停停、停停下下，不是连绵不断，下起来没完。而且并不使人气闷。我觉得昆明雨季气压不低，人很舒服。

昆明的雨季是明亮的、丰满的，使人动情的。城春草木深，孟夏草木长。昆明的雨季，是浓绿的。草木的枝叶里的水分都到了饱和状态，显示出过分的、近于夸张的旺盛。

我的那张画是写实的。我确实亲眼看见过倒挂着还能开花的仙人掌。旧日昆明人家门头上用以辟邪的多是这样一些东西：一面小镜子，周围画着八卦，下面便是一片仙人掌，——在仙人掌上扎一个洞，用麻线穿了，挂在钉子上。昆明仙人掌多，且极肥大。有些人家在菜园的周围种了一圈仙人掌以代替篱笆。——种了仙人掌，猪羊便不敢进园吃菜了。仙人掌有刺，猪和羊怕扎。

昆明菌子极多。雨季逛菜市场，随时可以看到各种菌子。最多，也最便宜的是牛肝菌。牛肝菌下来的时候，家家饭馆卖炒牛肝菌，连西南联大食堂的桌子上都可以有一碗。牛肝菌色如牛肝，滑、嫩、鲜、香，很好吃。炒牛肝菌须多放蒜，否则容易使人晕倒。青头菌比牛肝菌略贵。这种菌子炒熟了也还是浅绿色的，格调比牛肝菌高。菌中之王是鸡㙡，味道鲜浓，无可方比。鸡㙡是名贵的山珍，但并不真的贵得惊人。一盘红烧鸡㙡的价钱和一碗黄焖鸡不相上下，因为这东西在云南并不难得。有一个笑话：有人从昆明坐火车到呈贡，在车上看到地上有一棵鸡㙡，他跳下去把鸡㙡捡了，紧赶两步，还能爬上火车。这笑话用意在说明昆明到呈贡的火车之慢，但也说明鸡㙡随处可见。有一种菌子，中吃不中看，叫作干巴菌。乍一看那样子，真叫人怀疑：这种东西也能吃？！颜色深褐带绿，有点像一堆半干的牛粪或一个被踩破了的马蜂窝。里头还有许多草茎、松毛、乱七八糟！可是下点功夫，把草茎松毛择净，撕成蟹腿肉粗细的丝，和青辣椒同炒，入口便会使你张目结舌：这东西这么好吃？！还有一种菌子，中看不中吃，叫鸡油菌。都是一般大小，有一块银圆那样大的溜圆，颜色浅黄，恰似鸡油一样。这种菌子只能做菜时配色用，没甚味道。

雨季的果子，是杨梅。卖杨梅的都是苗族女孩子，戴一顶小花帽子，穿着扳尖的绣了满帮花的鞋，坐在人家阶石的一角，不时吆唤一声："卖杨梅——"，声音娇娇的。她们的声音使得昆明雨季的空气更加柔和了。昆明的杨梅很大，有一个乒乓球那样大，颜色黑红黑红的，叫作"火炭梅"。这个名字起得真好，真是像一球烧得炽红的火炭！一点都不酸！我吃过苏州洞庭山的杨梅、井冈山的杨梅，好像都比不上昆明的火炭梅。

雨季的花是缅桂花。缅桂花即白兰花，北京叫作"把儿兰"（这个名字真不好听）。云南把这种花叫作缅桂花，可能最初这种花是从缅甸传入的，而花的香味又有点像桂花，其实这跟桂花实在没有什么关系。——不过话又说回来，别处叫它白兰、把儿兰，它和兰花也挨不上呀，也不过是因为它很香，香得像兰花。我在家乡看到的白兰多是一人高，昆明的缅桂是大树！我在若园巷二号住过，院里有一棵大缅桂，密密的叶子，把四周房间都映绿了。缅桂盛开的时候，房东（是一个五十多岁的寡妇）就和她的一个养女，搭了梯子上去摘，每天要摘下来好些，拿到花市上去卖。她大概是怕房客们乱摘她的花，时常给各家送去一些。有时送来一个七寸盘子，里面摆得满满的缅桂花！带着雨珠的缅桂花使我的心软软的，不是怀人，不是思乡。

雨，有时是会引起人一点淡淡的乡愁的。李商隐的《夜雨寄北》是为许多久客的游子而写的。我有一天在积雨少住的早晨和德熙从联大新校舍到莲花池去。看了池里的满池清水，看了作比丘尼装的陈圆圆的石像（传说陈圆圆随吴三桂到云南后出家，暮年投莲花池而死），雨又下起来了。莲花池边有一条小街，有一个小酒店，我们走进去，要了一碟猪头肉，半市斤酒（装在上了绿釉的土瓷杯里），坐了下来。雨下大了。酒店有几只鸡，都把脑袋反插在翅膀下面，一只脚着地，一动也不动地在檐下站着。酒店院子里有一架大木香花。昆明木香花很多。有的小河沿岸都是木香。但是这样大的木香却不多见。一棵木香，爬在架上，把院子遮得严严的。密匝匝的细碎的绿叶，数不清的半开的白花和饱涨的花骨朵，都被雨水淋得湿透了。我们走不了，就这样一直坐到午后。四十年后，我还忘不了那天的情味，写了一首诗：

莲花池外少行人，野店苔痕一寸深。
浊酒一杯天过午，木香花湿雨沉沉。

我想念昆明的雨。

1984年5月19日

（一）课文的教学解读

《昆明的雨》是一篇散得一塌糊涂的散文，与学生以往所读的散文有天壤之别，阅读理解这篇散文对学生和教师都有相当的挑战。课文的关键点简述如下：

1. 作者的情调

开篇劈空而来的一句"宁坤要我给他画一张画"，一下子拉近了与我们读者的距离，我们似乎一下子成了与作者相识的熟人，来听一位具有丰富生活阅历的老人絮絮叨叨地讲述他四十多年前的见闻观感。首尾两处独段的"我想念昆明的雨"，是全文的最关键语句。开端独段一句"我想念昆明的雨"，摆开了兴味盎然、东拉西扯的聊天架势。全文最后独段一句"我想念昆明的雨"，使聊天戛然而止，就像作者对我们说：今天就讲到这吧，有兴趣的话我们明天接着聊。"想念"，是全文的情感基调，结合全文语境，这个词应理解为"念想"，也就是"时常惦记着"的意思。

听了几堂教学《昆明的雨》的课，笔者觉得师生朗读这篇课文的味都不对。应该像一位老人向年轻人闲聊往事那样,用聊天讲话的口吻;边回忆边讲,边讲边回忆,还不时评点几句,讲着讲着又记起什么有趣的人和事,边讲还边留意察觉我们听者的神态,生怕我们听不懂,不时地添加些知识普及性的解释语。

2. 散得一塌糊涂的内容

这篇散文的大结构,貌似有条理的:从画了一幅画说起,以独段一句"我想念昆明的雨"统领下文,由话题展开,先说昆明的雨季,聊到仙人掌,进而聊"昆明菌子极多",再聊"雨季的果子,是杨梅",聊"雨季的花是缅桂花",又想起了莲花池边喝酒以及酒店院子里的一棵大木香树,最后突兀而来的独段一句"我想念昆明的雨"拢括上文,首尾两处独段的"我想念昆明的雨"把拉拉杂杂的内容包裹了起来。

全文的小结构,也就是每个话题或段落的内部,那个真叫"散"!以"缅桂花"这段为例,大致夹着五层内容:①直接说到话题是一层:云南雨季的缅桂花。②破折号标示的解释语,是一层。③括号里的补充解释或点评,是一层。④房东的故事,是一层。⑤女房东送的"带着雨珠的缅桂花使我的心软软的",这又是一层,"不是怀人,不是思乡"有点暧昧感。一个段落,容纳这么庞杂的内容,还让人读起来兴味十足,真是高手!

3. 语言特质

也就是汪曾祺语言的独特之味。有典雅的词语,如"味道鲜浓,无可方比"等;有看似粗俗的大白话,如"很好吃""没甚味道""一点都不酸"等。断句也有讲究,分开来看,几乎每一句都是随意的平常语句;合起来读,随意的平常语句连贯起来,却有一种颇耐咀嚼的滋味。比如:

> 我不记得昆明的雨季有多长,从几月到几月,好像是相当长的。但是并不使人厌烦。因为是下下停停、停停下下,不是连绵不断,下起来没完。而且并不使人气闷。我觉得昆明雨季气压不低,人很舒服。

这篇散文的标点,也是可琢磨的地方——又乱又杂,有不少叹号,还有两处问号加叹号,有不少括号,有很多显眼的破折号。恐怕这是在散文中(或许是在所有短文中)标点符号的种类用得最多的一篇,又杂又乱,但传神。

(二)关于教学活动的建议

散文的教学,自然要归结到"体味散文精准的语言表达,分享作者感悟的独特人生经验"。但体味的方法,应依据每篇散文的特性。如果说《生命,生命》重在理解,那么《昆明的雨》则重在感受。这篇课文的教学,恐怕只有以下两个法子。

1. 表演性朗读

像一位老人向年轻人闲聊往事那样,用聊天讲话的口吻,读出它的情味,读出它散得一塌糊涂的样态——边回忆边讲,边讲边回忆,还不时评点几句,讲着讲着又记起来什么有趣的人和事,不时地添加一些知识普及性的解释语。

2. 拆拆合合地琢磨

将段落或全文,东拉西扯的内容一层一层拆,如上面举例的"缅桂花"这段;然后再合,看多层内容是如何组装成连贯的段落或全文。在拆拆合合的过程中,细察作者用词、断句、标点,体会语言的滋味。

第三节 小说阅读教学设计[1]

阅读是一种文体思维。阅读总是对特定体式的文本的阅读。不同体式的课文,其阅读方式、阅读方法均有所不同。阅读教学,必须十分关注阅读的体式差异;不同体式的阅读有其相应的教学内容以及相匹配的教学方法。

小说是主要的文学体裁之一,包含众多亚文类,文学界一般认定短篇小说(包括微型小说)与中长篇小说有实质性差别。本节所讲的"小说"是短篇小说,不包括时下统称为"整本书"的中长篇小说。

---

[1] 本节由浙江台州学院教授陈隆升博士执笔。

一、小说与小说阅读

传统的小说理论认为,小说是通过人物、故事和场景的具体描写来反映社会生活的一种叙事性的文学体裁。

由此而衍生出小说的基本特征:细致的人物刻画、完整的故事情节、背景或环境的具体描绘。这三方面是密切联系的,因为要多方面细致地刻画人物,就必须充分地展开故事情节;在描写情节时,必然要对背景和环境进行更具体的描写。

于是,小说的三要素(人物、情节、环境)成了传统现实主义小说观的基石。

随着对小说叙述学和小说文体学的深入研究,人们逐渐认可了这样一种观点:小说是经验成分与虚构成分重新结合的产物。一旦虚构存在,叙述"什么样"的故事便不再那么重要,小说"写实"的功能和地位骤减。人物是否可信,情节是否完整而富有因果逻辑,是否一定要有一个主题和一个怎样的主题……这些问题的分量减轻了。

许多时候人们关注的是"怎样"讲述一个故事。虚构的合法性使叙事文学在很大程度上摆脱了说明、推理和澄清事实等诸如此类的世俗行为,欧美的很多小说创作开始悖离"真实""反映""模仿"等现实主义陈规,叙事成为一种富有挑战性的技巧。[1]

从现代小说观来看,小说是用散文写成的具有某种长度的虚构的故事。"撒谎"被冠冕堂皇地看成了小说的"本性"。对早期的小说观来说,这无疑是一次革命性的颠覆。

立足于传统和现代两种小说观的比较,我们对小说体式特征的认识应该有更宽广的视野,在保持小说三要素的基础上,应吸纳更多的关于"叙事技巧"方面的知识。

关于小说文体知识的介绍如下。

---

[1] 南帆. 文学理论(新读本)[M]. 杭州:浙江文艺出版社,2002:64.

小说文体知识简介

【故事】

小说就是讲故事，故事是小说的基本面，是一切小说不可或缺的最高要素。一本小说必须有个故事做骨干。所谓故事就是对一些按时间顺序排列的事件的叙述。现代派小说对故事的深恶痛绝与坚决唾弃，无非是对故事的更大胆的切割与肢解。而它一旦真的让人完全看不到故事时，也就不会再被人看成小说了。故事是小说的本性之一——本性难改，改了也就不是小说了。

——曹文轩《小说门》，作家出版社2002年版

【情节】

情节是小说的逻辑面。与故事（按时间顺序）不同，情节也要叙述事件，但它特别强调因果关系。如"国王死了，不久王后也死去"便是故事；而"国王死了，不久王后也因伤心而死"则是情节。虽然情节中也有时间顺序，但却被因果关系掩盖。对于王后已死这件事，如果我们再问"以后呢"，便是故事；要是问"什么原因"，则是情节。这就是小说中故事与情节的基本区别。把握故事是受好奇心驱使的（好奇心是人类最原始的一种官能），而情节则是要凭智慧和记忆力才能鉴赏的。

【人物】

把人物纳入虚构的环境中，是虚构的想象世界能够存在的一个重要条件。在这里，一切都通过对人物与行动或者错综复杂的故事之间的关系描写在小说中得到模仿。小说家一般是以人生的"五种事件"（出生、饮食、睡眠、爱情和死亡）来创造人物。小说的人物可谓是多种多样，其中最有价值的是扁平人物与圆形人物的创造。扁平人物也称为"性格"人物、类型人物或漫画人物，是按照一个简单的意念或特性而被创造出来。圆形人物则具有复杂而多变的性格。扁平人物和圆形人物在小说创作中都是不可或缺的，有时是可以相互转化的。

——（英）爱·摩·福斯特《小说面面观》，花城出版社1984年版

【场景】

场景是小说的最小构成因素，小说是由一个又一个场景连缀而成。场景描写

是场面描写和风景描写的合称，类似于传统教科书所说的"环境描写"。它是某一段时间内社会生活的横截面，包括人物、事件和环境三个因素，与单纯的环境描写不同，它是以人物为中心的环境描写。古典小说场景描写的特点是：细致、确切，现代小说的场景特点是：模糊、虚幻。

——曹文轩《小说门》，作家出版社2002年版

二、小说阅读教学设计要点

（一）小说阅读教学内容的确定

小说阅读教学设计的核心是确定教学内容。一般来说，对于一篇作为"课文"的小说作品，其教学内容的确定应遵循以下三个步骤。

1. 解读小说文本

解读小说文本就是阅读作为"课文"的小说文本，并从中提炼出准备教学的内容。成功的小说文本解读需要做好两项工作。[1]首先是"裸读"课文。把教学参考、教学资料以及网上的教学设计等先悬置起来，直面文本，捕捉阅读的第一感觉，潜心体会作品的思想和艺术。

其次，随教而读、以教促读，参考名家的解读和研究。比如教鲁迅先生的《故乡》一文，就应该找一些研究鲁迅的著作，翻看其中相关章节，可在网上输入关键词"故乡"，看一些名家解读《故乡》的文章，这将有助于我们打开视野，选择更合宜的教学内容。如，钱理群的《故乡：心灵的诗》里有这么一段内容：

《故乡》里分明有两个故事：他人的故事——闰土的故事，与"我"自己的故事，两者互相渗透、影响，构成了一个复调，以往的阅读偏于注重闰土的命运及其意义，其实作者的着力点反倒是在对"我"的精神历程的审视。对闰土的观照是包蕴其内的，故乡更是一首心灵的诗。

---

[1] 李卫东. 以《故乡》为例谈教学内容的确定[J]. 语文教学通讯，2010（35）.

这些话可以帮助我们打开阅读的思路，从这样一个角度来解读《故乡》，我们的教学内容就有了学理上的支持，并确保所教的内容更符合这篇小说的体式特征。

2. 学情分析

学情分析指的是教师在文本解读的基础上对学生阅读状况进行了解或预估。

学情分析，最理想的方式是"先学后教"，让学生先自主学习，在这个过程中教师可以观察、了解学生阅读这篇课文的真实反应，并依据这些反应，有针对性地选择教学内容。如果不能做到"先学后教"，就要对学情充分预估：学生读这样的一篇文章会在哪些方面遇到困难，他们最感兴趣的是什么、不感兴趣的是什么，需要帮助的地方在哪里，认识不到的盲点在哪里……以此作为确立教学内容的依据。

比如，教学《故乡》这篇课文，可以这样来预估"学情"：

第一，学生可能对于"我"和闰土之间的关系不明白，为什么会称"我"为老爷，称"老爷"意味着什么。

第二，学生对"我"和杨二嫂、闰土这三个人物之间的关系可能没有清晰的把握。

第三，学生可能只关注闰土和杨二嫂，而忽略或者说无视另一个人物形象——"我"的存在，学生对"我"这个人物形象的认识和关注不够。

3. 形成合宜的教学内容

教师对小说文本解读所获得的内容（包括专家的文本阐释）并不都需要在课堂上教给学生。同样，教师了解到的学生感兴趣或有困惑的内容也未必都可以被选定为教学内容。小说教学内容的确定需要进行综合考量，是在文本的教学解读与具体学情之间来回斟酌的结果。

例如，在文本解读和学情分析之后，特级教师李卫东对《故乡》的教学内容进行如下的认定[1]。

---

[1] 李卫东. 以《故乡》为例谈教学内容的确定[J]. 语文教学通讯，2010（35）.

我是从"人物话语方式"的角度来确立教学内容的，即通过话语走进人物的精神与心灵世界，教给学生这样一个阅读小说的方法性知识。

首先分析闰土的话语方式。少年闰土说话滔滔不绝、无拘无束。小说里省略号用得比较多，意思是"话"说不完，是省略内容，肚子里有没完没了的故事。

再看中年闰土。这里也是省略号多，其作用是表示话语中断。我们用一个总的特点来概括中年闰土的话语方式，那就是"失语"。少年闰土有说不完的话，是非常健康、自然充盈的一种言说方式。现在却失去了。中年闰土也不是一点话都没有，但是吞吞吐吐，失语了，不正常、不自然。

分析完闰土，然后让学生分析杨二嫂的话语方式。闰土"失语"了，杨二嫂呢？请学生分析课文得出自己的结论。学生会找出"胡子这么长了"一类的感叹句，这是怎样的话语方式呢？这是"癫语"。

再来引导学生概括"我"的话语特点。"我几乎没说话""我不知道说什么好了""我无话可说"，几乎没有"我"的完整的对话语言。用来概括"我"的话语特点就是"无语"。"我"是孤独的，没有人可以与"我"进行沟通。

失语、癫语、无语，归纳出这样的话语特征，都是有文本依据的，并不是凭空分析。中年闰土、"我"、杨二嫂，他们实际上都是非自然地使用话语，一个是失语，一个是癫语，一个是无语，这都与少年闰土和少年的"我"那种纯粹自然的言语交际不一样。

然后引导学生讨论：这种不自然的话语方式意味着什么？

（二）小说阅读教学环节的安排

确定了教学内容之后，就要设计相应的教学（或学习活动）环节，即要为教学内容的展开设计相应的步骤。

1. 确定教学内容的最终落点

确定教学内容的最终落点，就是要明确通过这篇小说的学习，学生最终将学到哪些东西，即对教学的终点（预期学习结果）要做到心中有数。

例如，杨冬雪老师在选择鲁迅小说《孔乙己》的教学内容时[1]，首先意识到了传统小说教学模式的不足，于是决定从文本的叙事技巧方面入手，确立核心教学内容；然后，杨老师对叙事技巧方面的所有内容进行了分析，认为学生要把握文本的表层叙事（即小说叙述的故事）并不难，难的是要让学生认识到小说是如何介入和展开叙事的。于是，范围逐步缩小，这篇课文教学内容的最终落点确定为，"欣赏小说独特叙事视角的艺术妙处"。

2. 依据教学内容的"最终落点"设计教学环节

确定小说教学内容的最终落点之后，接下来就是安排相应的教学环节（步骤）。

例如，在上面的《孔乙己》课例中，任课教师围绕"最终落点"设计了两个台阶式的教学环节。

环节一：引领学生走入文本，初步把握"看与被看"的叙事视角

(1) 如果你是电影《孔乙己》的导演，拍摄中你会选取哪几个生活片段来加以表现？

(2) 在这些片段中，出场的人物分别有怎样的共性和差异？

(3) "孔乙己一到店，所有喝酒的人便都看着他笑。"他们笑孔乙己什么呢？

(4) 在同样处于社会底层的人群中，这一对立模式很值得深思。孔乙己是否也曾想缓和这一对峙？

环节二：叙事视角和叙事者的选择与运用

(1) "看与被看"的有关事件是如何被引入和得以被讲述的？

(2) "我"和"我再看"的双重模式有何作用？

在这里，第一个环节是第二个环节的准备与铺垫，第一个环节让学生通过被叙述的场景，来把握小说中人物之间的"看与被看"的关系，这为第二个环节探讨

---

[1] 杨冬雪.《孔乙己》教学设计[J]. 中学语文教学，2011 (3).

小说"怎样叙事"奠定了基础。对第二个环节的讨论，可以引导学生认识小说中的叙事者——"我"实际有两种身份：一是成年的"我"，一是童年的"我"，而小说采用的就是成年之"我"看童年之"我"的叙事视角。这样的叙述在读者的体验中形成了一种巨大的张力，让人不得不佩服作者设置这一叙事视角的匠心。

三、教学设计样例：《变色龙》

下面通过李先梅老师多次备课《变色龙》这篇课文的经历[1]，展示小说阅读教学的设计。从李老师的教学设计经历及教后反思可以看到，一个好的设计是在不断打磨、不断吸纳知识、不断反思、不断超越自我中形成的。

《变色龙》教学设计之一："搞笑"版

【设计依据】

列夫·托尔斯泰称俄国小说家契诃夫为"第一流的幽默作家"。契诃夫的短篇小说《变色龙》就是一篇非常幽默的小说名篇，因此，教学不妨从"幽默"入手，看看作家究竟是如何表现其幽默天才，如何取得幽默效果的。为此，我通过寻找小说中的"幽默点"进行教学设计。

【设计框架】

1. 预习。通读全文，解决生字词，思考：这篇课文带给你的最大感受是什么？

2. 导入。列夫·托尔斯泰称俄国小说家契诃夫为"第一流的幽默作家"。的确，读过他的短篇小说《变色龙》的人，都会忍俊不禁。请你说说小说的哪些方面让人忍俊不禁。

3. 筛选信息。

（1）小说里审案的警官在审案过程中变来变去很滑稽、很夸张。

（2）小说的题目，用一种动物的名称来比喻一个人，很有讽刺意味。

（3）小说主人公的名字奥楚蔑洛夫，在俄语中是"疯癫"的意思，用它做姓，具有很强的讽刺意味。

---

[1] 李先梅.《变色龙》：经典课文的若干种教学思路[J]．中学语文教学，2011（6）.

(4) 课文情节很有意思，这个案子被审判的是一条狗，和文中的人物哈巴狗形象很吻合，这不是巧合，而是作者的巧妙构思。

(5) 文中人物的语言很幽默，读来如闻其声、如见其人。

(6) 小说中的受害者赫留金的形象也很滑稽可笑，想必他可能是一个很无聊的人，想获得一笔赔偿的计划落空，反而被人耻笑……

(7) 文章的结尾也很滑稽，赫留金不仅没有得到赔偿，反而落得"早晚要收拾"的下场。

4．归纳主题。

师：在这些让人好笑的人物和情节中，作家着力刻画的是什么？

明确：刻画了一个沙俄警官在审案过程中翻手为云、覆手为雨的形象。通过警官奥楚蔑洛夫在处理狗咬人案件中反复无常的变化，塑造了一个媚上欺下、见风使舵的沙皇走狗形象，巧妙揭示了俄国警察统治的反动和黑暗。

5．作业与评价。课外阅读作者的另一篇小说《装在套子里的人》，比较两篇小说在"幽默"处理上的异同。

【教后反思】

上完课后，我感觉并不太好。在设计之时，自以为以"幽默"为切入点，角度独特，颇有创意，并且暗自得意许久。但从课堂教学效果来看，学生似乎并不觉得有多么幽默。当然，学生在阅读中是能够感受到一些幽默的因素的。但是，一旦我把"幽默"作为重要的教学内容，要学生去寻找、去分析，那就一点儿都不幽默了，这就有点挠别人胳肢窝的感觉。换言之，学生们"被幽默"了一次。

幽默，真的是《变色龙》这篇小说教学的重要内容吗？为突出"幽默"而强行要求学生从课文中"筛选"幽默，还会有"幽默"吗？面对冷得出奇的课堂，我感觉自己上了一堂"冷幽默"式的搞笑版语文课。那么，这篇经典作品究竟应该从哪里入手呢？于是，我重新调整了自己的思路，有了一个全新的设计版本。

《变色龙》教学设计之二:"变色"版

【设计依据】

小说的标题为"变色龙",全文主要在写警官奥楚蔑洛夫审理一桩案子,围绕着"小狗的主人究竟是谁"这一问题展开,狗的称呼在变,奥楚蔑洛夫的处理意见在变,唯一不变的是……因此,"变色"应该是小说中重要的线索,可以串起全文的主要内容。

【设计框架】

1. 预习。通读全文,解决生字词,思考:这篇课文带给你的最大感受是什么?
2. 问题讨论。警官在审案过程中有几次变化?是怎样变的?为什么会变?
3. 梳理情节。设计情节板书如下:

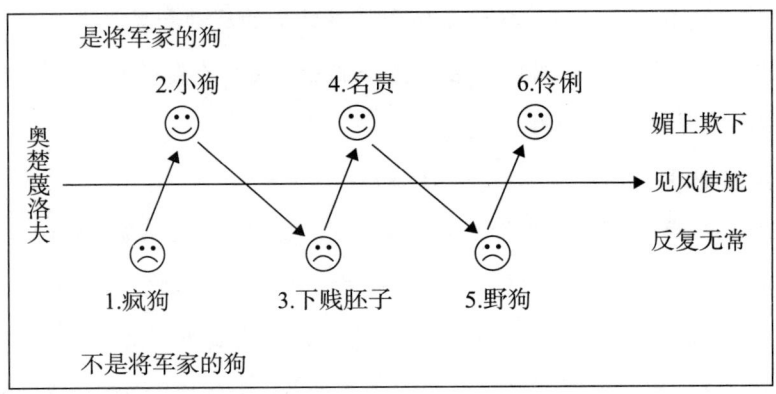

4. 讨论:从这些变化中可以看出什么?

警官奥楚蔑洛夫处理案件不是根据事实来明确案犯的罪责,而是根据案犯的身份或案犯的家庭背景及社会背景来确定案子的处理结果,之所以变来变去,目的都是为了保全自己,讨好比自己职位高或比自己身份高贵的人。简言之:讨好上级,明哲保身。

5. 作业与评价。课外阅读作者的另一篇小说《装在套子里的人》,比较两篇小说在"人物言行"描写上的异同。

【教后反思】

经过教师的一番引导,学生最后得出这样一串结论:奥楚蔑洛夫不是根据事实而是根据狗主人的身份来断案,他不是一个秉公执法的警官,是一个营私舞弊的警官;虽然警官判定的结果完全相反,但他始终在讨好上级、欺压下级;这个警官是一个媚上欺下、见风使舵的走狗;这个警官处处为自己的利益着想,是一个昏官;从警官厚颜无耻的行径中,我们看到了那个社会的黑暗……

学生还在滔滔不绝,我却惊出一身冷汗。这种义正词严的大批判式的论调,"90后"的学生究竟是怎样学会的呢?这还是在上语文课吗?另外,如果课堂上所有学生几乎毫不费力地都能够梳理出小说的基本情节,我居然将梳理情节作为教学重点,在多数学生不存在问题的内容上大费周章,这能算教学的成功吗?

看来,《变色龙》的教学设计,绝不能只是简单地让学生梳理一下奥楚蔑洛夫前后变了几次就可以了事的,也不是简单地让学生最后对人物下几个断语、"戴几顶帽子"就可以完成的。

那么,什么才是《变色龙》一文最重要的元素呢?我陷入了苦苦思索中:这是一篇小说,这是一篇契诃夫的小说,这是一篇契诃夫以对话为主体内容的小说。

当我思考到这里时,灵光忽然一闪:对啊,只要我认真研读这篇小说中最关键的滋味与元素,将这篇小说不同于契诃夫其他小说的地方凸显出来,不就可以确定这篇课文的教学内容了吗?最后,我终于形成了另外一个教学设计版本。

《变色龙》教学设计之三:"对话"版

【设计依据】

契诃夫小说大多是速写式的,情节极其简单。而在《变色龙》这篇小说中,契诃夫为保证小说叙述的客观性,选择了直接引语来展示小说中人物的对话,尽量减少叙述者的干预。正是由于直接引语的精彩使用,才使得小说中每一个人物的性格跃然纸上、呼之欲出。事实上,这篇小说中的人物性格和情节发展,几乎完全依赖人物语言的刻画和推进。如果删除对话,无法想象这篇小说还能剩下什么!

因此,研读品味小说中的对话,应该可以成为这篇课文的主要教学内容。

【设计框架】

1. 预习。通读全文,解决生字词,思考:这篇课文带给你的最大感受是什么?
2. 教学展开。

活动一：分角色朗读对话

人物对话是这篇小说的主要内容。请学生画出人物对话的语句，以四人小组为单位，分角色朗读，看谁能根据人物性格，用恰当的语气和语调来朗读。（提示对话人物：奥楚蔑洛夫、巡警、群众、将军哥哥。）

（学生读，教师巡视。）

活动二：赏析人物对话

师：你从哪些语句中读到了一个怎样的警官形象？请用几个词语来概括警官奥楚蔑洛夫的形象。

学生讨论（语句略）：人物形象——媚上欺下、见风使舵、厚颜无耻、反复无常……

师：小说人物性格和情节发展依靠人物语言来刻画和推进，小说中人物对话频繁，使得小说语言简洁、干练。正是由于精彩对话的使用，才使得人物的性格跃然纸上、呼之欲出。小说中，除了重点刻画警官奥楚蔑洛夫之外，还刻画了首饰匠赫留金、围观者等。请大家通过他们的语言和行动来看看他们是一些怎样的人。

学生讨论，得出如下结论。

（1）首饰匠赫留金本来是一位受害者，应该同情，但从他的语言中，我们发现他也同样按照奥楚蔑洛夫的逻辑为人处世，把当宪兵的弟弟拿来炫耀。

（2）作者四次写到围观者，从他们的语言中可以看出这是一群极度无聊而又缺乏是非观的民众。

活动三：明确小说主题

师：作者为什么要写这样一个警官和一群民众在广场上滔滔不绝的对话呢？（教师投影展示如下背景资料，供学生参考。）

> 《变色龙》作于1884年，当时正是俄国民主党人刺杀亚历山大二世（1881年）之后，亚历山大三世一上台，在竭力强化警察统治的同时，也制定了一些掩人耳目的法令，给残暴的专制主义蒙上一层温情脉脉的看似有些民主的面纱。这时的警察不再是果戈理时代随意用拳头揍人的警棍了，他们十分遵守法令，但却打着遵纪守法的官腔，干着献媚邀功的勾当。警官奥楚蔑洛夫正是当时沙皇专制制度下警察的化身。因此，这篇作品讽刺、揭露的不仅仅是一个普通的、孤立的警察，而是当时崇拜官爵的俄国专制主义社会。

学生讨论，最终形成如下结论：

一个荒唐的警官、一条可怜的小狗、一个无辜的人、一群可笑的看客，在广场上围绕着"狗咬人"的一桩小事，翻手为云、覆手为雨，为我们上演了一段可笑而又令人感到沉重、压抑的故事。作者批判的巨笔直指那个黑暗的社会。

3. 作业与评价。课外阅读作者的另一篇小说《装在套子里的人》，比较两篇小说在"对话"上的异同。

【教后反思】

上完课后，学生的第一反应是：我们以前看小说经常跳过那些大段的对话，没想到小说里的对话居然这么有意思！

我也感觉到这堂课似乎比以前的几堂课更接地气、更加实在了，以往常有的把语文课上得过于飘忽的担心，也因此消弭了。

这时，我忽然意识到：自己是不是触摸到小说教学内容确定的路径了呢？

但是，对话究竟该不该、能不能成为小说教学的主要内容之一？如果人物对话可以成为小说教学的主要内容，那么应该怎么教？对于这些问题，我还处于探索之中。

四、教学设计样例：《清兵卫与葫芦》

《清兵卫与葫芦》教学设计[1]

【设计说明】

《清兵卫与葫芦》是人教版选修教材《外国小说欣赏》第五单元的课文，同单元的另外一篇课文是德国小说家伯尔的《在桥边》。本单元根据小说的"情节"元素选编这两篇文章，中心话题是"情节"。本单元教学主要借助"情节"这一小说元素，达到欣赏小说的目的。《清兵卫与葫芦》与《在桥边》这两篇小说在情节运用模式上具有一定的代表性，特别是在运用技巧上又各有侧重。前者侧重于"摇摆"，后者侧重于"出乎意料与情理之中"。另外，在细节的处理上也别具匠心。

---

[1] 设计者：浙江省青田中学高级教师王立军。

在教学预想上主要借助"细节"与"摇摆"这把知识的钥匙,打开欣赏小说之门。本设计从品味细节切入,引出"摇摆";然后要求学生寻找"摇摆",分析其作用;运用"摇摆",续写故事;探究作者的"摇摆",领会主题。层层递进,逐步深入,透彻理解"摇摆"这一技巧,并以此带动其他话题的学习,从而领悟到小说的美妙之处,获得审美享受。

本课的教学目标、教学重点和教学难点见表4-3。

表4-3 《清兵卫与葫芦》教学目标、教学重点与教学难点

教学目标		教学重点	教学难点
总述	分述		
借助"细节"与"摇摆"这把知识的钥匙打开欣赏小说之门。	1. 领会小说的内容与题旨。		
	2. 了解细节与情节之间的关系,领会细节对刻画人物形象的作用。	1. 领会细节对刻画人物形象的作用。	
	3. 考察小说情节的运用模式,理解"摇摆"的特征及其对刻画人物与表现主题的作用。	2. 理解"摇摆"的特征及其对刻画人物与表现主题的作用。	理解"摇摆"的特征及其对刻画人物与表现主题的作用。

《清兵卫与葫芦》主体环节设计(1课时)如图4-12所示。

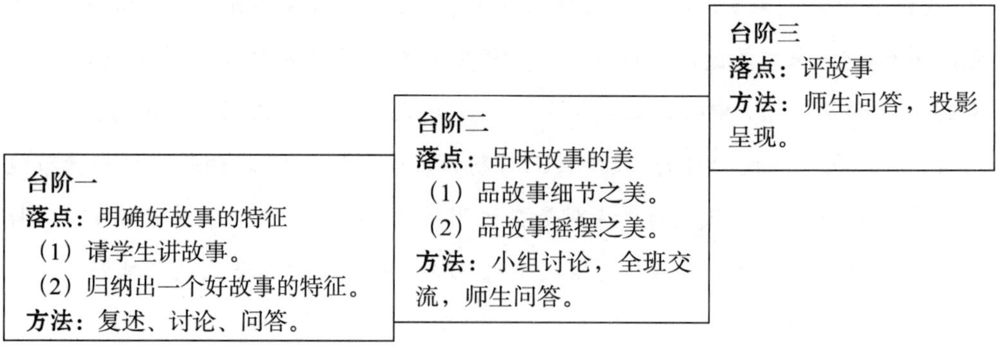

台阶一
落点:明确好故事的特征
(1)请学生讲故事。
(2)归纳出一个好故事的特征。
方法:复述、讨论、问答。

台阶二
落点:品味故事的美
(1)品故事细节之美。
(2)品故事摇摆之美。
方法:小组讨论,全班交流,师生问答。

台阶三
落点:评故事
方法:师生问答,投影呈现。

图4-12 《清兵卫与葫芦》主体环节设计(1课时)

《清兵卫与葫芦》的教学流程设计（1课时）

一、请你讲故事

1. 直接导入：今天我们学习日本作家志贺直哉的小说《清兵卫与葫芦》。作者在小说的开头就说"这是一个叫清兵卫的孩子跟葫芦的故事"。同学们，你们能把这个故事讲给大伙听听吗？请把这个故事展开。

2. 在讲故事的基础上，总结出一个好故事必备的条件包括：

(1) 情节比较完整。情节上前后存在必要的因果关系，保持情节的连贯、流畅。具备小说情节发展的基本模式：发生（清兵卫喜欢葫芦，但父亲并不喜欢他的这个爱好）——发展（清兵卫买到一个十分钟爱的葫芦，爱不释手）——高潮（葫芦在课堂上被教员没收，教员家访后，父亲把其余的葫芦也都砸碎了。而被教员没收的那个葫芦被辗转卖出高价）——结局（清兵卫改变了爱好，开始以绘画作为新的寄托）。

(2) 故事有吸引力。故事中有细节。比如，清兵卫在街上走，把一个老头子的秃脑袋错看成了葫芦。

(3) 故事引人深思。有值得人回味但又一下子想不明白的地方。

二、请你品故事

1. 细节之美（略）。

2. 摇摆之美。

(1) 教师幻灯片展示"高潮"部分的一组细节。

---
①这位外来的教员，对于本地人爱好葫芦的风气心里本来不舒服。他是喜欢武士道的，每次名伶云右卫门来的时候，演四天戏，他倒要去听三天。学生在操场上唱戏，他也不怎么生气。

②在教员身后边的柱子上正挂着许多收拾好了的葫芦。清兵卫心头突突地跳着，怕他会注意到。

③教员终于没注意到葫芦，回去了。清兵卫透了一口大气。

思考：这组细节除了有刻画人物形象的作用之外，还有什么作用？从情节运行示意图来看，这些细节似乎游离于故事之外，可以删掉吗？请从读者阅读心理

和情节运行的角度来思考。

这些细节主要介绍了教员的喜好、清兵卫的心理,进一步强化了清兵卫为葫芦而痴狂的性格特征,揭示其恶劣的生存环境。删除这些细节,并不太会影响人物性格的塑造;在情节运行上也不会出现阻塞、前后矛盾等问题(这部分基本上按照"教员生气——教员没收、家访——父亲打骂、砸碎其他葫芦"这一因果关系运行)。但是加上这些细节后联系上下文来看,读者的心理会经历"紧张——松弛——极度紧张"的变化,从而增加了阅读的趣味。这些细节组合在一起使小说跌宕起伏、一波三折,即产生摇摆的状态。去掉这些细节后,会显得单调、无趣。就像曹文轩所说,"摇摆意味着小说在运行时,不是毅然决然地向前奔突,而是在绝大部分时间里呈现出犹疑不定的状态。"[1]

幻灯片展示这组细节前后的情节运行示意图。

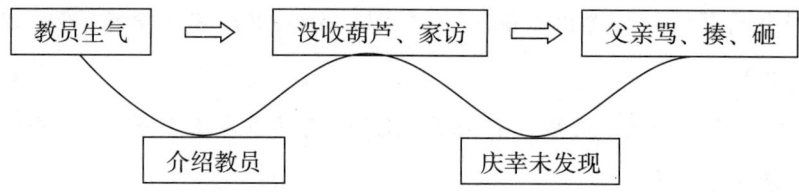

(2)找出文中其他类似的细节,并画出相应情节运行("摇摆")示意图。如果不摇摆该怎么写?会有什么样的效果?摇摆了以后有何独特的效果?

【明确】"买葫芦"部分。

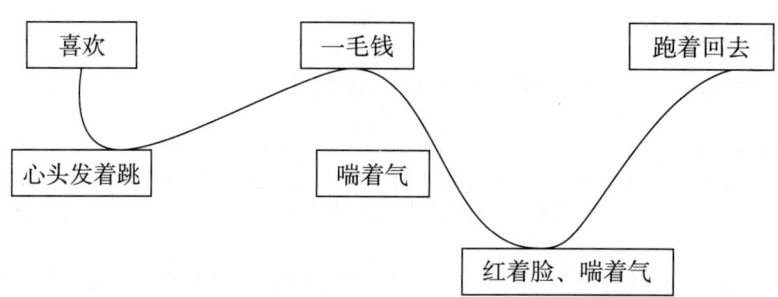

这部分集中描写清兵卫买葫芦时的内心状态:"心头发着跳""喘着气""急匆匆地说完""跑回家去""红着脸,喘着气"。这些细节表现出清兵卫丰富的内

---

[1] 曹文轩. 小说门[J]. 北京:人民文学出版社,2003:236.

心世界（高兴——担心太贵——庆幸不贵——担心被别人买去——买到后心花怒放），反映了他对葫芦的痴迷。如果删去这些细节，情节成直线形运行：喜欢——买来。这样的情节缺乏张力，小说运行平淡，难以调动读者阅读的兴趣；另外，一个痴迷于葫芦的清兵卫形象也将大打折扣。

【明确】"卖葫芦"部分。

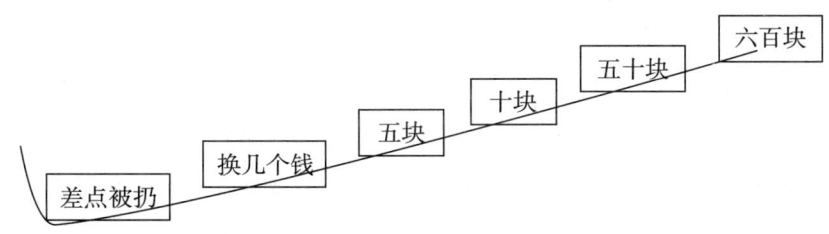

作者在设计"葫芦被高价卖出"这一情节时，并非直线形的、一步到位的，而是运用众多细节，层递式地表现出葫芦的价值，让读者处在惊诧的巅峰，在摇摆中凸显清兵卫惊人的鉴赏天赋。这一情节暗示了清兵卫的胜利，这就改变了小说一直表现父亲及教员胜利（葫芦被没收、被砸是谓清兵卫的失败）的运行路线，使得情节在孩子与家长之间的胜败中摇摆运行，充满了不确定性。

（3）教师用幻灯片展示情节运行的基本状态图；引导学生体会整个情节运行的摇摆性；总结本文摇摆的具体表现，让学生把握住摇摆的特征，体会到摇摆的作用。

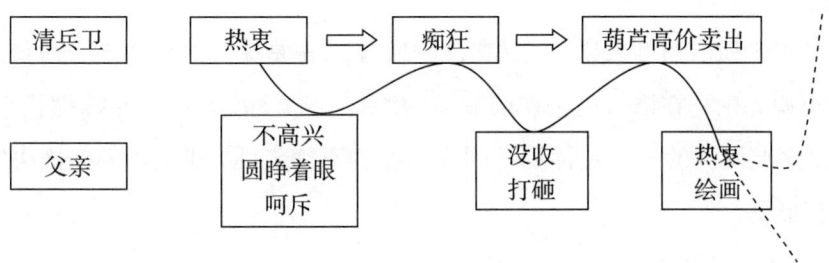

（4）依据前图，发挥想象，续写故事。情节还可以如何摇摆运行？抵达何处？如此摇摆有无合理性？

【明确】在点评续写故事摇摆的基础上，概括、总结合理的结局，说明其摇摆运行的可能性与合理性。

①由暴戾专制、凶狠残暴、自以为是的父亲及教员形象所显现的清兵卫恶劣

的生存环境，可能预示着另一个悲剧的发生。

②清兵卫的倔强、永不妥协的性格及其过人的天赋，可能预示着清兵卫虽经千辛万苦，但最终能够获得胜利。联系作者生平及文学主张我们了解到，第一，作者是"白桦派"的代表人物，这一派作家肯定积极的人性，主张尊重个性，提倡人道主义与理想主义的文学创作理念；第二，志贺直哉因不满父亲的专制霸道，曾一度与父亲脱离父子关系，多年后才和好。作者遵循了人道主义和理想主义的文学创作理念。此外，小说一定程度的自传性也决定了作者不会贸然掐掉这微弱的亮色和光明的倾向性。悲剧，抑或喜剧，都有发生的可能性和合理性。

(5) 教师提问：情节为何运行到父亲"嘀咕"处就戛然而止，而不是像我们想象的那样？

【明确】

①从读者阅读心理的角度来说，小说在此戛然而止，为读者留下一定的审美想象空间，促使读者调动自己的积累参与其中，可以获得阅读趣味。

②从小说主题的角度来说，戛然而止包含着更多的可能性，暗示着更多的主题。或许是葫芦故事的重演，这样小说的主题就是在批判扼杀儿童天性的残暴行径，表达对天才儿童成长命运的忧思；或许是个性解放的最终胜利，小说主题就是个性解放不可遏制。戛然而止使得小说主题复杂多义，有效地避开了主题鲜明的"陷阱"。

③从更本质的角度来说，正如曹文轩所言："正是无限的可作无穷解释的存在决定了小说无论是在语言还是在情节、人物和主题方面，都必然是摇摆状态。"[1]也就是说，情节发展的不确定性源于现实存在的不确定性，即主题的摇摆决定了情节的摇摆状态。

三、请你评故事

评论一：小说中不经意的一处细节描写都暗藏玄机，是作家的匠心独运。小说中的细节具有刻画人物形象、推动情节发展、形成摇摆、揭示主旨的作用。

评论二：小说的摇摆具有向前运行的张力，推动了小说情节的发展，使得小

---

[1] 曹文轩. 小说门[J]. 北京：人民文学出版社，2003.

说不是毅然决然地向前奔突，而是在绝大部分时间里呈现出犹疑不定的状态。在情节的摇摆中，人物形象、小说主题突兀而出，增加了读者阅读的兴趣。

评论三："摇摆"本身就是一种美，是运行之美。读者随着它跌宕起伏，左突右进，获得了全新的审美体验。

四、布置作业

阅读《外国小说读本》中的《夜归人》，分析该文情节的摇摆及其效果。

第四节 诗歌阅读教学设计[1]

诗歌是主要的文学体裁之一，与小说一样，诗歌也包含众多亚文类，涉及古今中外。

关于诗歌教学，我国语文教学界研究比较薄弱，本节仅述一般常识，教学设计也仅供参考。本次修订新增了一个国外的诗歌教学课例，有兴趣的教师可以研习这一课例，并将它还原为阅读教学设计的台阶状备课模板。

一、诗歌与诗歌阅读

（一）诗歌的体式特征

诗歌是一种以凝练的语言抒发情感的文学文类。其主要特点是：语词凝练；结构跳跃；富于节奏和韵律。

意象是诗歌的基本元素。诗歌意象是外在事物形象与诗人内在情意的交融。诗歌意象主要通过形容词与名词的叠加组合得以呈现。有些诗歌由一个单一的意象构成，多数诗歌由若干意象组成的意象群构成。意象在文本中的形象与色彩如果和通常的理解有差异，就需要读者特别予以关注，因为诗人所创造的这一独特的意象可能具有某种特别的意义。

诗歌具有跳跃性强的特点，诗歌的"跳跃"所形成的句间空白可以让诗歌充

---

[1] 本节由上海市黄浦区教育学院邓彤博士执笔。

满张力。

诗歌以抒情为主，但有些诗歌也包含叙事的成分，根据抒情和叙事元素在诗歌中所占比重的不同，人们将诗歌分为抒情诗和叙事诗。

根据是否遵守格律规范这一标准，诗歌可分为格律诗和自由诗（白话诗）。[1]

（二）格律诗是中国古典诗歌的代表

格律诗自南朝齐梁肇始而成熟于唐代，形成了一整套精致周密的结构。[2]

- 在语音序列上，格律诗根据汉语言文字的特性，对中国诗歌的音声序列进行了整体设计，通过字与字、语与句（包括声调与韵脚）之间的变化，设计出一套声律样式，具体规定了诗歌中每一个字的声韵调，使诗歌显现出抑扬铿锵、变化和谐的节奏之美，从而实现了"诗"与"歌"的完美结合。
- 在意义结构上，格律诗的对仗句式成为一首诗意义展开的普遍样式。
- 在句型规范上，格律诗以律诗为代表，以"散行—对仗—对仗—散行"的次序，形成了一组既对称又有错综变化的整齐句型，律诗以八句为一个周期，形成一个基本的描摹世界的过程。

诗、词、曲这三种格律诗具有不同的特征。"诗庄、词媚、曲俗"，是古人对中国古典诗歌总体特征的一种概括。三者的区别表现在以下三个方面。

- 在题材上，诗多表达政治主题、家国情怀；词多抒发离愁别恨、儿女情长；曲则接近民歌，充满生活的气息。
- 在风格上，三者也有较大差异。例如同是怀古题材，诗多沉郁苍凉，词则喜好融入浓艳之情，曲则常以诙谐手法表现。
- 在语言上，诗的语言庄重，词的语言相对精美细腻，曲则使用大量的口语、俚语。

---

[1] 王一川. 文学理论[M]. 成都：四川人民出版社，2003：428.
[2] 葛兆光. 汉字的魔方：中国古典诗歌语言学札记[M]. 上海：复旦大学出版社，2008：81-120.

（三）白话诗的特点

白话诗指五四新文化运动后打破旧诗格律、不拘字句长短、用白话写作的诗歌。白话诗具有平易、自然的特点。

分行是白话诗的一个重要特征。中国古典诗歌没有分行意识，白话诗歌的分行源自西方。诗歌的分行不但是对诗歌语句的分割，也体现了诗歌节奏的变化。分行使诗意停顿，能够变缓或中断节奏，是一种能够强调语意的技巧方法。

白话诗在表现手法上也有其独特之处，大量运用隐喻与反讽已成为白话诗的重要特点。白话诗的意蕴因此更为丰富，弥补了早期白话诗过于直白、浅显的弊端。

二、教学设计样例：《乡愁》

下面以《乡愁》为例[1]，展示诗歌阅读教学设计的过程。

（一）确定教学目标

1. 文本分析

《乡愁》一诗语言直白如话，学生似乎一看就懂。对于这样的诗歌，究竟该教些什么呢？又该怎么教呢？事实上，这首诗看似浅显，但却有深刻的内涵，情感也相当丰富，堪称白话诗的典范之作——白话诗语句散文化、偏重巧思与机智等特征，在此诗中体现得非常突出。因此，可以将此诗作为白话诗的范本进行教学。

【要领提示】拿到一篇课文，要先看其在教科书中的位置及所属单元的教学要求，然后确认"这一篇"课文的体式特征。其次，还要参考专业研究者对"这一篇"课文的解读文章。在此基础上，教师就可以确定教学设计的基本方向了。

2. 学情分析

学生对此诗的理解通常只停留在表层。对于诗歌的深层意蕴、对于诗歌独特

---

[1] 洪镇涛.《乡愁》教学实录[J]. 中学语文教学, 2007（1）.

的结构与表达方式，多数学生难以深入体会，有时甚至无法意识到。

基于以上两方面的分析，我们可以确定如下两个教学目标：体验诗中复杂的情感；掌握解读白话诗的基本方法。

【要领提示】就这篇课文最值得"教"的内容来看，教师要分析学生已懂得了多少，哪些地方学生可能会遇到困难；哪些内容需要补充相关的知识，哪些地方需要深化理解。这是学情分析的基本要点。

（二）安排教学流程

【要领提示】教学流程的安排主要是对学习环节的设计。为保证学习活动的充分性和有效性，教学环节不宜太多，这样便于学生充分展开学习。

1. 教学导入

读诗：请一位男同学朗读，再请一位女同学朗读，最后教师范读。

【说明】直接从朗读导入教学，符合诗歌的教学特征。诗具有"歌"的特征，通过声音来表达感情，有助于对诗歌的理解，并且在朗读中学生又会不断丰富对诗意的感受。这首短诗平易自然，易读易记。教学之初，教师即应要求学生背诵下来，一则便于理解，二则便于积累，三则便于随后的教学。诗歌教学，通常是在学生熟读成诵的基础上进行。

2. 教学展开

（1）提问：这首诗共有四个小节，大家觉得它们之间的顺序能够改变吗？

【说明】现代白话诗讲究意义的连贯、意脉的贯通。四节诗之间的情感具有较强的层次性。设计者这一提问，确实有助于学生把握诗歌的结构，符合整体感受的需要。学生借助这一提问平台，可以得出如下一些结论：这首诗按照时间顺序来写，每一小节的开头都有一个标志时间的词语——"小时候""长大后""后来""现在"等；这首诗用来比喻"乡愁"的一组事物也是按照由小到大的顺序排列的——邮票、船票、坟墓、海峡；并且这首诗在感情方面是层层递进的——先是对母亲的想念，然后是对新娘的思念，后来是对母亲去世的悲痛，最后从个人的情感升华到对包括地理、历史以及文化内容的整个祖国的眷恋。

（2）品味诗歌语言。讨论：第四节中"乡愁是一湾浅浅的海峡"，我觉得"浅浅的"用得不好,我想改为"深深的",好不好呢?

【说明】对语言的咀嚼品味,也是对情感的体验。"浅浅"的与前面"小小的""窄窄的""矮矮的"一脉相承,有一种无奈悲苦的情感蕴含其中,台湾、大陆本非鸿沟,却如此隔绝不通,令人徒唤奈何!教师通过改换字词的方式,比较了诗歌词语的差异,体会了诗人的情感。

(3) 感受诗歌的表达艺术。活动:我总觉得这首诗表达的意思比较含糊,诗人内心的思想没有明确地表达出来,我改写一下,大家评一评怎么样。

小时候,乡愁是对母亲的思念,我在这头,母亲在那头
长大后,乡愁是对爱人的挂恋,我在这头,新娘在那头
后来啊,乡愁是对亲人的哀悼,我在坟墓外头,母亲在坟墓里头
而现在,乡愁是对祖国统一的渴望,我在这头,大陆在那头

【说明】运用改写方式与原作比较,可以凸显原作的特色,有助于学生理解诗歌的表达方式。这是诗歌教学有效的方法之一。原诗借助四个具体的事物,来寄托作者的乡愁。与改写之作相比,原诗表达得更为婉转,更能使读者体会到诗人深深的思念之情。通过这番对比,学生当能认识到:诗歌绝不只是一种单纯的语义转换,诗歌的意象包含着非常丰富的情感内涵。

(4) 再读诗歌。要求学生放声朗读并背诵,教师检查。

【说明】自朗读始,至背诵终。执教者对诗歌教学规律认识得非常清楚。整个教学设计没有过多的阐释,只是在背诵的基础上理解结构、品味语言、感受意象。

3. 迁移练习

阅读下面这首写"乡愁"的诗,从结构、意象、语言等角度与余光中的《乡愁》进行比较评析。学生自由讨论发表意见,有可能的话写成鉴赏性文章。

乡色酒

舒兰（台湾）

三十年前

你从柳树梢头望我

我还年少

你圆

人也圆

三十年后

我从椰树梢头望你

你是一杯乡色酒

你满

乡愁也满

【说明】通过本堂课教学，学生从诗歌结构、意象、语言等角度对诗歌进行解读，在此基础上，提供类似的诗歌作为学生的迁移学习材料，可以取得较好的效果。

《乡愁》教案（1课时）

学情简析：学生基本能够领会诗歌的内容，但理解容易停留在表层。

教学重点：体会文中精练而富有节奏的语言。

教学难点：对于诗歌的深层意蕴、对于诗歌独特的结构与表达方式不易体会。

教学课时：1课时。

教学流程：

1. 教学导入

读诗：学生朗读，教师范读。

2. 赏析与研讨

(1) 理解结构：全诗共四个小节，其顺序能否改变？

学习活动：分析"小时候""长大后""后来""现在"四个明显的标志顺序的词语，品味"邮票""船票""坟墓""海峡"这四个由小到大的顺序排列的意象，感受诗歌的结构关系，同时体会全诗层层递进的感情。

(2) 品味语言："海湾"为何用"浅浅"修饰？

学习活动：比较把"浅浅"改为"深深"后的效果，体会诗歌语言在表达上的前后一致性。

(3) 感受表达艺术：通过改写诗句，体会意象的表达效果。

(4) 比较："邮票""船票""坟墓""海峡"等意象与"母亲""妻子""故国"等概念性的词语在诗句中的效果。

(5) 背诵全诗。

3．迁移练习

阅读台湾诗人舒兰的《乡色酒》一诗，从结构、意象、语言等角度与余光中的《乡愁》进行比较评析。

三、教学设计样例：《锦瑟》

下面以《锦瑟》为例，展示诗歌阅读教学设计的过程。

（一）确定教学目标

1. 文本分析

《锦瑟》一诗素来以难解著称。梁启超曾说道："义山的《锦瑟》诗，讲的什么事，我理会不着。拆开来一句一句叫我解释，我连文义也解不出来。但我觉得它美，读起来令我精神上得一种新鲜的愉快。须知美是多方面的，美是含有神秘性的。"[1]确实，这首诗意象朦胧、典故丰富，因此导致后人对此诗的解读各不相同：悼亡说、咏物说、自伤身世说等不一而足。中学诗歌教学不是学术考证，不宜面面俱到。根据教材内容，不妨从"悼亡诗"的角度解读本诗。

---

[1] 梁启超．中国韵文里头所表现的情感[M]//梁启超．饮冰室合集(第4册)．北京：中华书局，1979．

2. 学情分析

中学生或许能够朦胧地感觉到此诗之美，但这种感觉必定相当模糊。一则是该诗本身难解，二则是学生对律诗表达方式不够熟悉，尚不能借助律诗的体式特征对诗歌进行进一步理解。

3. 目标确定

根据教材注释，以"悼亡"为主基调解读诗歌，力求使学生体味诗境，心生感动。同时提醒学生，此诗亦可做别解。

（二）教学流程设计

1. 教学导入

朗读本诗，漫谈感受。

【说明】诗具有"歌"的特征，可以通过声音来表达感情，因此朗读有助于诗歌的理解。在朗读中，学生会不断丰富诗意的感受。教学之初背诵下来，一则便于理解，二则便于积累，三则便于随后的教学。诗歌教学，总是在学生能读会背的基础上进行。

2. 教学展开

（1）把握结构。

问题：为便于把握主要意思，请压缩本诗首尾两联作为诗歌的框架。

压缩为七言：锦瑟无端五十弦，一弦一柱思华年。此情可待成追忆，只是当时已惘然。

压缩为五言：锦瑟五十弦，弦柱思华年。此情可追忆，当时已惘然。

【说明】不断压缩可以逐渐凸显诗歌的框架，根据此框架概述此诗的基本内容：看到锦瑟，听到锦瑟幽幽的旋律，不由自主地想起自己的青年时代。那是一段美好而又感伤的回忆，可是往事却如一片云烟，常令人难以把握。

（2）品味意象。

《锦瑟》如果只有压缩后的这四句诗，还会引无数读者竞折腰吗？那么，本诗中的"此情"究竟是一种怎样的情？中间两联就是答案。

晓梦——恍惚迷惘之理想　春心——苦寻无结之悲哀
珠泪——优美感伤之意味　玉烟——朦胧虚幻之结局

【说明】感受"沧海月明"之辽远阔大的意象，"珠泪"之凄美感伤的情味；体会"蓝田日暖""玉生烟"迷离朦胧之美。这两联之间有没有大致的顺序呢？张中行对此所做的解读可作为参照：曾经有梦想，曾受相思苦；梦与情思都破灭，惟余迷惘与泪珠。

(3) 知人论世。

李商隐才华横溢，少有文名，抱负远大，受到当时权贵令狐楚的赏识。26岁时，他与节度使王茂元的女儿相爱成婚，从此开始了一段至死不渝的爱情。但娶王氏使他不幸被卷入党争的旋涡，从此仕途坎坷、壮志成灰。

李商隐为爱情付出了沉重的代价，社会声望完全失去，被世人视为"忘恩负义"的无耻文人，这对一个渴望成功的男子来说是沉重的打击。李商隐不甘就此罢休，于是告别妻子，长年在外奔波，但毫无结果，而妻子却在贫困中忧郁而死。他感伤不已，写下一首长诗《房中曲》寄托哀思。其中有这样四句："忆得前年春，未语含悲辛。归来已不见，锦瑟长于人。"妻子死后三年，他又写了一首著名的思念爱妻的《夜雨寄北》："君问归期未有期，巴山夜雨涨秋池。何当共剪西窗烛，却话巴山夜雨时。"

从此，李商隐每逢七夕必作一诗，怀念当时的欢爱，直到四十五岁去世。爱情，这世上最美丽的情感之花，刺伤了他，也滋养了他；败坏了他，又成全了他。在一个寒冷的冬天，一代诗人走到了生命的尽头。他的耳旁响起了幽幽的锦瑟之曲，往事如云烟一样在心底弥漫开来，他提笔写下了《锦瑟》，并把它置于自己的诗集——《义山诗集》的第一篇。

【说明】据说天鹅将死，必有哀歌。这首诗是李商隐一生的感叹吗？这是他政治、情感、艺术、人生的绝唱吗？通过介绍诗人生平，有助于学生理解李商隐的情感世界，也有助于学生全面理解本诗。

3. 结束：齐诵《锦瑟》

【说明】自朗读始，至背诵终。执教者对诗歌教学规律认识得非常清楚。诗歌篇幅不长，语句精练，便于背诵；诗歌言简意赅，韵味悠长，适宜背诵。因此，诗歌教学理当在背诵基础上理解结构、品味语言、感受意象。

《锦瑟》教案（1课时）

学情简析：学生能粗略感受本诗之美，但感受意象、深入理解诗的内涵有一定难度。

教学重点：对诗歌朦胧意象的了解。

教学难点：诗歌中的典故不易理解。

教学流程：

1. 教学导入：朗读诗歌

2. 教学展开

(1) 从诗歌的结构入手，把握诗歌的基本框架。

压缩诗歌首联尾联，形成七绝、五绝诗句如下。此举便于学生把握诗歌的叙事框架。

锦瑟无端五十弦，一弦一柱思华年。
此情可待成追忆，只是当时已惘然。

锦瑟五十弦，
弦柱思华年。
此情可追忆，
当时已惘然。

(2) 品味诗歌中间两联的意象，体验作者的情感。

诗中的"此情"究竟是一种怎样的情？中间两联就是答案：

    晓梦——恍惚迷惘之理想 春心——苦寻无结之悲哀

    珠泪——优美感伤之意味 玉烟——朦胧虚幻之结局

(3) 介绍诗人生平。

介绍诗人的早年经历，为妻子所写诗歌如《房中曲》《夜雨寄北》等，最后介绍《锦瑟》一诗作为诗人绝笔诗被置于自己的诗集之首——以此感受此诗在诗人心目中的地位及其蕴含的意义。

3. 诵读诗歌,结束教学

四、国外教学课例一则[1]

教师:(将诗歌板书并朗诵)

> 人不过是有弱点的傻瓜
> 天热的时候,他要凉爽
> 天冷的时候,他要温暖
> 没有啥,他偏要啥。

教师:今天,我将介绍一些理解诗歌的方法。譬如我刚才朗诵的这首诗,它看似简单,但其中的每一个词都是经过作者的细心雕琢并蕴含着丰富的意义。下面我就让你们来尝试一种方法,看看这样的诗歌应该如何去理解,并从中读取作者的意图。首先,我们一起来识别一下这首诗的关键词。博比,你认为哪些是关键词?

博比:哦,我认为是"人",因为它是第一个词。

教师:还有吗?(仍然看着博比)

博比:没有了。

教师:阿妮塔?

阿妮塔:"热"和"冷"这两个词应该很重要,因为它们都出现了两次,并且与首句和尾句的最后一个词押韵。

教师:还有其他关键词吗?里克?

里克:哦,我觉得"有弱点的傻瓜"有特殊含义,但我不知道究竟是什么?

教师:好的,我想大家找出的这些关键词对于我们理解这首诗很重要。我们可以借助词典查查那些我们不知道或不确定的词,这是第二个步骤。特德,你查一下"mortal"一词的含义。现在我们开始第三个步骤,解释作者要表达的意思。苏珊,你能解释一下吗?

---

[1] 鲍里奇. 有效教学方法[M]. 易东平,译. 南京:江苏教育出版社,2002:241-243.

苏珊：我想作者的意思是说，我们总是在改变主意，那就是我们看似愚蠢的原因。

教师：我们都是人，因此免不了常常改变主意，对不对？朗达看来有话要说。朗达？

朗达：哦，我认为我们改变主意并不是因为我们愚蠢，而是因为那是人类天性中的一部分——我们总是想得到我们所没有的东西。

教师：好的，你又补充了苏珊的解释。你认为呢，苏珊，你同意吗？

苏珊：是的，我同意。我们并不愚蠢，只是我们是人。

教师：克里斯，你想补充点什么？

克里斯：我认为，我们人类一点也不笨。如果要想真正享有什么，首先得经历相反的情况，不然，我们不会知道它真正好在哪里。

教师：好的，克里斯的发言将我们带到了第四个步骤，也就是最后一个步骤。让我们试着将他所说的与我们的实际经验结合起来。准备好了吗？博比？

博比：我同意克里斯的看法。我还记得正是去年夏天的炎热才让我们那么渴望冬天的到来。

（玛利亚在举手）

教师：玛利亚，你对此有什么看法？

玛利亚：但是一到冬天，我又迫不及待地希望冬天结束，那样我又可以去游泳了。（全班同学都点头赞同）

教师：克里斯的观点似乎是正确的。我们要完全欣赏一件事物，就必须看到它的两面——如热和冷、好和坏、亮和暗。噢，特德，你查到"mortal"一词的意思了吗？

特德：它有"致命的""不免一死的""有弱点的"几个义项。

师：你觉得哪个义项最符合这首诗中"mortal fool"的含义？

特德：哦，最后一项。因为它好像和我们正在谈论的话题有关，也就是我们选择了甲事物时，又想选择乙事物。就像我们太冷时，就会向往夏天；当夏天到来时，我们又嫌它太热。

教师：我同意你的观点。这正如我们在生活中的经历一样——我们已接近作

者的意图了。好，让我们再深入一步，如果把所有的观点汇聚起来看，这首诗表达了什么意思呢？（朝亚历克斯点头）

亚历克斯：噢，我想生活是一种循环，我们不停地绕圈——从终点回到起点，然后又逃开去——也许这正是我们的弱点——就像词典中的解释那样。

教师：很有见地。博比，既然我们从你开始，我还是要把最后的发言权交给你。

博比：我认为亚历克斯是对的。我现在明白了作者为什么说我们都是傻瓜，我们就像转着圈追自己尾巴的狗，总是想得到不现实的东西。这正好可以用来解释首句和尾句，不是吗？因为我们都是人，我们的弱点就是"贪心不足"。是的，我们都是有弱点的傻瓜，我明白了。

教师：很好，现在我们回顾一下刚才解读这首诗时的四个步骤，我复述一遍，你们把它记下来，作为其他几首诗的阅读指导。

第五节 实用文章阅读教学设计[1]

诗歌、小说、戏剧和散文之外的所有文章，统称为实用文章。

实用文章采用的是实用性阅读。实用性阅读与文学性阅读有全然不同的阅读方式。概言之，文学性阅读是"品其言才能得其意"，阅读是品味作家的语言，是对作品的体验、反应或阐释；实用性阅读是"得其义可以忘其言"，阅读是获取信息、理解知识，读者应该能用自己的语言去重述信息、知识并加以利用。

一、实用文章及类别

现行语文教科书中出现的实用文章，包括科普文章、新闻、社科文、演说词、书信、人物传记、书评与影评、序言、访谈录、调查报告、讨论与辩论、图片说明、日记十三类。其中所占比重较大的有科普文章、新闻、社科文、演说词、书信等。

---

[1] 本节由浙江台州学院教授陈隆升博士执笔。

实用文体知识简介[1]

【科普文章】

我们过去一般称之为"科技说明文",是由从事科学技术工作的专家所写,目的是向非专业人士传播专业知识、介绍相关的规则与原理。科普文章一般具有科学性、知识性、通俗性等体式特征。科普文章主要采用说明的表达方式。科普文章大致可分为两种:一种是科学说明文,一种是科学小品。教科书中出现最多的是科学小品。科学小品带有文学色彩,形式简短,融知识性与趣味性于一体。

【新闻】

新闻有广义与狭义之分,广义的新闻包括消息、通讯、新闻特写、深度报道等,狭义的新闻仅指消息。教科书中涉及的新闻体式,主要是消息和通讯。新闻是一种语言陈述,一件事情的本身不是新闻,对这些事情的报告才是新闻。我们所接触到的新闻并不是事情本身,而是对这些事情的报道,即我们所看到的只是"新闻作品"(语言陈述)。新闻通过语言等符号媒介加以传播而产生效应。

【社科文】

社科文指社会科学领域具有学科专业性的文章,如哲学、经济学、社会学、法学、历史学、伦理学、文艺学、语言学、教育学等方面的论文及论著。这类文章在语文教材中的比重有所增加。阅读社科文,需要一种专业的眼光和学科的观点,而不能仅仅将其当作一篇普通的议论文或说明文来读。

【演说词】

演说词也称演讲词、演讲稿,是演说者在公共场合和集会上,就某一问题宣传自己的主张、表达自己的情感或阐明某种事理的讲话文稿。演说词是进行演说的依据,是对演说内容和形式的规范和提示,它体现着演说的目的和手段、演说的内容和形式。

---

[1] 陈秀香,贺少峰. 实用应用文写作[M]. 北京:北京大学出版社,2007.

二、教学内容的确定

确定实用文章阅读教学内容，需要认清实用文章的体式特征，把握实用文章的独特性。主要是以下两个要点。

（一）从"实用性"出发选择教学内容

实用文章阅读教学，就是要引导学生依据体式特征去阅读实用文章，即按照实用文章的本来样子去阅读它，把实用文章当作实用文章来阅读。所以应该依据"实用性"来选择教学内容。

1．把握作者的劝说立场

实用文章具有"劝说"的特征。任何一篇实用文章都隐含着一种对读者"劝说"的立场。科普文章，劝说读者相信作者所介绍的知识是真的；社科文，劝说读者相信其结论；新闻，是要读者相信其新闻事实的真实客观性；演说词，劝说读者与作者或演说者一道采取行动；说明书、指导手册文章，劝说读者相信其介绍的行为、步骤的有效性，等等。

2．关注文本内容的独特性

实用文章写作的目的是解决实际问题，或者说是为了指导和帮助人们认识世界和解决现实中的问题。它提供的解决问题的方式，就是陈述或介绍相关的规则与原理，这是实用文章与文学类作品的最大区别。所以，对于直接介绍规则的实用文章，我们要把文章所阐述的规则作为核心教学内容；对于阐述规则背后原理的实用文章，我们就要把这些原理作为核心教学内容。

（二）依据"不同的读法"确定教学内容

实用文章是一个大类，在教学中要引导学生认识其体式的共性，以"实用"的姿态开展阅读。但在阅读"这一篇"具体的实用文章时，仍然需要根据具体的体式加以指导。不同的阅读目的，读法不同；对于不同体式的文章，在文章中要读不同的地方。

1. 科普文章的阅读教学

科普文章的阅读有自身的一套规范和模式，在教学中要引导学生在辨识文章基本内容的基础上，习得科普文章的一般性阅读模式。

科普文章的阅读以理解为目的，其基本阅读姿态是解读型的。所以科普文章的阅读教学，需要按照某篇文章的体式特征，教会学生理性地解读文章。

在教学中要把"课文内容"和"作者的表达"结合起来，让学生完整而恰当地理解文章所表达的观点。把科普文章的"课文内容"从文中割裂出来，不顾"作者的立场和表达"而进行所谓的拓展，会导致一种似是而非的"奇怪的阅读"。

2. 新闻的阅读教学

新闻在中学语文教科书里向来是以"读写结合"的方式安排的，似乎"学新闻"的目的就是"写新闻"。这样的教学内容显然过于狭窄，我们需要拓宽"为理解而读新闻"的教学内容选择路径。拓宽新闻教学内容的路径主要有两条。

（1）根据语文新课程标准中关于新闻阅读教学的要求提炼核心教学内容。要区分哪些内容要教，哪些内容不需要教。如关于获取新闻事实，我们在选择教学内容时，就需要考虑舍去那些对学生来说一读就懂的内容，比如关于什么人在什么地方发生什么事情等内容，就不需要列入核心教学内容。需要教的内容是，把学生提升为理性而具有批判意识的阅读者，即要让学生学会从报道的事实信息中分析、鉴别其背后所隐藏的信息，区分出新闻事实与新闻背景，辨析客观叙述与主观评价。

又如，关于新闻体式与结构的学习，对于学生的新闻阅读来说，识别体式特征与结构方式是学习的基础，但新闻阅读教学如果仅仅停留在让学生找出导语、主体、结语，或者找出倒金字塔结构、金字塔结构等结构方式，那样的教学内容显然是不合宜的，或者说是不到位的。

我们应该教学生依托这些新闻的体式特征，形成自己的阅读图式，学会在这样一个结构中，寻找新闻事实揭示的或者潜藏的社会问题。[1]

---

[1] 王荣生，郑桂华. 语文教材建设新探：试教交流（第一辑）[M]. 上海：上海教育出版社，2008：33.

(2) 依据"受众"特点选择合宜的教学内容。从新闻传播的原理来看,我们的新闻阅读教学实际就是让学生成为合格的"受众"。大量实验证明,受众在信息面前绝不是驯服的奴隶,而是具有高度自觉的主人。受众实际上是有目的地接受媒介的内容,对能够满足他们需求的东西或支持他们固有认识的内容,他们才会接受。受众具有主动性,不但选择信息,而且自行解释和决定取舍。所以有人说,现在考虑的不是"信息如何作用于受众",而是"受众如何处理信息"。因此,新闻阅读教学的主要方向应该是,培养学生做一名合格的"受众"。[1] 基于此,依据"受众"的特点选择教学内容,就成为一个关键的问题。

3. 社科文的阅读教学

(1) 要引导学生正确把握社科文中的专业术语。社科文所用的术语,有一些在日常生活中也经常出现,这常常让我们误以为这些文章很容易读。其实不然,专业术语有其专业领域中的特指内涵,貌似同一个术语,在不同的专业领域往往有不同的含义。如果望文生义,很容易造成对文章的误读。

(2) 要引导学生从关键术语的辨析中把握作者的主要观点。社科文与自然科学文章不一样,自然科学文章中的术语通常是定义清楚、彼此理解一致的。但社科文中的术语,依据作者的立场、视角的不同而有不同的界定,因而作者的观点表达往往要借助术语的重新界定。

"社会科学家只好在文中为自己的词义挣扎不已——他的挣扎也带给读者阅读上的困难。"[2] 因此,阅读社科文,辨析文中作者所使用的关键术语就显得非常重要。

4. 演说词的阅读教学

演说词是一场演说的底本,它的形成需要遵循演说的一般性要求与规则。作为语文教学内容,演说词实际承担着两项教学功能。一项是让学生担任演说者的角色来学习演说词,另一项是让学生充当听众的角色来学习演说词。前一种是立足于发展学生"说"的语言艺术,后一种则立足于发展学生"听"的语言艺术。演

---

[1] 邵志择. 新闻学概论[M]. 杭州:浙江大学出版社,2006.
[2] 艾德勒,范多伦. 如何阅读一本书[M]. 郝明义,朱衣,译. 北京:商务印书馆,2004.

说词的阅读教学，主要是后者。

学生聆听并分析一次公众演讲，应做到以下几点[1]。
- 对一些显著的信息做笔记。
- 区分辩论的类型（如因果关系、引据、比拟）和逻辑谬论的类型（如偏见、从相互关系中推断其因果、过度归纳）。
- 精确总结每一个演讲内容的本质所在。
- 在讨论中形成对某些问题的判断。

三、教学环节的设计

实用文章阅读教学环节的设计，要依据文章体式、具体的学情和基本阅读规范。下面是几种常见的设计方法。

（一）从学生的"阅读经验"出发设计教学环节

从学生的阅读经验出发设计教学环节，可以即时探测并把握具体的学情。这样的设计更加切合学生的学习实际，使教学具有更强的针对性。

例如，钱梦龙老师教授《死海不死》一文时，主要设计了以下三个教学环节。

第一个环节，他让学生讨论这篇课文的哪些知识可以不教。讨论结果为：列数字的说明方法及其作用可以不教，"确数"与"约数"的区别可以不教，生字生词可以不教。

第二个环节，他让学生讨论：要学好这篇课文，哪些知识还需要老师教。学生讨论之后认为需要老师教的内容主要是知识小品的文体特性（知识性、科学性、趣味性）。

第三个环节，集中讨论"需要教的内容"：科普文章文体特性中的"趣味性"。

---

[1] 美国国家教育和经济中心，匹兹堡大学. 美国高中学科能力表现标准[M]. 上海市教育科学研究院，译. 北京：人民教育出版社，2004：28.

这节课的几个教学环节贯穿着钱老师从学生阅读经验出发的设计意图，他从学生阅读的初感出发，让学生通过讨论，一步一步"澄清自己的知识状况"，让学生明白已经掌握的知识，以及通过自己努力可以解决的问题。这为教学的顺利开展确定了合宜的"起点"。

在此基础上推进的第二个环节就使内容更加集中了，直接指向"需要老师教"的知识——"这篇科普文章的文体特性"。这样，教师的教学就具有很强的针对性。所以在最后一个环节中，师生可以集中精力讨论一项内容——科普文章的"趣味性"。

（二）从"课文内容"出发设计教学环节

这种设计方式是从课文内容中提炼出需要教学的核心内容，围绕核心内容设计活动环节。

例如，有位教师在设计《大自然的语言》的教学时，发现这篇课文不像一般的"说明文"，不能把说明顺序、说明方法、准确而生动的语言等已经固化的教学内容，作为这篇课文的核心教学内容。因为在多次的教学之后他发现，教师和学生不需要了解什么是说明顺序和说明方法，就能够了解文章向我们传递的信息——什么是物候和物候学，物候现象来临的因素及研究物候学的意义。因此"说明顺序和说明方法"等知识不足以为这篇（或这类）作品的教学提供适宜的教学内容。

于是这位教师对该文体式进行了重新定位，认为这是一篇科学作品，而语文课程标准关于"科学作品"的阅读教学有明确的要求："阅读科技作品，注意领会作品中所体现的科学精神和科学思想方法。"所以他把课程标准和课文内容结合起来，从作者的写作意图出发，站在一个新的制高点上，确定了这节课的核心教学内容，"学习科学作品的求真精神"。围绕核心教学内容，他设计了两个核心学习环节[1]。

第一个环节，引导学生提取和筛选关于物候的知识，明白课文说了什么。这是科学作品阅读教学的基础。

---

[1] 陈忠文. 找准"科学作品"阅读的教学内容[J]. 语文学习, 2011（3）.

第二个环节，体会作品中的求真精神。求真精神体现在表达上是充分的论证、符合逻辑的思维、富有条理的结构及准确严密的语言。竺可桢在作品中列举了充分的实例，来支撑自己关于物候学的研究意义、影响物候来临的种种因素，例证既充分又注意到了特殊情况，这就是科学作品的求真精神。

下面看一位美国教师执教《我有一个梦想》的课例。这位教师以听众或读者的视角来设计《我有一个梦想》这篇演说词的学习活动。这个课例共包含六个环节：导入、词语积累、修辞结构（演讲手法）、理解梦想、与梦想牵手、记录梦想（机动环节）。其中第三个环节"修辞结构（演讲手法）"是作为一个核心环节来处理的。该环节的具体内容引述如下[1]。

(1) 在课本附录《文学术语指南》中找出并写出下列术语的定义："押头韵""典故""隐喻"以及"明喻"。

(2) 开头句"100年前"这个典故说的是什么、指的是谁？为什么金认为这是一种适宜而有力的开头？金的演讲开头还包含了别的典故，各找出一处与《独立宣言》和《圣经》有关的典故加以说明。

(3) 分别在课文中找出一个押头韵、隐喻、明喻的例子加以说明。

(4) 联系金在第二段提到的"在种族隔离的镣铐和种族歧视的枷锁下，黑人的生活备受压榨"，思考以下问题：①此处运用了何种类型的演讲手法？②这些词语强化了奴隶制的形象，为什么这是打动听众的有效方法呢？③金的关于非裔美国人在奴隶制终结以后的百年中，进入美国社会主流所取得的进步是怎样进行推论的？

(5) 另一种演讲手法是首语重复法，它是指一个单词或短语反复出现在连续数句、韵文或段落开头的方法。除"我有一个梦想"之外，请再找出两处运用了首语重复法的例子。

(6) 金反复使用"我有一个梦想"的句式来打动听众，请说出至少两种可能达

---

[1] 王国均."在学生的灵魂深处掀起风暴"之外还可以教点什么——与黄文杰老师的一点商榷[J]. 语文学习，2010 (3).

到的效果。

(7) 金的几乎每一次演讲都充满了有力的形象，或者说是"心智画面"，许多都是通过演讲手法创造出来的，这些形象有助于听众感受演讲者或作家之所感，有助于他们记住所见所闻，理解有一定难度的材料。仔细思考后写一段话，说说你所发现的形象中哪个最有吸引力，并解释为什么这个形象对你具有深刻意义。

在这个环节中，教师让学生分析并寻找演说词的修辞艺术手法。围绕这些内容来设计教学环节，较为充分地体现了"依据实用文章的体式特征"来开展阅读教学设计的原则。

（三）从实用文章"阅读规范"出发设计教学环节

这种设计方式的目的是让学生在具体课文的阅读中获得实用文章的阅读规范。下面以《人民解放军百万大军横渡长江》教学案例的核心环节设计为例加以分析。

在这个案例中，教学目标是"理解并获得新闻阅读规范"，围绕这个目标，教师设计了两个核心环节。

环节一：感知新闻体式

(1) 如果你是当时的播音员，你将以怎样的语调向全国人民播报这个振奋人心的消息？

(2) 这则新闻导语交代了哪几点信息？

(3) 如果对导语部分进行概括，压缩成一句话或一个短语，该怎样概括？

环节二：把握新闻阅读规范

(1) 如果你是新闻媒体的编辑，首先需要审稿，请你按照新闻的三个特性（真实性、及时性与简明性），联系具体的语句，分析这篇新闻是否值得刊（播）发。

(2) 如果由于篇幅因素，需要对这篇新闻稿进行删减，你会从开头还是结尾进行？

为了引导学生理解新闻体式特点、把握新闻阅读规范，设计者把新闻知识与学生的认知特点结合起来，围绕"播报"和"删减"来调动学生的学习兴趣，使学生在学习活动中加深了对新闻体式的理解。

四、教学设计样例：《中国石拱桥》

我们以人教版初中语文教科书《中国石拱桥》为例[1]，展示实用文章教学设计的过程。

（一）教学目标的确定

1. 体式确认

这是人教版初中语文教科书中的一篇科普类文章。在以前的教学中，这类文章常常被归入"说明文"的范畴。

【要领提示】拿到一篇课文，要先看其在教科书中的位置及所属单元的教学要求，然后确认"这一篇"课文在实用文中的体式特征，顺便了解作者的基本情况。

2. 课文解读

作者首先说明了一般石拱桥的特点，然后说明中国石拱桥的特点，接着以赵州桥和卢沟桥为例说明中国石拱桥的特点，从一般到特殊，顺序合理。全文可分为四个部分。第一部分（第1～2段）：石拱桥的桥洞成弧形，而且历史悠久，结构坚固，形式优美。第二部分（第3～8段）：中国石拱桥历史悠久，大小不一，形式多样。第三部分（第9段）：中国石拱桥有这样光辉成就的原因。第四部分（第10段）：我国桥梁事业的飞跃发展。该文运用了举例子、列数字、打比方等多种说明方法，语言准确，行文灵活，选材具有代表性。为了说明中国石拱桥的特点，作者选择了两座最有代表性的桥——赵州桥、卢沟桥，令人信服。

【要领提示】在完成对课文的体式确认之后，需要以读者的姿态去阅读全文、读懂课文，把握作者所阐述的规则或原理，并梳理出要点。对于其中不懂的地方或没有把握的地方，可以查阅《现代汉语词典》《辞海》等辞书，并参考专业研究

---

[1] 宁鸿彬.《中国石拱桥》教学实录[J]. 中学语文教学，1998（4/5）.（苏立康点评。）

者对"这一篇"课文的解读文章。

3. 学情分析

初一年级学生对说明文有所接触,大体能够识别基本的说明顺序、说明方法,但对作者在文章中使用的一些说明方法,如举例说明方法的表达效果领会不够。

【要领提示】要明白,并不是课文的所有内容都要"教"给学生,这里还涉及任教学生的具体学情问题。因此,接下来需要思考的是:就这篇课文的整体阅读来看,学生已有哪些基础经验,哪些地方学生可能会遇到困难;就这篇课文最值得"教"的内容来看,学生已懂得了多少,哪些内容需要补充相关知识,哪些地方需要深化理解。

4. 目标确定

根据文本分析与学情状况,这篇课文的教学目标可以确定为:理解并把握举例说明的方法。

【要领提示】在完成了课文的教学解读之后,可以反复斟酌"最值得教的内容"与"具体学情",主要应该"做减法",对已确定的大致教学内容进行删减,留下最核心的内容。这个内容应该是充分考虑了"内容"与"学情",并在"内容"与"学情"之间建立了一定的关联。根据这个内容写出这篇课文的教学目标或核心教学内容。

(二)教学流程的安排

【要领提示】教学流程的安排主要是对学习环节的设计,在心里盘算应该组织哪些学习活动来实现教学目标,这些学习活动应该按怎样的台阶(顺序)来进行。为了保证学习活动的充分性和有效性,教学环节不宜太多,要让学生充分展开学习。

1. 教学导入

问题:这篇课文的标题是"中国石拱桥",读课文时要注意领会中国石拱桥的特点,读完课文之后请同学们给本文的标题添加一些内容。就是在原标题的前面加上一些修饰语:_____的中国石拱桥。

【设计说明】要求学生把"领会……特点"这种内部言语的活动转换为言语的

操作行为——即在原标题的前面加修饰语。这样,就会使学生的阅读思考因明确而变得更加积极活跃。

2. 教学展开

(1)《中国石拱桥》这篇课文举了两个例子:一个是赵州桥,一个是卢沟桥。那么讲中国石拱桥为什么举这两个例子呢?我这样理解:中国石拱桥有一部分像赵州桥,另一部分像卢沟桥,所以举这两个例子。你们说,我这样理解对不对呀?

【说明】这里,教师故意提出一个不准确的看法,从而激发了学生思考和发表意见的欲望。从这段话开始,教师提出了"举例子"的问题,从而过渡到本课的学习重点。这篇课文之所以举这两个例子,是因为这两座桥汇集了中国石拱桥的共同特点,而且各有各的特色,极具代表性。这里关于共性和个性的结论十分重要,是下面讨论问题的"纲"。

(2)既然这两个例子都体现了中国石拱桥的共同特点,又都有各自的特点,为什么偏要举两个例子,举一个例子不是更简练吗?

【说明】因为赵州桥代表的是独拱桥,卢沟桥代表的是联拱桥。独拱和联拱是中国石拱桥的两种类型,所以举了两个例子。如果只举一个例子,就会缺少一种类型;如果举三个例子,就变得多余了。这样我们就明白了,如果说明对象存在几个类别,那么一般来说,也就相应地举几个例子。

(3)这两个例子都具有中国石拱桥的共同特点。那么,中国石拱桥的共同特点是什么呢?请结合课文来说。阅读理解课文要讲究方法,这篇课文有概括说明的部分、有举例具体说明的部分,你们应该根据需要筛选某一部分来读,并从中寻找答案。

【说明】通过刚才对课文的研究我们知道了,赵州桥和卢沟桥都具有历史悠久、结构坚固、形式优美的特点,这三点也就是中国石拱桥的共同特点。大家还应该明白,在说明文中举例子的时候,必须考虑所举例子的代表性。代表性的标准之一就是:所举例子一定要具备被说明事物的共同特征,亦即共性寓于个性之中。

(4)赵州桥和卢沟桥都具有久、坚、美的特点,同时它们又都具有自身的特点。自身特点之一就是,赵州桥是独拱石桥,卢沟桥是联拱石桥。除了独拱、联拱的区别之处,这两座桥分别还有什么特点呢?

【说明】拱上加拱是赵州桥的特色，石狮百态是卢沟桥的特色。

（5）教师加线条把原有的板书变成了一个表格，让学生把表格画下来，如表4-4所示。

表4-4 中国石拱桥

中国石拱桥	
久　　坚　　美	
独拱	联拱
赵州桥	卢沟桥
拱上加拱	石狮百态
代表性举例：共同特点、自身特点	

【说明】借助简明的板书为举例说明的方法做小结，强化学生对举例的认识。

【评注】这篇课文的教学，教师以举例说明作为重点，从始至终突出这一重点。教师以"设问阅读法"进行教学，根据教学重点，从不同的侧面提出问题。问题并不多，但具有启发性。学生也就在不断地生疑、解疑的过程中，一步步地深入学习课文。

（三）形成教案

【要领提示】你现在可以按照本书前文所说的教案要素，写出一份完整的教案。注意不要全部照抄"教学目标确定"和"教学流程安排"的内容，条目要清晰，"课文解读"这一部分内容不需要写入教案，"教学流程安排"不需要把"说明"的内容写入教案。

《中国石拱桥》教案

教学目标：理解并把握举例说明的方法。

学情简析：学生对说明文有所接触，大体能够识别基本的说明顺序、说明方法，但对作者在文章中使用的一些说明方法，如举例说明的表达效果领会不够。

教学重点：对举例说明的表达效果的理解。

教学难点：对中国石拱桥的共性与个性的区分。

教学课时：1课时。

教学方法：讨论、探究。

教学流程：

1. 布置预习

阅读这篇课文，思考：文章使用了什么方法？写出了中国石拱桥怎样的特点？

2. 教学导入

(1) 检查预习。

(2) 给标题添加修饰语：_____的中国石拱桥。

3. 讨论与探究

(1) 介绍中国石拱桥时为什么举卢沟桥、赵州桥两个例子？

(2) 两个例子都体现了中国石拱桥的共同特点，又都有各自的特点，为什么偏要举两个例子，举一个例子不是更简练吗？

(3) 这两个例子都具有中国石拱桥的共同特点。那么，中国石拱桥的共同特点是什么呢？请结合课文来说。

(4) 除了独拱、联拱的区别，这两座桥还有什么自身的特点呢？

(5) 教师加线条把原有的板书变成一份表格，让学生把表格画下来。

4. 作业与评价

教师引导学生梳理这节课围绕"举例说明"学习的内容，并完成读书卡片中的练习。

第六节　文言文阅读教学设计

我们平常所说的"古文"，指古代的书面语作品，包括"文言文"和古代白话文。文言文，是以"文言"这种古代书面语写成的文章，包括先秦时期的作品以及后世历代文人模仿先秦书面语写成的作品。

文言文是构成文学文化素养的经典名篇，宜按定篇教学。在与一线教师交流中，我用两组各四句话来概括。

- 关于文言文教学内容：了解汉字本义，感受文言美感，赏析诗文章法，理会古人情怀。
- 关于文言文教学方法：以古对古，强化体式，注重诵读，落在理会。

一、文言文的一体四面

文言文，是中国传统文化的载体。在文言文中，"文言""文章""文学"和"文化"，一体四面，相辅相成（如图4-13所示）。

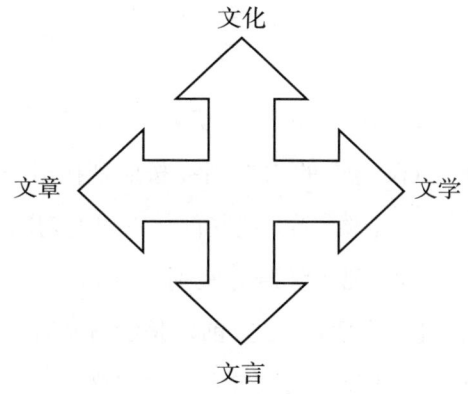

图4-13　文言文的一体四面

（一）文言文的特点，首先体现在"文言"

文言，是以先秦汉语为基础形成的一种古代汉语书面语。文言与现代汉语的差异主要表现在词汇和语法方面。文言有一套相当严格的词汇、语法系统。下面以《邹忌讽齐王纳谏》第一段为例加以说明。

邹忌修八尺有余，而形貌昳丽。朝服衣冠，窥镜，谓其妻曰："我孰与城北徐公美？"其妻曰："君美甚，徐公何能及君也？"城北徐公，齐国之美丽者也。忌不自信……旦日，客从外来，与座谈，问之："吾与徐公孰美？"客曰："徐公不若君之美也。"

从词汇角度看,"古代特有"和"古今相同",所占比例相对较小;与现代汉语相比,大多数字词不是意义有所不同,就是用法有些两样。[1](见表4-5)

表4-5 古今词汇类型

词汇类型	《邹忌讽齐王纳谏》第一段中的词汇
古代特有	昳、曰、孰、吾
古今都用 同中有异	形、貌、衣、镜、北、何、自、信、旦、外、丽、朝、窥、妻、甚
	而、于、之、者、美、有余
	修、谓、其、公、君、也、旦、若
古今相同	八、我、能、城、国、不、客、从、来、坐、谈、问

在语法方面,二者的差别也不少。"君美甚"现在的说法是"漂亮得很",当中必须用个"得"字;"不若君之美"的"之"字,按照现代语法是多余的;"我孰与城北徐公美""忌不自信""与坐谈"等,这些都是古代的句法。

短短的一段文字,古代、现代汉语的差别就这么大。文言与文言文的特点首先体现在"文言"上。因此,学习文言文,前提是学习文言。

学生的文言文阅读,其实是文言文学习。学习文言文有一个相对独立的解码阶段,这是文言文和古代诗歌阅读教学中独有的状况。

(二)"文章"与"文学"的统一

中学语文教科书中的文言文,都是久经传诵的经典名篇。它们既是经世济用的实用文章,又是中国文学中的优秀作品。就这些文言文而言,"文章"与"文学"是统一的。

"文章"是指其功能。有些在当时有明确的实用功能,如《陈情表》《出师表》《答司马谏议书》等;有些是载道,如《劝学》《师说》《病梅馆记》等;有些是言志,如《兰亭集序》《〈指南录〉后序》《项脊轩志》等。言志与载道,在游记散文、抒情小品里也有主旋律。学习文言文,实质是体认它们所言之志、所载之道。

---

[1] 吕叔湘. 语文常谈[M]. 北京:生活·读书·新知三联书店,1998:70.

"文学"是指其表现形式。诗歌与散文,是中国古典文学的正宗。而古典散文作品的文学性,主要体现在语言的锤炼和章法的考究这两个方面。[1]学习文言文,研习谋篇布局的章法、体会炼字炼句的艺术,是两个重点,目的是"提高自己的欣赏品位和审美情趣"[2]。

文言文的章法考究处、炼字炼句处,往往就是作者言志载道的关节点、精髓处,正所谓"文道统一"。

(三)"文化"的多层面体现

文言文多层面地体现着中国传统文化。

- 文言,本身就是中国传统文化的体现。民族的语言即民族的精神,民族的精神即民族的语言,可以说,二者的同一程度超过了人们的任何想象。[3]
- 文言和文言文所体现的传统思维方式。如《劝学》借重比喻论证,《师说》借重类比论证,都体现了偏于感性的民族思维方式。"语言不仅是思维的工具,它同时也影响和制约着思维。"[4]
- 文言文记载了典章制度、天文地理、民俗风情等具体的文化内容。这是显见的文化,对中学生的文言文学习而言,不是主要的方面。
- 文言文所传达的中国古代仁人贤士的情意与思想,即所言志、所载道,这些都是中国传统文化的直接体现,是中学生学习文言文的主要方面。如《劝学》之"学",是学人生的道理,并非现在讲的记忆书本的知识;《师说》的"学者",是求"修身,齐家,平国,治天下"的学,与今天讲的"学生"的含义完全不同。这些都是中国传统文化的精华。文言文中的故人情怀,如《爱莲说》《陋室铭》《兰亭集序》等,在当代或已

---

[1] 章熊. 中国当代写作与阅读测试[M]. 成都:四川教育出版社,2000.
[2] 《全日制义务教育语文课程标准》。
[3] 洪堡特. 论人类语言结构的差异及其对人类精神发展的影响[M]. 姚小平,译. 北京:商务印书馆,1999:52.
[4] 转引自:霍克斯. 结构主义和符号学[M]. 瞿铁鹏,译. 上海:上海译文出版社,1987:23.

丢失，因而特别值得追念。

正如朱自清所说："中等以上的教育里，经典训练应该是一个必要的项目。经典训练的价值不在实用，而在文化。"[1]学习文言文，最终的落脚点是文化的传承与反思。语文课程标准明确指出："学习中国古代优秀作品，体会其中蕴含的中华民族精神，为形成一定的传统文化底蕴奠定了基础。学习从历史发展的角度理解古代作品的内容价值，从中汲取民族智慧。"[2]

二、文言文阅读教学的要领

（一）着力于文言文的章法考究处、炼字炼句处

文言文"文言""文章""文学"和"文化"的一体四面，指引着文言文阅读教学的着力点。

在上文的讨论中，我们曾得出如下结论。

- 文言文的特点，首先体现在"文言"上。
- 学习文言文，实质是体认它们所言之志、所载之道。
- 学习文言文，研习谋篇布局的章法、体会炼字炼句的艺术，是两个重点。章法考究处、炼字炼句处，往往就是作者言志载道的关节点、精髓处。
- 学习文言文，最终的落脚点是文化的传承与反思。文化的主要方面是文言文所传达的中国古代仁人贤士的情意与思想，即所言志、所载道。

这些结论，把我们指引到"章法考究处、炼字炼句处"和"所言志、所载道"，以及这两者之间的关系上。

文言文阅读的要点集中体现在"章法考究处、炼字炼句处"的"所言志、所载道"（如图4-14所示）。文言文阅读教学的着力点，是引导和帮助学生通过"章法考究处、炼字炼句处"，具体地把握作者的"所言志、所载道"。而这些都要落实到

---

[1] 朱自清. 经典常谈[M]. 北京：北京出版社，2002：1.
[2] 《全日制义务教育语文课程标准》。

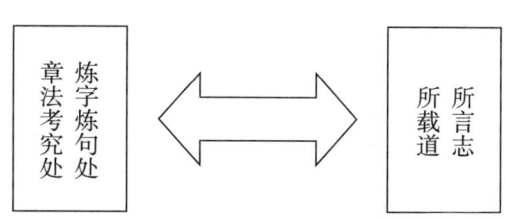

图4-14 文言文教学的着力点

理解和感受"章法考究处、炼字炼句处"的文言上。

比如《始得西山宴游记》中的"始"字,是作者情意和思想的凝聚。这个字在文章开头、中间与结尾反复出现,其含义逐渐发展。"而未始知西山之怪特""始指异之""然后知吾向之未始游,游于是乎始",这三个含有"始"的语句,是文章的关键,层层推进,体现了章法的严谨和机巧。教学《始得西山宴游记》,以"始"起(解题),以"始"终(学生学习文章的表达艺术,体认作者的情意和思想),"始"是理解和感受文章的关键点,也是教学这篇文言文的抓手。

文言文阅读教学设计,其主要工作就是要在文本的教学解读中找到这样的关键点,在教学设计中获取纲举目张的抓手。

(二)依原则处理文言文的字词

处理文言文字词句的原则如下。

1. 放过

文言文中的有些字词语句不需要特别处理。这包括两种情况:第一,古今一致或古今词义直接对应,学生理解不发生困难的,无须处理,比如"孔子曰";第二,生僻的难字难句,教科书有浅易注释的,一般让学生借助注释,知道即可,比如"形貌昳丽"中的"昳"(《邹忌讽齐王纳谏》)。

2. 深入

文言文中的有些字词句,光浅表地知道是远远不够的。这也有两种情况:

第一,集中体现作者情意和思想的章法考究处、炼字炼句处。这是文言文阅读教学的重点,要由表及里,深入挖掘,引导学生充分领会。

第二,需要调动学生的生活经验具体感受的字词语句。比如《黠鼠赋》(苏轼)"发而视之,寂无所有,举烛而索,中有死鼠"中的"发""索",就需要想象书童的动作、举止、神态。这类字词语句,教科书往往不做注释,如不深入理解,学生很容易跳过。即使有注释,也往往不足以依赖。比如《答谢中书书》(陶弘景)中的"晓雾将歇,猿鸟乱鸣;夕日欲颓,沉鳞竞跃",教科书中的注释是:"歇:消散。""夕日欲颓:太阳快要落山了。颓,坠落。"这仅仅是字面的意思,而理解这一处,关键是其"联想意义"。如果不引导学生充分想象所描述的情境,下文的"实是欲界之仙都"等,就不会有着落。

再比如《烛之武退秦师》中的"若不阙秦,将焉取之","阙""取"二字,教科书分别注释为"侵损,削减""得到",这仅仅是字面的意思。而理解这一处,关键是其"情感意义"。"阙(què)","从门欮声",指古代王宫、祠庙门前的高建筑物,特点是"左右各一,中间为通道",后引申出"空缺,豁口""残缺,亏损"的意思(读 quē)。"取","从又,从耳"。古代作战,以割取敌人尸体首级或左耳为计数献功。"取"的本义就是"(捕获到野兽或战俘时)割下左耳"。后引申出"拿,索取"等意思。烛之武用"阙""取"二字,是有意要激起秦伯对晋国的消极联想,强化秦伯"江山残缺"、作战失败的"切'耳'之痛",从而反思"伐郑"的得失。

上述这两种情况中的字词语句,如果只是简单地读背、解释、翻译,都不足以应对。

3. 突出

古今"同中有异"的"常用字词",在文言文阅读教学中应予以突出。"常用字词"大多不止一个意义,而字义又受时代的限制,不能用现代的字义去理解古书,也不能用后起的字义去理解时代在前的文字。比如"敻历三朝","敻"是个难字,有注释,放过即可。难处在"朝"字,这个字很容易望文生义,以为是汉朝、唐朝的"朝",其实这里的"朝",指一个皇帝在位的时期[1],所谓"一朝天子一朝臣"。这类词语因注不胜注,教科书往往没有注解;即便进行注解,往往也就事论事,只作简单交代。因此,这些问题需要语文教师格外注意,有时还要给学生补充一些词

---

[1] 吕叔湘. 关于语文教学的两点基本认识[M]// 李行健,陈大庆,吕桂申. 吕叔湘论语文教育. 郑州:河南教育出版社,1995:15.

汇方面的知识，勾画这个词的词义发展脉络。

4．分离

语文课程标准所列的文言文常用字词以及一些句法，是要求学生在"古代汉语"意义上掌握的，在文言文阅读测试中出现频率较高。这类词语和句法的学习主要靠记忆，因而需要反复练习。这种练习与所学习的对文言文的理解和感受，其实没有什么关系，因而宜与阅读教学相分离——或放在课前，或放在课后，或布置家庭作业，也可以有计划地利用黑板、墙报等强化记忆。如果穿插在授课中，与文言文阅读教学混合，其结果往往是两头都没有着落。具体的教学处理原则见表4-6。

表4-6　文言文字词、语句的教学处理原则

字词、语句	处理原则	教学方法
1.古今一致，古今词义直接对应。 2.生僻的难字难句。	放过	不管；学生参阅注释。
1.章法考究处、炼字炼句处。 2.需要具体感受的语句。	深入	运用讲述、提问、组织讨论、探究等多种教学方法。
古今"同中有异"的"常用字词"。	突出	讲述，学生查字典，绘制词义发展脉络图等。
考试中常出现的"考点"。	分离	反复作业练习，利用黑板、墙报等强化记忆。

（三）重视文言知识的应用价值

文言文阅读教学，当然需要学习文言的知识。教师适当地引入一些文言知识，将有利于学生理解课文并获得举一反三的迁移能力。

比如，"陟罚臧否，不宜异同"（《出师表》），"昼夜勤作息"（《孔雀东南飞》），就应当引入"偏义复词"这一知识；"叫嚣乎东西，隳突乎南北"（《捕蛇者说》），"东市买骏马，西市买鞍鞯，南市买辔头，北市买长鞭"（《木兰辞》），"不以物喜，不以己悲"（《岳阳楼记》），"主人下马客在船"（《琵琶行》），就应该讲解"互文"这一知识。

讲解知识的目的，是为了更好地理解和感受课文，要防止为"讲知识"而"讲知识"。在文言文阅读教学中，"使动""意动""判断句""宾语前置"等一路讲下来，术语满天飞，其结果不但对学生无益，反而有害。

（四）适时适地使用翻译

把文言语句译成现代汉语，这是文言文教学中常用的方法。适时适地使用，可以促进学生对课文的理解。适时适地，需要把握以下几个要点。

（1）把文言语句译成现代汉语，是学习文言文的手段，翻译本身不是目的，目的是通过翻译加深对文言和文言文的理解。每篇翻译、每句翻译甚至每字翻译，都是不妥当的。误以为学生记下每句翻译，就是学习文言文，这绝对是要不得的想法。

（2）多数情况下对重要字词做解析即可，不必整句整段做翻译。

比如《桃花源记》的第一段。

晋太元中，武陵人捕鱼为业，缘溪行，忘路之远近。忽逢桃花林，夹岸数百步，中无杂树，芳草鲜美，落英缤纷。渔人甚异之。复前行，欲穷其林。

"缘""异""穷"等常用字，课文未做注释，教师必须适当点拨；其他如"落英缤纷"等，课文中已有注释，就可以放过。这个段落，就不必逐句翻译。

再如《烛之武退秦师》第一段。

晋侯、秦伯围郑，以其无礼于晋，且贰于楚也。晋军函陵，秦军氾南。

"贰""军"等常用字，课文中已有注释，可以放过，或必要时适当点拨。这个段落就不必逐句翻译。

（3）需要翻译的地方，往往是有文言特殊句法的语句。

比如《岳阳楼记》中的语句。

原文：不以物喜，不以己悲。居庙堂之高则忧其民，处江湖之远则忧其君。

译文：（是由于）不因为外界环境、自己心情的好坏或喜或悲。无论身处高高的庙堂上（在朝），还是置身于荒远的江湖中（在野），都会为平民百姓、君主担忧。

如果不做翻译，学生很可能会不理会"互文"，而误解为"不因为外界环境而高兴，不因自己的遭遇而悲伤"。

比如《烛之武退秦师》中的语句。

原文：且君尝为晋君赐矣，许君焦、瑕，朝济而夕设版焉，君之所知也。

译文：况且您曾经给予晋君以恩惠，（晋君）答应给您焦、瑕两地（作为酬谢），可是晋君早上渡过黄河回国，晚上就（赶紧）修筑防御工事（来防范您），（这是）您所知道的啊！

在翻译为现代汉语的过程中，学生会对文言表达中不是省略的"省略"现象，有较为真切的体认。不是省略的"省略"，其实就是"流水句"，它是汉语语法的重要特征之一。

（4）对需要"深入"处理的语句，翻译至多只是个教学的起点，往往无须翻译（也翻译不出），有时翻译了反而有害。"昔我往矣，杨柳依依，今我来思，雨雪霏霏"（《诗经·小雅·采薇》），如果译为现代散文，则为"从前我走的时候，杨柳还在春风中摇曳，现在我回来，天已经在下大雪"，其"意义"虽在，而"情致"却全然消失了。[1]

（五）强调"诵读"，意在玩味

在文言文教学中，"诵读"与"背诵"是两项有区别的学习活动。

诵读，是心、眼、口、耳并用的一种学习方法，它可以让读者在感知、言语、

---

[1] 朱光潜．诗论[M]．上海：上海世纪出版集团，2005：81．

声音、形态的同时，实现对文本的感悟和理解。"诵读"的要义是"得他滋味"（朱熹语）。"诵读"重在"味"、重在"玩"，"须是沉潜讽咏，玩味义理，咀嚼滋味，方有所益"。

"诵读"包含"背诵"，但能背出不等于"诵读"。"诵读"也不一定要延伸到"默写出"。"诵读"与记背、默写有联系，但二者不完全是一回事。滋味索然，仅得其声音、得其字形，不是真正意义上的"诵读"。[1]

三、教学设计样例：《桃花源记》

下面以《桃花源记》为例[2]，呈现文言文阅读教学设计及其过程。

（一）对课文进行教学解读，确定文本的要紧处、关键点

1. 细读课文，从文本的具体段落、语句中，确定文本的要紧处、解读的关键点

（1）文本内涵之一：文本的社会现实意义。《桃花源记》构建的这个"理想社会"，同"外人"所生活的社会（即"问今是何世"之"今世"）有什么不同，具体表现在哪些地方呢？

全文直接描述世外桃源社会的文字，集中在第二自然段"豁然开朗"之后的三个句子。在交代"渔人"刚到此地的"第一印象"之后，第二自然段从"村中"人的热情、友好以及丰足、和谐的生活，来展示桃源社会的优势。

"便要还家，设酒杀鸡作食""咸来问讯""各复延至其家，皆出酒食"等行为，学习重点是其中的动词，还有"便""咸""皆"等副词。

其丰足与和谐，除了第二段的"阡陌交通，鸡犬相闻""黄发垂髫，并怡然自乐"，也表现在"设酒杀鸡作食""皆出酒食"上。

（2）文本内涵之二：文本简洁、隽永的语言。全文大量出现的短句子，既是文言文简洁特点的体现，也是陶渊明朴素自然、不事雕琢的语言风格的典型展示。文本的这种语言风格，也与作者展开叙述所选取的以"捕鱼为业"的武陵渔人的

---

[1] 王荣生. 语文科课程论基础 [M]. 上海：上海教育出版社，2003：207-208.
[2] 示例由浙江师范大学副教授童志斌博士执笔。

视角密切相关。

2. 区分不同类型的文言现象，确定"同中有异"的常用字词及文言特殊语句为**教学重点**

（1）难字难句。比如，"屋舍俨然""黄发垂髫""诣太守"，其中"俨然""垂髫""诣"等，以及"太元""武陵"等专有名词，在教科书中均有注释，因而无须讲解。

（2）同中有异，课本已有注释的。比如，"仿佛若有光""来此绝境""阡陌交通""无论魏晋""具言所闻""寻向所志""未果""寻病终""后遂无问津者"等。这类字词是理解文意的关键处，多数也是课程标准和考试大纲要求掌握的常用文言字词，教学时应该择机予以点拨。

（3）同中有异，课本未做注释的。比如，"缘溪行""渔人甚异之""欲穷其林""悉如外人""具答之""咸来问讯""余人各复延至其家""不足为外人道也""处处志之"。这类字词学生或许在理解上有一定的困难，应该重点关注。

（二）把握学生阅读"这一篇"课文的学情，确定同化、顺应的策略

1. 把握学生的学情

（1）生活经验方面。《桃花源记》作者陶渊明及其笔下所写的社会，对于八年级学生来说可能会有隔膜感。学生对秦、汉及魏、晋诸朝代的变迁，对陶渊明所处时代的政治社会状况，可能有零碎、模糊的印象。这种认识上的模糊会阻碍学生对本文内容的把握，尤其是对文本主旨及作者情感态度的把握。教师应该根据学生的实际情况，择机在课前或者课中提供必要的辅助材料。

（2）语文经验方面。学习文言文，学生有畏难情绪。不过，《桃花源记》"由于文章故事性强，语言浅显易懂，学生学起来定会觉得有兴味"[1]。陶渊明的诗作，学生已经有所接触；"世外桃源"的故事，学生也有所了解。这些都会使学生在接触本文时产生一定的亲切感。

---

[1] 人民教育出版社课程教材研究所，中学语文课程教材研究开发中心. 教师教学用书：八年级上册[M]. 北京：人民教育出版社，2004：174.

2. 确定同化、顺应的策略

（1）"缘溪行"的"缘"字，课文未做注释，学生可能会根据已有"图式"，联想到现代汉语常用的"缘故""缘由""姻缘"之类的词语。可是，以现代汉语"缘"字的"表示原因或目的"的基本义，来"同化"眼前的语句，只能导致学生的困惑。教师可将"缘"字的多个义项，按照先后依次呈现出来。

①衣边，边饰；②绕，围绕；③攀援，攀登；④顺，沿；⑤依据，凭借；⑥因缘，机遇；⑦由于，因为。

明了古今汉语的"缘"字的"语义网络"，也就明白"缘"字"顺，沿"的古义，同其本义"衣边，边饰"的内在关联（由字形部首也可以看出端倪），也不难看出"顺，沿"的古代动词义，同现代汉语的引申义（也是汉代汉语基本义）"因缘，机遇"及"由于，因为"之间内在演变的关系。这既有利于学生把握"缘"字的文言常用义，也有利于学生进行新旧"图式"之间的心理加工整合。

（2）"渔人甚异之"一句，课文中未注释，或许有教师会引入"意动用法"这样的知识来实施教学。但更可取的做法，是以类似文言现象作为"支架"，使学生在类比中获得对当下文言语句含义的把握。教学时可引导学生参照已学过的课文，诸如"其家甚智其子"（《智子疑邻》），"父异焉，借旁近与之"与"邑人奇之，稍稍宾客其父"（《伤仲永》），触类旁通，获得对"异"字的理解。

（三）确定本课文的教学目标、教学重点与难点

文言文教学目标的确定，要同时考虑文言、文章与文学这三个维度，并在此基础上达到文化的高度（见表4-7）。

表4-7 《桃花源记》教学目标及教学重难点

教学目标		教学重点	教学难点
总述	分述		
1. 理解文言字词语句，读懂课文，把握文本主旨。 2. 领略本文朴素简洁的语言风格及其丰富内涵，从富有特征的语言文字当中感受文学的魅力。	1. 借助课本注释与词典，读懂全文，把握课文大意，能用自己的话语复述课文中的故事。 2. 对于课文中出现的古今异义的常用字词，能够在具体语境中准确把握其文言含义，能区分在古今汉语中的不同含义与用法。	1. 读懂课文，掌握古今异义的常用文言字词。	
	3. 诵读全文，在诵读过程中感受本文朴素简洁的语言风格，了解这种语言风格对于实现作者表达目的的积极功能。	2. 感受本文朴素简洁的语言风格。	1. 感受本文朴素简洁的语言风格。
	4. 把握课文的主旨，明了课文所描述的社会的丰足、自由与和谐，能把握作者在文中所寄托的美好的社会理想，以及对于当时社会百姓生存艰难现实的批评态度。	3. 把握主旨，明了作者所寄托的社会理想及对于当时社会的批评态度。	2. 明了作者所寄托的社会理想及对于当时社会的批评态度。

（四）确定教学落点及相应的教学方法，设计具体的教学环节和教学活动

根据对教材、学情等多种因素的综合考虑，我们设计《桃花源记》的教学环节为循序渐进的三个台阶，每一个台阶都有明确的教学"落点"及相应的教学方法。对于教学"落点"，既有整体考虑，也应该有细化的打算（见表4-8、表4-9）。

表4-8 《桃花源记》第一课时教学过程设计

教学环节（落点）	教师的行为	学生的活动
台阶一 【落点】读"顺" 1. 请学生大声朗读课文，注意其中"髫""诣"等难字的读音，通假字"要"的读音。 2. 注意停顿准确，"自云/先世/避秦时乱"等不读破句。 【方法】朗读（齐读，自由读）	1. 仔细听读，辨认出学生读音有误的字词、读破的句子，部分典型问题可以写板书。 2. 针对刚才齐读时的情况，结合板书对全班同学予以指导、纠正。	1. 学生大声齐读。 2. 学生关注黑板上的重点字音，容易出现停顿失误的语句。
台阶二 【落点】读"懂"一 1. 将全班分成数个小组，结合预习情况，将理解有困难的文言字词、语句上的问题提交小组讨论解决。 2. 将小组尚未解决的问题提交班级，师生共同讨论解疑。 【方法】小组讨论，全班交流，师生问答	1. 在全班巡视，了解学生疑问的分布状况；解答小组的提问。 2. 可以请其他小组学生来解答相关的疑问，也可以根据需要适时地提供指导（或者提示，或者解答）。 3. 直接提出前面环节中学生未能关注的文言现象（比如"说""云"系列实词，"并""咸"系列副词），加以探讨。	1. 学生分小组讨论，解决疑难问题。 2. 由学生代表小组提出本组的疑问，其他小组学生根据情况予以提示或解答。 3. 思考并解答教师提出来的文言字词、语句方面的问题。

教学环节（落点）	教师的行为	学生的活动
台阶三 【落点】读"懂"二 教师直接提出学生未加关注的文言现象（比如"复""闻"等多义实词，"并""咸"系列副词）加以探讨，学生解答，归纳整理。 【方法】师生问答，投影呈现	1. 直接提出前面环节中学生未能关注的文言现象，加以探讨。	1. 思考并解答教师提出来的文言字词、语句方面的问题。
	2. 与学生一道对于"复""闻""得"等多义实词进行归纳整理，对"说""云"系列实词，"并""咸"等系列副词进行归纳整理。	2. 对课文中多次出现的文言常用词进行归纳整理。

表4-9 《桃花源记》第二课时教学过程设计

教学环节（落点）	教师的行为	学生的活动
台阶一 【落点】读"好"一 1. 出示《桃花源诗》与《桃花源记》的投影，明确诗与序的关系。 2. 出示《桃花源诗》诗句，让学生找出《桃花源记》文中的对应语句，初步体会本文的叙事特点。 【方法】投影展示，师生问答	1. 呈现投影，引导学生获得对于"诗""序"关系的清晰认识。	1. 学生朗读投影中呈现的《桃花源诗》，知晓《桃花源诗》与《桃花源记》的"诗""序"关系。
	2. 引导学生初步体会《桃花源记》作为"序"在叙事上的特点。	2. 针对投影中的《桃花源诗》，学生从《桃花源记》文中找出与诗对应的相关语句，体会本文的叙事特点。
台阶二 【落点】读"好"二 1. 明确事件发生的历史情境、人物状况。 2. 采用提要钩玄的方法，把握叙事脉络。 【方法】默读，师生问答	1. 与学生一道回顾并明确相关信息，择机板书。	1. 全体学生一道上书，回想课文当中出现的人物、课文的历史情境。
	2. 全班巡视，了解学生在提取关键词方面可能存在的问题。	2. 学生结合课文，依次提取每个段落的关键词，并在纸上写出这些关键词。
	3. 与全体学生一道听取个别学生的发言，并予以点评；根据需要投影展示相对清晰的关键词系列。	3. 结合关键词，请学生口头简述本文的主要事实经过。

(续表)

台阶三 【落点】读"好"三 在诵读中体会本文叙事语言的简洁之美,感受陶渊明在文中所寄托的情怀。 【方法】朗读,师生答问	1. 巡视,择机对学生进行个别指导。	1. 全体学生带着讨论之后所获得的新认识再来朗读全文,进一步体会语言的简洁之美。
	2. 投影呈现曹操《蒿里行》诗,结合"桃花源""世外桃源"的词典释义,引导学生把握陶渊明的情怀。	2. 结合曹操的《蒿里行》,感受当时的社会面貌,体会陶渊明用文字构建这样一个虚幻的理想社会的内心情怀。

拓展阅读

[1] 艾布拉姆斯. 文学术语词典(中英对照)[M]. 7版. 吴松江,主译. 北京:北京大学出版社,2009.

[2] 韦勒克,沃伦. 文学理论[M]. 刘象愚,等译. 北京:北京三联出版社,1984.

[3] 南帆. 文学理论(新读本)[M]. 杭州:浙江文艺出版社,2002.

[4] 诺德曼,雷默. 儿童文学的乐趣[M]. 3版. 陈中美,译. 上海:少年儿童出版社,2008.

[5] 王荣生. 语文课程内容的合理性研究——散文为主导文类的困境与突围[M]. 北京:高等教育出版社,2020.

[6] 杨义. 中国叙事学[M]. 北京:人民出版社,2009.

[7] 福斯特. 如何阅读一本文学书[M]. 王爱燕,译. 海口:南海出版公司,2016.

[8] 福斯特. 如何阅读一本小说[M]. 梁笑,译. 海口:南海出版公司,2015.

[9] 曹文轩. 小说门[M]. 北京:作家出版社,2002.

[10] 洛奇. 小说的艺术[M]. 王峻岩,等译. 北京:作家出版社,1998.

[11] 布鲁克斯,沃伦. 小说鉴赏[M]. 主万,等译. 北京:世界图书出版公司,2008.

[12] 刘恪. 现代小说技巧讲堂[M]. 天津:百花文艺出版社,2006.

［13］凌焕新．微型小说美学［M］．南京：凤凰出版社，2011．

［14］朱光潜．诗论［M］．合肥：安徽教育出版社，1997．

［15］伊格尔顿．如何读诗［M］．陈太胜，译．北京：北京大学出版社，2016．

［16］叶嘉莹．叶嘉莹说诗讲稿［M］．北京：中华书局，2008．

［17］张中行．文言和白话［M］．北京：中华书局，2007．

［18］周振甫．怎样学习古文［M］．北京：中华书局，1992．

［19］鲍善淳．怎样阅读古文［M］．上海：上海古籍出版社，1982．

［20］李扶九．古文笔法百篇［M］．长沙：岳麓书社，1984．

［21］傅庚生．中国文学欣赏举隅［M］．西安：陕西人民出版社，1983．

［22］吴小如．古文精读举隅［M］．天津：天津古籍出版社，2002．